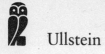 Ullstein

DAS BUCH

Der unfreiwillige Aufstieg des Mario Claudius Zwintzscher, eines Staatsbürgers sächsischer Nationalität, zum wahren Repräsentanten seines Heimatlandes ist durch nichts und niemanden aufzuhalten. Schon als Kleinkind machte er von sich reden, als er bei der Einweihung neuer Sanitäranlagen im Kindergarten gleich eine ganze Gruppe wässerte. In der Schule glänzte Mario mit guten Noten und schaffte den schwierigen Sprung von der Heimatkunde zu den wahren Wissenschaften Biologie, Erdkunde und Geschichte. Er entlarvte später vor staunenden Arbeitern die Gefahren bürgerlicher Unkultur und hielt zündende Reden wider die Beatmusik. Und als Student während der Weltfestspiele in Berlin lernte er endlich auch den populärsten Sachsen, Walter Ulbricht, persönlich kennen. Der per Schaltpult dirigierte Politiker beeindruckte den inzwischen diplomierten Weg- und Winkelsteuerer gar gewaltig. Mario arbeitete sich kollektivbewußt durch verschiedene Statistik-Abteilungen eines Kombinats, bis ihn seine Frau im Sommer 1989 nach Ungarn lockte...
Wahlfreudig, mediengestählt, parteipolitisch tolerant sitzt er heute dem »Ausschuß zur Bekämpfung Unsolidarischen Verhaltens« vor und reist zum Ruhme seiner Heimat durch die deutsche Republik.

DER AUTOR

Matthias Biskupek, geboren 1950 in Chemnitz, studierte technische Kybernetik, arbeitete von 1976 bis 1979 als Regieassistent am Theater in Rudolstadt. Bis 1983 war er Dramaturg und Texter am Kabarett »Fettnäpfchen« in Gera, seit 1982 schreibt er für den »Eulenspiegel«. Er lebt als freier Autor in Berlin und Rudolstadt/Thüringen.

Dieses Buch wurde durch die Stiftung Kulturfonds gefördert.

Matthias Biskupek

Der Quotensachse

Roman

Ullstein

Ullstein Buchverlage GmbH & Co. KG,
Berlin
Taschenbuchnummer: 24366

Ungekürzte Ausgabe
September 1998

Umschlaggestaltung:
Theodor Bayer-Eynck
Illustration: Carsten Rzepka/Plix
Alle Rechte vorbehalten

Taschenbuchausgabe
mit freundlicher Genehmigung
des Gustav Kiepenheuer Verlages
© Gustav Kiepenheuer Verlag GmbH,
Leipzig 1996
Printed in Germany 1998
Gesamtherstellung:
Ebner Ulm
ISBN 3 548 24366 5

Gedruckt auf alterungsbeständigem
Papier mit chlorfrei gebleichtem
Zellstoff

Die Deutsche Bibliothek –
CIP-Einheitsaufnahme

Biskupek, Matthias:
Der Quotensachse : Roman / Matthias Biskupek.
– Ungekürzte Ausg. –
Berlin : Ullstein, 1998
(Ullstein-Buch ; Nr. 24366)
ISBN 3-548-24366-5

Es geht mir verdammt gut, und das ist nicht gut so.

Normalerweise ist das Leben wie eine Verkehrsampel. Es leuchtet sehr lange rot und lange gelb und ziemlich kurz grün. Bei mir aber dauert die Grünphase schon viel zu lange, und das kann, das darf eigentlich gar nicht gutgehen.

Irgend jemand müßte mir doch von rechts in die Quere kommen oder meinetwegen auch von links: vorwärts ein Ruck; rücklings der Druck – ich will das bitte überhaupt nicht politisch verstanden haben. Ich bin, wenn es erlaubt ist, wahlfreudig, mediengestählt, aber parteipolitisch tolerant. Obwohl ich auf gesellschaftlich vorgeschobenem Posten ausharre. Denn mein *Ausschuß zur Bekämpfung Unsolidarischen Verhaltens* ragt aus der allgemeinen Gleichgültigkeit heraus. Der Aufprall des *Ausschusses* auf die gemeine Realität ist längst überfällig.

Ich komme aus einem gruseligen Staat und lebe in einem angesehenen Land. Ich wundere mich nur, warum das Programm des Niedergangs bei mir versagt. Eine Grünphase löst die nächste ab; ich weiß gar nicht, wie all die anderen zwischen meinen langen lindgrünen Gelegenheiten über die Kreuzung huschen können. Es muß doch mal krachen. So viel Geduld kann niemand mit mir haben.

Mein Leben begann bereits unnormal schön. Blauer

Himmel und nirgendwo eine Klimakatastrophe am Firmament. Sie sollten sich das mal anhören:

Lehmseife und Fragebogen

Als ich dieser Welt meinen ersten guten Tag wünschte, hatte Sachsen über sechs Millionen Einwohner. Die stellten rote, brüchige Ziegel her, zum Aufbau, und kleinkarierte Baumwollstoffe, zum Einkleiden. Die Straßenbahnen fuhren zwischen spitzen Trümmerbergen herum, weil die Sachsen wieder mal auf der falschen Seite gekämpft hatten. Bei der Schlacht von Mühlberg hatten wir diese saublöden Niederlagen schmalkaldischen Lutheranern und im Siebenjährigen Krieg unfähigen Österreichern zu verdanken. In der Völkerschlacht bei Leipzig kämpften Franzmänner und Rheinländer uns in die Katastrophe. Die Preußen zwackten damals genüßlerisch einen riesigen Flatschen Sachsen ab und hocken bis heute auf solchen Perlen wie Jüterbog, Belzig und Treuenbrietzen. Im Ersten und im Zweiten Weltkrieg waren es dann die Deutschen, denen wir unser nationales Unglück zuzuschreiben hatten. Wieder war ein Zipfelchen Sachsen weg und diesmal bei den Polen gelandet. Hätten die Deutschen den Hitler nicht gewählt und nicht diese dämliche, holprige Autobahn voller Engstellen, Baustellen und Unfallstellen quer durch unser Land von Meerane im Westen bis Bautzen im Osten geschlagen, dann würde bis heute alles schneller vorangehen.

Doch als Sachse meckert man nicht, sondern *gniedschd* höchstens. Drum *gniedschde* mein Vater auch, als meine Mutter zu entbinden hatte, im Landesfrauenkrankenhaus zu Leipzig. Er sollte sich alleine was zu essen machen, zwo Spiegeleier in die Pfanne schlagen, aber es war die Zeit, als Spiegeleier in Sachsen ausgesprochen selten in Pfannen wuchsen.

Die Nullserie ihrer Familienplanung hatten meine Eltern schon zwei Jahre vor mir hergestellt, einen typischen älteren Bruder, rechthaberisch, musikalisch, laut, beflissen, duckmäuserisch, hochintelligent und mich begeistert als Spielhäschen begrüßend. Wäre er eifersüchtig gewesen, hätte er mich geknufft und verklappst, hätte meines Lebens Kurve ganz andere Beulen und Senken bekommen. Doch er war begeistert. Und wartete bei der Nixenweg-Oma sehnsüchtig auf mein Eintreffen.

Ich kann mich nicht mal dunkel erinnern, ob ich ordentlich abgenabelt wurde und das Brusttrinken exakt erlernt habe. So was ist ja wichtig zu wissen, damit man dem Psychologen etwas mitzuteilen hat, falls man Nägel kaut, beim Anblick von Miederwarengeschäften zu schwitzen beginnt oder unter dem Einfluß von Resedaduft unbedingt frisch gebackene Dreipfundbrote anbeißen will. Resedaduft habe ich erst später wegen des ihm innewohnenden SEDADU als etwas Merkwürdiges wahrgenommen; ich müßte da von jener Geschichte, wie ich »Mama am Ofen« schreiben wollte, berichten. Vielleicht heißt sie auch »Mama am SEDADU«, und vielleicht komme ich noch dazu. Damals jedenfalls bin ich mit duftloser Lehmseife gewaschen worden, einer Seife, die sich quasi gewaschen hatte. Rauh aber herzlos. Keine Kernseife, mit der wir jetzt umweltverträglich schrubben. Gute Seife war Westseife, doch die hieß damals noch nicht so, weil es sie noch überhaupt nicht gab und der Westen bloß im Westen lag. Sechs Millionen waren wir in Sachsen, die keine Westseife kannten. Von den sechs Millionen dürfte fast eine Million aus Schlesiern, Sudetendeutschen, Balkantypen, Halbrussen, Ganzpolen und Opankenheinis bestanden haben. Oder zwei, drei, sieben Millionen? Die Hälfte dieser Bezeichnungen habe ich damals übrigens weder ausgesprochen noch im Wortspeicher bereitgehalten, denn ich war im Babystatus als politisch korrekt bekannt, hegte in meinem süßen Nuckelschlaf keinerlei Rassenvorurteile. Im Gegenteil, ich war sogar ziemlich dunkel behaart, was mit der südsächsischen Herkunft meiner Mutter, deren Vorfahren aus den schwarzen Wäldern des Vogtlandes stammten, zu tun haben dürfte.

Meine Geburt fand im Oktober statt; ich bin ein Kind der Kartoffelernte, im Sternzeichen der Waage angetreten, wie jene Republik, die zwei Wochen vor meiner Geburt im fernen Berlin vom Präsidenten Wilhelm Pieck und dem Sachsen Walter Ulbricht gemacht worden war. Dies muß mich damals schon beeindruckt haben, denn zum Zwecke der Veraktung meines Lebenslaufs wurde mir ein Fragebogen auf den frischen, roten Bauch gelegt. Ich trug jenen Bogen gar friedlich, wie später alle Verwaltungsauflagen, und krähte meine Zustimmung dazu leis ins Krankenzimmer. Der Bogen war so groß, daß man mich hätte darin einwickeln können, er verkörperte noch gute Friedensware mit geschwärzten Stellen. Das Hakenkreuz am oberen Ende war mit einem scharfen Schnitt ein für allemal abgetrennt worden. Ein für allemal. Vermutlich bin ich später sehr oft mit Fragebögen eingewickelt worden, was ich nicht beklagen, nur wahrheitsgemäß auflisten möchte.

Kaum war ich jedenfalls da, wurde der Bogen mit guter deutscher Sütterlinschrift ausgefüllt: Religion: evangelisch. Beruf: ohne. Besonderes Kennzeichen: brüllt kaum. Muttersprache: sächsisch. Vaterland: kaputt. Appetit: befriedigend. Ohren: stramm angelegt. Alter: wenige Minuten. Geschlecht: Zipfel. Versorgungsstatus: Lebensmittelkarte einfach, mütterlicherseits. Patriotismus: noch unausgebildet. Windel: Vorkriegsware. Name: Mario Claudius Zwintzscher.

Ich werde es sogleich ausplaudern. Wie ich zu diesen klangschönen Vornamen kam. Meine späteren Popelkameraden, die ich im Sandkasten kennenlernte, hießen Siegmar und Klaus, Brigitte und Peter, Christel und Evi oder bestenfalls Evelyne, scheu angesprochen mit *Ehvelühne*. Doch mir war nicht nur ein Vorkriegsfriedenswarenfragebogenexemplar in voller Länge in die Wiege gelegt worden, sondern auch jener Name, den ich später gern vorgehalten bekam. Als Beweis meines Internationalismus, meiner klassischen Bildung und meiner zwar nicht angeborenen, aber doch seit der Geburt untrennbar mit mir verbundenen Lust auf schönen Gleichklang. Ich, Mario Claudius, war der Beleg für eine Aufhebung des alten Unterschieds zwischen Schönheit und Funktionalität, zwischen Anmut und Mühe. An mir war ästhetisch nicht gespart worden, fürwahr: Ich hieß schon 1949 so, wie das bessere Deutschland erst noch werden sollte. Mario Claudius Zwintzscher. Internationalistisch, aber klassisch gebildet. Südlich der Klang, Spanien und Italien paarten sich hier, Partisanen bella ciao; doch nordisch-lüneburgisch, heidnisch fast, tönte der Dichter des Liedes vom aufgegangenen Mond heraus: Matthias Claudius. Östlich murmelten die Zischlaute in meinem Nachnamen, doch westlich-dreifaltig mutete das Ganze an – fast wie eine heute moderne, rassisch-klassische Namensbezeichnung mit Bindestrich. Schwungvoll und vokalreich. Dabei war meine Herkunft so bodenständig, wie mein Name Zwintzscher klang. Aufgemerkt nun also:

*Slawische Stammbäume
und erzgebirgische Baumstämme*

Unsere Sippe, deren weibliche Mitglieder man *de Zwindschorn* während bejahrte männliche Namensträger *dor olle Zwindschor* heißen, ist groß. Die Frauen der Sippe waren fruchtbar und schickten sich, während die Männer das ihre in die Frauen schickten. Heute appellieren die Weltwachstumsberichte an unsere Disziplin, und also disziplinieren wir uns: scheu einzelkindhaft.

Einzelkindhaft, verkürzt: Kindhaft. Ein längeres Nachdenken wäre an dieser Stelle angebracht. –

Doch Näheres mag ich nicht ausführen, später vielleicht ...

Unser Geschlecht jedenfalls wuchs und wuchs, gewaltig sich verästelnd, die dunklen Flußtäler der sächsischen Berglandschaften hinauf. Wilde Erzgebirgsbäume mußten Platz machen, wenn sie es auch nur wagten, einem Zwintzscher scheel im Wege zu stehen. Alsbald fielen die Hölzer ächzend beiseite. Die Baumleichen wurden als Brücken und Donnerbalken betreten und besessen. Seit es Kartoffelnahrung für die ganze Familie gab, starb man auch am Südrande Sachsens nicht mehr so fliegenhaft. Bis zum Kamm zwischen Lausitzer Bergland und Vogtland schoben sich die Zwintzschers und die Nitzsches und die Gruschwitzens und die Lommatzschens hinauf, bis zu jenem Kamm, hinter dem es steil bergab, jetzt ins Tschechische, geht, also ins wiederum Slawische und

Zischlautende. Sie müssen sich vorstellen, daß im Dorfe Oberbobrutzsch/Erzgebirge, dem Herkunftsort meines Vaters, allein auf der linken Seite der Hauptstraße heute noch sieben Zwintzschers wohnen. Die auf der rechten Seite dieses hübschen Straßendorfes – wirklich hübsch übrigens, neulich mußte ich eine eindringliche Rede dort halten – abgehende Berggasse hat zwar nur noch zwei bewohnte Häuser, aber in beiden hausen ebenfalls Zwintzschers. Nicht alle sind Verwandte väterlicherseits. In den Orten Crossen/Sachsen, Cranzahl, Crimmitschau und Chemnitz gibt es so viele Zwintschers oder Zwintzschers wie anderswo Mc-Donalds-Versorgungseinrichtungen. Gelegentlich sind die Zwintzschers auch arg verschliffen und unkenntlich gemacht worden, als Tschontschners, Zschirners oder gar Schachtschabels. Selbst der lang schon verstorbene österreichische Kanzler Schuschnigg ist nur die austriazistische Verballhornung unserer altehrwürdigen Namenswurzel, von der man annehmen muß, allein ein polnischer Landedelmann, ein solcher mit hängendem Schnurrbart und traurigen Augen, könne sie auf elegante Weise von Z bis R richtig lautbildnern. Es laufen mitten durch das hauptstädtische Berlin bis heute Leute, die sich Szczyciel schreiben und Schischiehl aussprechen lassen, während ein echter Zwintzscher sich bei heimattypischer Aussprache immer mit einem *or* auslauten läßt: *Zwindschor!* Ich deutete es schon an.

Falls meine Betrachtung langweilt, so will ich schnell entschuldigend einfügen, daß meine Funktion mich heute auch zu Entscheidungen über zeitgemäße Orts-, Straßen- und Flurnamen befugt. Wie sollten wir also in dieser großen Epoche der Veränderungen nicht auch die Namen kritisch hinterfragen und auf Verfälschungen durch vergangene Gewaltherrschaften hin abklopfen? Ein jeder Zwintzscher kann sich *Zwindschor*, mit kurzem, halbgeschlossenem *or* nennen, weiß er doch, daß er ein »Grünling« ist, auch *Grienling*, ein Pilz, der in den Erzgebirgswäldern leicht mit dem Grünen Knollenblätterpilz zu verwechseln ist. Die Verwechslung ist zumeist einmalig.

Meine Sippe wird schon 1390 als Zwintzer erwähnt, obschon Weinbau im rauhen Sachsen nur eine kurzlebige Modeerscheinung war. Hundert Jahre später sahen wir wieder sehr polnisch aus: Zcwintscher. Also rief meine Mutter auch erstaunt, als ich bald nach der Geburt die Äuglein aufschlug und sie anblinzelte: Ein echter Zwintzscher! – vielleicht hatte sie auch *Ä äschdor Zwindschor* freudestrahlend von sich gegeben. Denn natürlich wußte sie, daß unser Nahme sich von »zwinzen« ableitet, was blinzeln bedeutet. Hingegen kam meinem Vater, als er mich erblickte, sogleich *Na suu ä Zwunsch* über die Lippen, was »Grünling, im Wachstum zurückgebliebener Mensch« bedeutet und worauf der weniger stolze Zweig der Zwintzschers unseren Namen zurückführt. Jener Sprachprofessor Gunter Bergmann-Pohl aus dem »Haus des Deutschen Dudens« zu Mannheim hingegen, der vor allem deswegen an meinem Kinderbettchen nicht erschien, weil meine Eltern zu unbegabt waren, ihn zu kennen, hätte halblaut das slawische »twarc«, als Quark!, gemurmelt und hinzugefügt, daß man doch deutlich sehe, daß dieser Grünling des Sachsengeschlechts, jener neue Menschenzwerg, vom Geburtskanal verdrückt, gequetscht und gefältelt, allein von »twerch«, also »schräg, verkehrt«, berechtigt sei, seinen Namen Zwintzscher herzuleiten.

Ich Zwunsch zwinzscherte also in die Welt. Etwas twerch.

Die Welt schaute ebenfalls twerch. Und zwinzscherte gleichermaßen zurück.

Da mochte ich zum ersten Mal ahnen, daß schräges Blinzeln in meinem Leben jene Sichtweise sein mochte, mit der ich am besten in dieser verkehrten und etwas derangierten Nachkriegswelt, oder wie man in Sachsen sagte, *zerwerschdn Gehschnd*, zurechtkommen würde.

Eine *zerwerschde Gehschnd*, das war wohl damals meine Heimat. Obwohl die Trassierung und Parzellierung von Wald, Wiese, Wasser mit Verbundleitungen der Freundschaft, mit Transportsträngen der Energiegiganten und mit Asphaltschneisen per Beschleunigungsgesetz für deutsche Einigkeit erst noch bevorstanden.

Die Gegend war, wie man in Sachsen gemeinhin sagt: *behämmord* (Bergbau), *beglobbd* (Eisenwaren), *versponn* (Textilindustrie) und vor allem *erre* (Gesundheitswesen).

Mein erstes Krankenhaus stand in Leipzig, eine ostzonale Geburtsfrauliche Hilfsklinik, wie mein Mitstreiter beim *Ausschuß zur Bekämpfung Unsolidarischen Verhaltens*, Dr. Schneider-Schußter, abfällig sagen würde. Mein Geburtsklinikort hatte mit Oma zu tun. Oma wohnte im Leipziger Nixenweg und beaufsichtigte, während ich den dunklen Weg ins Licht absolvierte, meinen gutartigen älteren Bruder Dietrich Gustav Zwintzscher, den Diddi. Auch konnte die Oma der jungen Mutter mit Tips und Tricks beistehen; mein Vater mußte seine Tricks hingegen beim Aufbau der jungen Republik einsetzen. Denn in jenen dunklen Jahren war Kinderkriegen noch eine rein weibliche Angelegenheit. Väter wurden erst zur Aufzucht des Nachwuchses herangezogen, wenn es galt, das schwierige Wort »Birne« richtig auszusprechen und eine Entschuldigung zu formulieren, warum man nicht für eine Berufsoffizierslaufbahn geeignet sei.

Zurück zu meinen Anfängen, meinem ersten Ortswechsel: Von der Leipziger Klinik wurde ich mit einem Kraftwagen ins zukünftige Heim verbracht, eine alte, aber überhaupt nicht zerschossene Villa in der Lessingstraße. Mein Vater hatte die Fahne der frischgegründeten DDR, damals noch schlicht schwarz-rot-gülden und von Hämmerkränzen und Ährenzirkeln ungeziert, zum Fenster hinausgehängt, so daß meine Mutter sacht verschämt dem Kraftwagenfahrer sagen konnte: *Haldense da, wo die Fahne naushängd* ... Unser Patriotismus flatterte immer zum Fenster heraus.

Die Lessingstraße war eine villengesäumte Allee aus jenen Tagen, da in meinem Heimatort die Industrie herrliche Gründerzeiten erlebte. Namensgeber Lessing, jener echte Sachse aus dem großartigen Kamenz, war leicht zu verwechseln. Meinen späteren Freunden, allesamt Mitglieder der Sandkastenpopelgruppe, ging es ähnlich. Lessing oder Messing, so hieß die kindliche Frage. Von ersterem gab es genug im brotarmen Nachkriegsland. Großväterliche Bücherschränke hielten ihn sorgsam hinter Glas. Um letzteres aber rankten sich kriminalistische Aktionen, Besorgungszüge, Tauschhändel. Heute, da ein lernfähiger Angehöriger der deutschen Großraumlande höchstens Leasing mit Lessing verwechseln würde, versteht wohl kaum jemand meine messingglänzenden Erinnerungen – es gäbe manch Stücklein zu erzählen, von schwarzen Buntmetallschiebern aus jenen vom Winde der Geschichte bewegten Anfangsjahren. Als ich Lessing- und Messingstraße noch nicht auseinanderhalten mochte und meine Stadt vom Sozialismus unversehrt am Fluß hockte:

Ainitzsch an der Zschopau

Es wird gern mit Ainitzsch an der Freiberger Mulde verwechselt. Unser Ainitzsch an der Zschopau. Dabei sind wir älter, ruhmbedeckter und geschichtenbelasteter. Das andere Ainitzsch ist nur um ein paar läppische Einwohner größer. Im Zuge der sächsischen Verwaltungsreform könnte das ferne, das feindliche Ainitzsch weiteren Boden gutgemacht haben – doch manches schon konnte ich in meiner Funktion gegen die jahrhundertelange Benachteiligung unseres Ainitzschs an der Zschopau unternehmen.

Mein Ainitzsch liegt zentraler als alle anderen Ainitzschs: Verbinden Sie die großen Städte Leipzig, Dresden und Chemnitz mit Geraden. Wo befindet sich der Schwerpunkt jenes magischen Sachsendreiecks? Exakt auf dem Ainitzscher Marktplatz; vielleicht noch ein Stück in die Reußnitzer Straße hineinreichend, falls der Schwerpunkt, nichtklassischer Geometrie entsprechend, ein flächendeckender Hektar sein könnte. Von diesem gepflasterten Hektar sind es je 66 Kilometer bis Dresden und Leipzig und 22 Kilometer nach Chemnitz. Oder waren es zumindest damals, als es noch keine Umgehungsstraßen gab, sondern Hauptstraßen wichtige sächsische Marktplätze berührten.

Die Zschopau schlägt um Ainitzsch einen anmutigen Bogen. Genau so schlug sie ihn immer, recht zierlich altertümelnd wie diese Redefigur: einen anmutigen Bogen schlagen. Der Stadtbach, den wir hier von altersher *die Bach* nennen, fließt unter Ainitzsch durch. In zementenen Röhren mied er das harte, sonnige, sächsische Licht der Nachkriegszeit. Und in den Röhren hausten gruselige Ratten. Ungeheuer in Tiergestalt. Geschwänzte Gespenster.

Es war eine Mutprobe, eine dieser Rattenröhren zu durchlaufen. Zumal es verboten war. Bestimmt war es verboten. Auf jeden Fall war es das: Streng verboten! Man erinnere sich: Ich wuchs auf in einem Lande, in dem alles, was nicht ausdrücklich erlaubt war, als verboten galt. Es konnten ja Erwachsene kommen und brüllen: *Was machdorn da! Bei die Raddn! In dor Bach! Sohford gommder nauf! Abor zaagg-zaagg!*

Dann krauchte man *zaagg-zaagg* und *ziddornd* hinauf. Vor groß aufragenden, ausgewachsen-ausgebeulten Manchesterhosenmenschen fühlte man sich selbst als Ratte. Denn es ist nicht zu übersehen: In den frühen fünfziger Jahren, in denen sich die Dreijährigen zwischen Leuthaussen/Rhein und Schnarrenberg/Donau heimlich darauf vorbereiteten, chorisch »Ho! Ho! Ho-Chi-Minh! – Unter den Tala-Ren! Muff von Tausend Jah-Ren!« zu rufen, auf daß diese Losungen in fünfzehn Jahren gehört und in vierzig Jahren in allen Redaktionsstuben wie ein Aufschrei nach Aufarbeitung gefeiert würden; zu dieser Zeit floß in *dor Bach* zu Ainitzsch nur Wasser, und feige Dreikäsehochs schlotterten, wenn sie den Kommandoton *Abor zaagg-zaagg!* vernahmen.

Ainitzsch übrigens ist auch auf Kommando entstanden. In die düsteren Mittelalterwälder, welche am Nordabhang des Erzgebirges Miriquidi hießen, war schwer hinein- und kaum herauszukommen. So geschah es, daß mitten im Walde Handelskarawanen sich aufs Überwintern einrichten mußten. Da hieß es dann: Handelswagen, aauseinaaanderziehen! Vorn rechts schweenkt! Und aufschließen! Und wieder reechts! Und reechts! Und wenn die Handelswagen dann wie bei einer Polonaise eine Weile im Kreise herumgeholpert waren, was man im Sächsischen über alle Maßen liebt, hieß es Haalt! Gleich einem Burgwall standen die Wagen sodann im trauten Rund, in dessen Mitte bald ein lustiges Feuer flackerte, Zelte aufgebaut und Erdlöcher gegraben wurden. Sogleich wuchs die Bevölkerung, und der Wald ließ sich knurrig (oder knorrig?) roden. Wo einst das Feuer geflakkert hatte, dehnte sich der Marktplatz, wo Zelte aufgebaut waren, protzten Bürgerhäuser mit rötlichbraunen Rochlitzer Porphyrkonsolen. Erdlöcher wurden zu Scheunen und Schmieden ausgebaut und später zu Vereinsgaststätten der SG Einheit Ainitzsch.

Eine andere, wohl volkstümlichere Version der Namensherkunft von Ainitzsch besagt, daß der meißnisch-sächsische Herzog, vielleicht auch sein schönburgischer Vasall Dedo der Feiste, wähend einer Rast im tiefen Wald seinem Mundschenk nachrief: Ei! Nitsche! Wenn Ihr mir jetzt einen guten Trunk schaffen könnt, so soll Euch dies Waldstück zum Lehen gegeben werden. Nitsche fand die Quelle, und später in Einitsche oder Ainitzsch seine letzte Ruhestätte im Kreise der Grabsteine vieler Angehöriger.

Der Ort dämmerte durch dreißigjahrige und siebenjährige Kriege, schon damals wurden die Felder nur noch für den Alten Fritzen bestellt wie heute für EG-Kommissare. Zu Napoleons Zeiten schlief Ainitzsch fast ein, da die Commandantur im benachbarten Franken(!)berg errichtet wurde, so wie hundertvierzig Jahre später die Komendatura im noch weiter entfernten Reuß(!)nitz, denn jeder Besatzungsmächtige liebt die Heimat in der Fremde, ob Franzmann oder Reuße. Bei der achtundvierziger Revolution sammelte der progressive Kleinbürger Tzschirner auf dem heutigen Ainitzscher Tzschirnerplatz eine Kampfgruppe tatendurstiger Handwerkersöhne zum Marsch auf Dresden; bevor man dort ankam, war die Revolution bereits gewonnen, und bevor man wiederum Ainitzsch erreichte, hatte die Konterrevolution mit Preußens Hilfe den sächsischen König erneut auf den Thron gehievt. Richard Wagner, Bakunin und weitere bedeutende Sachsen besiedelten schnurstracks das Ausland, und die Ainitzscher Stadtoberen empfanden es als diplomatischer, bei dem ganzen Demoschlamassel lieber nicht dabeigewesen zu sein.

Dann aber kam Ainitzschs große Stunde: Die Textilindustrie schob sich die Flußtäler hinauf, ganz so, wie lange zuvor der Name Zwintzscher; es klapperten die Weberschiffchen und es rasselten die Ketten der Proletarier; ein Technikum gar, eine private Ingenieurlehranstalt nämlich, erhob sich bald auf dem einstigen Galgenberg der Stadt. Die Straßen reckten sich hinaus ins Heimatland, die Mühlen wurden zu E-Werken, backsteinerne Essen schafften den vertikalen Ausgleich zu horizontalen Gewerbeansiedlungen; die erwähnte *Bach vorgriemelde* sich damals in *neimodschen Reehrn*. Bismarck kam zu Besuch; Bismarckeichen, Bismarcklocken und Bismarckheringe zeigten später wachsenden Wohlstand an. Ein gewisser Bäcker Weidenhammer begründete sein Geschäft, das später historische Bedeutung erlangen sollte; der Erste Weltkrieg schuf ein Kriegerdenkmal, und der Zweite rief die Amerikaner herbei, die sodann vierzig Jahre als Befreibesatzer galten, obgleich sie alsbald abgelöst wurden von den Befreiungsfreunden auf Panjewägelchen, die das Sachsenland mit Russischunterricht, dem angenehmen Spruch *Nu budjet* und roten Fünfzacksternen auf volkseigenen Betrieben zivilisierten.

Dann aber kam die Zeit, der ich nicht vorgreifen möchte, wo das sächsische Lot wieder ein sächsisches Lot sein durfte – wir arbeiten im *Ausschuß zur Bekämpfung Unsolidarischen Verhaltens* gerade daran –, und sich bayerische Katholiken und württembergische Protestanten um hochbezahlte Würden auf allen sächsischen Ebenen stritten. Doch darf ich jetzt zu meiner Einschätzung, meiner Geschichte und meiner Sprache zurückkommen, in die Lessingstraße zu Ainitzsch?

Wissenschaftlichen Forschungen zufolge hat unverdientes Glück im Leben etwas mit jenen schwarzen oder lichten Wäldern zu tun, in denen wir uns als Kinder tummelten.

Ainitzsch hatte einen Stadtpark, in dem Messerbösewichter ihr Unwesen treiben sollten, die Rattenröhren und die Manchesterhosenmenschen mit ihen *Zaagg-zaagg*-Befehlen erwähnte ich schon. Aber Ainitzsch hatte eben auch die Familie Zwintzscher mit ihren Gliedern Vater, Mutter, Kind (älterer Bruder), Kind (ich) und Kind (jüngerer Bruder).

Das Glück hielt mich also vollkommen umschlossen:

Familienbande. Familienbande.
Und alle gemeinsam im Chor: Familienbande!

Meine Mutter stammte aus dem Nixenweg am Südrande Leipzigs. Ihre Vorfahren kamen vom Südrand Sachsens. Folglich war für mich schon als Büblein-klein klar, daß meine Mutter eine südländisch wirkende Schönheit sein mußte. Sie hatte in der Tat einen sanft südlich-dunklen Teint und tiefschwarzes Haar, obwohl ihr Mädchenname Fleischer lautete; Madeleine Fleischer.

Teint und welscher Vorname machten sie in den Zeiten, als Sachsen lustvoll unter dem Joch des Österreichers und der mit ihm verbündeten preußischen Nazis stöhnte, für ihren Klassenlehrer zum Vorzeigeobjekt einer dinarischen Rasse, welche durchaus noch als völkisch deutsch galt. Ein Arisch, dem eine DIN-Normung vorgesetzt war. DIN-Arisch war eben nicht hellblond-nordisch und auch nicht dunkelblond-westisch. Es stand wohl auf einer Stufe mit dem Ostischen, dem slawisch verunreinigten Deutschen. Solches tummelte sich in Sachsen zuhauf, hatten doch sächsische Fürsten einst den Hochmut besessen, ihre *diggn Nischl* unter die polnische Krone zu zwängen. Und spricht nicht bis heute manch Sachse so *weesch* und zischlautend *gliddschisch un wurschdisch*, als sei er auch des Polnischen mächtig? Mein Vater trug zwar, wie ich schon ausplauderte, den auf gute sächsische Wurzeln gründenden Namen Zwintzscher-Helmut, seine Mutter aber hieß Szyczawski und deren Mutter Milkuschitznik. Weitere Verwandtschaft wurde nicht genannt; sie verlor sich aber wohl immer unaussprechlicher in oberschlesischen Bergen und galizischer Hundetürkei.

Die lange Ahnenreihe meiner Mutter hingegen konnte laut vogtländischen, böhmischen und oberfränkischen Kirchenbüchern stolz vor jedem arischen Ahnenschnüffler in Reih und Glied stehen: die Fleischers und Kassingers, die Haedlers und Buttelstedts, die Rückerswaldes und Kohlmeisels. Doch das Aussehen, besonders der weiblichen Familienmitglieder, ließ irgendeinen mit welscher Leidenschaft eingekreuzten Kesselflicker, Scherenschleifer oder Seiltänzer vermuten. Wie einst meiner Mutter von Opa Robert eingebleut wurde: *Geh blohs ni bei de Zischeiner – die grabbschn disch glei weg*, so wurde auch mir väter- und mütterlich bedeutet, wenn ich mich zu sehr einschmutzte beim Sandkastenspiel:

Disch wern se glei middm hungerndn Indorgind vorwechsln.

Bei meinem Bruder Dietrich Gustav, dem Diddi, war das vermutete Zigeunerblut weniger auffällig. Er hatte einen großen, ostisch runden Kopf (Szyczawski! Milkuschitznik!), aus dem sich sanfte, braune Locken ringelten; ein großer und großartiger Bruder, der nur den kleinen Fehler hatte, den Kollektivismus des eben gegründeten Staates bis in die kleinste Zelle, die Familie, durchsetzen zu wollen. Ich wurde, eben der Landesfrauenklinik entkommen, als gewindelter Spiel-Ball entdeckt und in all seine Unternehmungen einbezogen. Kaum konnte ich ein so schwieriges Wort wie »Möbelwagen« trotz der darin vorkommenden B-L-Häufung aussprechen – Sie werfen ein, es gäbe in diesem Wort lediglich ein B und ein L, von Häufung könne also keine Rede sein? Vermutlich haben Sie zum Möbelwagen immer schon Umzugstransporter oder Expreßfrachtcontainer gesagt, können also weder über B noch über L je *geschdollbbord*, also gefallen sein ... Kaum also war ich dem Alter, in dem ich vermutete, der Mensch habe in seinem Leben nur eine gewisse Menge an Sprache zur Verfügung, irgendwann leere sich dieser Speicher, und stumme Leute hätten eben in früher Jugend schon alles herausgeplaudert – vielleicht hatte diese Erkenntnis auch mein großer Bruder in mich gepflanzt, wenn er mal seine Ruhe haben wollte, obwohl er als kollektivliebendes Wesen diese eigentlich nie wollte ... Kaum – jetzt muß ich zum dritten Mal beginnen, habe aber keine Lust, ein viertes Mal von eigenen Gedanken gestört zu werden. Jedenfalls mußte ich, als mein Bruder eingeschult wurde, am Nachmittag mit bei seinen Schularbeiten sitzen und ihn bei der Aufgabenlösung bewundern – alleine hatte er keine Lust. Ich bewunderte nach Kräften, hatte ich doch große

Glubbschoochn, die ich bei Bedarf noch herausschraubte, so daß mein Bruder ob dieses Strahlens überaus zufrieden war.

Möglicherweise kompensierte das die bei den Lehrern nicht in so reichem Maße vorhandene Anerkennung; ich war damals sein allerliebster, allerbester kleiner Bruder, da ein weiteres Brüderchen erst Jahre später in unser beider Leben treten würde. Der mir für mein strahlendes Zuschauen zuteil gewordene Lohn war die Tatsache, daß ich plötzlich lesen, schreiben und rechnen konnte, und sogar dividieren, was schwerer war als alle anderen drei Fähigkeiten zusammengenommen. Ich kann also nichts über jene Probleme mitteilen, die z. B. bei einfacher Silbenreihung hervorgerufen werden. Mochte meine Generation auch unter dem Joch des sich herausbildenden sozialistischen Schulwesens stöhnen, bei mir häuften sich die Einsen, und unter den Hausaufgaben wimmelten lange blaue (gute) Striche. Ganz selten setzte es mal ein kurzes rotes (böses) Strichstück.

Doch bevor ich zur Schule mit ihren farbigen Strichen ging, mußte ich noch manch andere Prüfung überstehen. Meine Mutter sang ausgesprochen gern; den familiären Chorgesang aber liebte die Höhere Tischlermeistertochter Madeleine Fleischer inbrünstig. Und so mußten auch die beiden ihr geschenkten Söhne fleißig bei vorweihnachtlichen Familiengesängen mittun. Vorweihnachten begann bei uns im Januar und hatte seinen Höhepunkt in den folgenden elf Monaten. Diddi war natürlich hochmusikalisch; meine Stimme hingegen brummte eher in den Niederungen der Gitarren-E-Saite. Im Frühtau gingen wir familiär zu Berge, wenn am Morgen die Hähne krähten, bis sich der Tag nun zur Ruh legte und der Mond aufgegangen war mitsamt den prangenden Sternlein. Am ererbten Klavier saß meine Mutter, an der mühsam vom Munde abgesparten Gitarre gab mein Vater den Akkord an. Der schöne Alt meiner Mutter war immer dabei; der, wenn auch etwas dünne, so doch klangreine Tenor meines Vaters stützte ihn, der lieblich-knäbische Sopran Diddis jubilierte wie die Lerche hoch da droben, und ich hätte vielleicht den Generalbaß geben müssen, aber da ich von klein auf alles auch immer unter ästhetischen Gesichtspunkten wertete – im *Ausschuß zur Bekämpfung Unsolidarischen Verhaltens* wird mir dies nicht selten zum Vorwurf gemacht –, unterließ ich das stimmhafte Mitsingen, sondern klappte nur willig und überdeutlich meine Schnute tonlos auf und zu. Da ich im Unterschied zu Diddi die Liedtexte fehlerfrei beherrschte, passierte es öfter, daß dessen Sopran fragend aussetzte, meine Flüsterstimme aber weiter den Ton ohne Ton angab. Übrigens kehrte dieses Verhalten bei meinen Eltern anders wieder: Mein Vater summte den Text ab der zweiten Strophe nur noch mit; meine Mutter aber hielt laut und klangrein selbst bis zu martialischsten Textschlüssen durch. Man denke nur an das acht Jahre nach Kriegsende recht froh tönende Weihnachtslied »Morgen kommt der Weihnachtsmann« mit den inständig bittenden Schlußversen »Fahn und Säbel und noch mehr/Ja ein ganzes Kriegesheer/ möcht ich gerne hahahahaben«. Ein wenig klopfte das Herze beim Absingen solcher Zeilen, denn Kriegsspielzeug war für uns Brüder damals eine solch verbotene Verlockung wie heute vielleicht Marihuana für die mit Macht heranwachsende Generation.

In den ersten Liederbüchern der Jungen Pioniere »Kommt, singt mit« gab es problematische Weihnachtslieder nicht, erst in späteren Auflagen hieß es dann gar festlich »Mein Bruder ist ein Panzerfahrer« und »Grün ist unsre Waffenfarbe«.

Zwintzscher-Helmut, wie mein Vater von verwandtschaftlichen Erzgebirglern genannt wurde, die mit Vorliebe zu Geburtstagen in die Lessingstraße kamen und große Kuchenstücke über dem *guudn Debbsch* zerkrümelten, Zwintzscher-Helmut hatte den sechsjährigen Weltkrieg mit einer zweitägigen Gefangenschaft *beim Engländor* beschlossen, und war dann aus einer unbewachten Scheune herausgekrochen und stracks nach Leipzig zu Mutter Madeleine spaziert. Es gab ein vorzeitliches Hochzeitsfoto, auf dem Vater in Uniform und Mutter in Kränzchenschmuck zu sehen waren. Wir beiden Brüder bewunderten uneingeschränkt unsere wunderschöne Mutter. Ob Vater ein tapferer Soldat war, darüber wurde nicht gesprochen; auf die kindliche Frage, ob er auch mal jemanden totgeschossen habe, antwortete mein Vater nur mit einem schmerzlich-väterlichen Lächeln. Soldatsein galt zu diesen Zeiten wohl als sinnlos. Und der sächsische Soldat war, wie sein südlicher Bruder Schwejk, eine in sich unlogische Sache. Der deutsche Soldat war zackig, der sächsische machte höchstens *zaagg-zaagg*.

Zwintzscher-Helmut begann nach dem Kriege zunächst in einer Bilderfertigungsanstalt. Der akademische Maler und Chef ließ mit einem von russischer Requirierung verschont gebliebenen Dia-Bildwerfer Wald- und Heidelandschaften auf Leinwände projizieren; mein Vater und ein Kollege hatten sodann mit großen Pinselstrichen das Bild nachzumalen, der Chef setzte zu guter Letzt mit akademisch-kundiger Hand die Wasserperlen auf die Grasspitzen und die roten Säume an die Wolkengebirge. Eine Weile half mein Vater dann seinem Schwiegervater und Tischlermeister Robert Fleischer, doch dessen Geschäft wurde aus Gründen, nämlich solchen von Nazi- und Kriegsverbrechertum, enteignet. Großvater nahm die Schippe und reihte sich in die Schar der unfröhlich Aufbauenden.

Vater aber wurde akademisch: Er besuchte die Bildungseinrichtung für Taubstummenlehrer und hatte nach sechs Monaten ein Papier, das ihm amtlich bescheinigte, stumm Guckende zu verstehen und denen wiederum die Zeichensprache beibringen zu dürfen. Meine Angst, eines Tages mit geleertem Sprachspeicher dazusitzen und wortlos zu sein, mochte sich auch aus dem väterlichen Beruf ergeben haben.

Ainitzsch beherbergte eine Heimschule für Taubstumme, wie damals politisch unkorrekt die Hör- und Sprachförderschüler hießen. Auch ging die Rede, auf dem Lande, weit von den Trümmerwüsten Leipzigs entfernt, wäre die damals alles entscheidende Nahrungsfrage leichter zu lösen. Vielleicht mochten in meinem Vater auch erzgebirgische Heimatwälder summen, so daß er mitsamt der südländischen, schönen Madeleine, in der schon Diddi von innen *bubberde*, gen Süden und bergwärts zog, dahin, wo die uranreich strahlenden Wälder in der Ferne zu ahnen waren, nach Ainitzsch an der Zschopau.

Der Ort war im Jahre vier nach dem abrupten Ende der Welteroberung wie geschaffen, ein trautes Familienleben zu pflegen: Beim Bäcker Weidenhammer gab es wunderbar knusprige Brötchen auf Marken für fünf Pfennige das Stück; auf der Lessingstraße verwamsten einander ungeschlachte Ainitzscher Kinder und warteten nur, daß neues Prügelmaterial einzog; das nächste Fichtenwäldchen mit Brombeeren und Butterpilzen lag ein paar hundert Meter entfernt; die Ainitzscher nannten die offiziell »Umsiedler« geheißenen Bürger *Beemaagn und Bollaggn*, glücklicherweise bewahrte die traumhaft sichere Beherrschung der hiesigen Umgangssprache meine Eltern vor diesem Schicksal; die Buntmetallschieber sägten des Nachts Bleirohre aus Wasserleitungen, und den Marktplatz schmückte über dem protzigsten Eckhaus ein mysteriöser Auftrag in roten Blockbuchstaben: »Baut vereint das friedliche Deutschland!«

Es blieb Zwintzscher-Helmut, Madeleine Zwintzscher, geb. Fleischer, Dietrich Gustav Zwintzscher und Mario Claudius Zwintzscher gar nichts anderes übrig, als vereint hoffnungsvolle Weihnachtslieder zu singen. Bis zum martialischen Ende der Strophen.

Im Leben des Menschen gibt es wenige Höhepunkte; im Leben der frisch gegründeten Republik drängelten sie sich. Die Ernte wurde verlustlos eingebracht; der Zweijahrplan wurde verkündet, beschlossen, erfüllt und übererfüllt; die westdeutschen Kriegsbrandstifter wurden in die Schranken gewiesen; die neue Kreis- und Bezirkseinteilung holte die Edikte der Französischen Revolution von 1789 nach und entwickelte die Dekrete Lenins schöpferisch weiter. Ainitzsch war der Kreisstadtstatus wiederum vorenthalten worden, wie schon nach der Schlacht bei Mühlberg 1547, nach der Völkerschlacht bei Leipzig 1813 und der nunmehr siegreichen Schlacht an der Buntmetallfront. Bleirohre waren durch solche aus Plast ersetzt, Messingleuchter durch Eloxallampen. Konterrevolutionäre Saboteure schlichen über die durchlässige Grenze Sachsens, hinein bis ins Mark des jungen Bezirkes Chemnitz, und versuchten schon im Kindergarten, sozialistische Pflänzchen zu knicken.

In einem Rundfunksender namens RIAS, was in sächsischen Ohren verwegen und exotisch klang, wurden die Rechte aufständischer Arbeiter, die die Berliner Stalinallee schöner denn je errichteten, diskutiert, und in Chemnitzer Maschinenbaubuden wurde ausgeholt zum Schlag ins Kontor der Geschichte. Der Dichter Volker Braun

übte an seiner schwungvollen Unterschrift im fernen
Dresden, und in Ainitzsch ließ ich mich willig an die
Hand nehmen und im Kindergarten »Paul Fröhlich« abliefern:

Die Sabotage des Großen Aufbruchs

Der Kindergarten hielt für jedes Kind ein schönes viereckiges Fach bereit. Das Personal hieß Tante Maria und Tante Martha. Für einen sensiblen Sprecher, der schon mit der B-L-Häufung in »Möbelwagen« Probleme hatte, ergaben sich Schwierigkeiten, *Dande Madda* und *Dande Maddia* entsprechend einzuordnen. *Dande Madda* war für die Großen zuständig, zu denen Bruder Diddi gehörte; *Dande Maddia* betreute die jüngste Garde des Ainitzscher Kindervorrates.

Angesichts heutiger Sparpläne im Sozialwesen, denen wir im Ausschuß zustimmen sollen, war ich neulich versucht, die Lage im Ainitzscher Kindergarten »Paul Fröhlich« vergleichend heranzuziehen. Doch neben *Dande Madda* und *Dande Maddia* muß es weißgekleidete Küchenfrauen, emanzipiert autofahrende Frauen, den Garten des Kindergartens betreuende Frauen, Schreibmaschinen bedienende Frauen und gewiß auch den Klassenkampf verschärfende Parteisekretärinnen gegeben haben; so habe ich lieber mangelnde Kenntnis und Befangenheit zur Grundlage einer flammenden Rede und konsequenter Stimmenthaltung bei der Finanzierung von Kinderbetreuungen gemacht.

Die Brottasche, in der ich gemeinhin einen halben Apfel und ein zusammengeklapptes Fettbrot trug, welches meine Mutter aus Gründen einer Höheren Tochtererziehung niemals *Feddbemme* wie alle übrigen Ainitzscher nannte, wurde an den vorbestimmten Haken gehängt; das gute Kindergartenkind nahm seinen Kindergartenplatz am Kindergartentisch ein, und wenn *Dande Maddia* zur Gitarre griff, begann ich eilfertig und geübt tonlos »Wind, Wind, Wind, Wind, fröhlicher Gesell« mit deutlich auf- und zuklappenden Lippen zu artikulieren.

Wenn ich nach einem in der Gruppe verbrachten Kindergartentag von der im Arbeitskollektiv ermüdeten Mutter – sie war damals »Fakturistin«, vermutlich steuerte sie schwere Fakturen über Felder – abgeholt wurde, so beobachtete ich, ob »Die Sorgen« sichtbar wurden. Feine graue Haare hießen »Die Sorgen«. Sie wurden immer sichtbarer. »Die Sorgen« konnten nur von Zwintzscher-Helmutvati kommen, denn der hatte zwar weisungsgemäß den Kindern in der Stummenschule beigebracht, daß Stalin im Herzen aller guten Menschen wohnte, doch für Taubstummenlehrer galt es, diese Erkenntnis schöpferisch in dem Sozialismus wesenseigene Gesten umzusetzen. Zwintzscher-Helmut hatte dabei das gestische Element eines jeden Parteibeschlusses nicht bedacht, so war der Unterschied zwischen *Stalinallee* und *Stalin alle* im Taubstummendeutsch vielleicht nicht deutlich genug geworden. Der Feind, das wußten fast alle, bis auf meinen Bruder Diddi und mich, wollte einen Keil zwischen Stalin und die Erbauer seiner Allee treiben. Gerade im Taubstummensektor setzte er energisch an, und Zwintzscher-Helmut hatte das gestische Nicken nicht eindeutig genug an die Sprachlosen seiner Stummenschule weitergegeben.

Zwintzscher-Helmut war zunächst mal, wie der Nachbar Winkler-Willi in der Küche sagte, weg vom Fenster. Das hieß, daß wir, Diddi und ich, allsonnabendlich nun am Fenster hockten. Und guckten, bis Vati um die Ecke bog. Wir hatten einen mutigen Vati, denn er war die ganze Woche in der Wismut. DIE WISMUT, wie kraftvoll das klang. Dort brauchte man zwar keinen Taubstummenlehrer, aber, wie wir hörten, Männer, die sich bewähren mußten. Vati konnte sich jetzt wochenlang wehren und bewähren. Ich stellte meine damals großen Ohren auf, wenn über unserem Küchentisch diskutiert wurde, und vermutete einen Zusammenhang mit der Wehrmacht. Auch Bewährung war eine Macht.

Im Kindergarten wurde es jetzt prinzipieller: Wer *Dande Maddia* nicht gehorchte, dem wurde gesagt, daß er kein feines Kindergartenkind sei. Wer zur vormittäglichen Töpfchenstunde jene füllbare Sitzgelegenheit benutzte, um Faxen zu machen und mit dem rot eingesessenen Ring am Hintern zu prahlen – ich erinnere mich, daß Bruder Diddi gern solches tat, wofür ich ihn über alle Maßen bewunderte –, hatte damit zu rechnen, daß er beim Äpfelausmalen am großen Gemeinschaftsbild nicht mittun durfte. Gab es Schlimmeres, als Aussperrung vom gemeinschaftlichen Äpfelausmalen? Das Kollektiv war tief in unsere Kindergartenherzen gesenkt. Als ich neulich in einem Vortrag eines westdeutschen Gewerkschafters hören mußte, welch undemokratisches Mittel die Aussperrung durch Unternehmer sei, so flackerte in mir Verständnis auf, obgleich ich heutige Gewerkschaften für zeitfern halte. Jungbürger, die Viren in Computernetze einspeisen, vermögen weit wirkungsvoller Industrieunternehmen lahmzulegen. Ohne jede Urabstimmung.

Es war gewiß von langer Hand vorbereitet, daß gerade während dieser aufregenden Zeit im Kindergarten eine neue Toilettenanlage eingebaut wurde; gemeinsam packten wir unsre *olln Debbe ohne Higgenieh*, wie Dande Maddia sagte, zusammen, denn sie hatten ausgedient wie so vieles in der jungen Republik. Die neue Anlage besaß Wasserbecken, aus und in denen es heftig rauschte, wenn man an Ketten mit porzellanenen Griffen zog. So! sprach *Dande Maddia:* Jeder übt jetzt mal das Aufsitzen! Die neuen, feinen Wasserklosetts! Und spüüülen! Wir spüüülen am Wasserklosett, sagte sie, schön laut. Natürlich sagte ich leise *Wadderdlodedd,* schämte mich dafür und versuchte statt dessen, mich hervorzutun, indem ich besonders heftig am Porzellangriff riß. Es mußte mit der damals in der jungen Republik verbreiteten Sabotage und den fehlenden Buntmetallen zu tun gehabt haben – ich *rubbde* übereifrig irgendwas ab; jedenfalls schoß das Wasser in die neue Anlage und aus der neuen Anlage ungeplant heraus und herab auf die ganze Gruppe, die der Lehrvorführung beiwohnen wollte. *Biddschebadennaß,* sagte *Dande Maddia,* o weh! *Biddschebadennaß*! Da hieß es nun Trocknen, am großen, extra eingeschalteten Elektrostrahler des Gruppenzimmers. Alle mußten trocknen, weil ich doch nur besonders gut wässern wollte. Und erst wer trocken war, durfte gehen.

Haben Sie schon mal versucht, einfach so trocken zu werden? Nichtstun und trocken werden? Mag man an Wüsten und bröseligen Zwieback denken – es nützt nicht viel. Es dauert. Meinetwegen saßen nun alle länger, und die abholenden großen Schwestern und Mütter mußten warten, bis wir gemeinsam den Anschlag der Buntmetallsaboteure radikal ausgetrocknet hatten.

Gerade an diesem Tage aber war mein Vater vorfristig aus der WISMUT heimgekommen, saß am Küchentisch und beratschlagte. Mit Winkler-Willi und Geppert-Arthur. Denn so konnte es nicht weitergehen. Man mußte etwas tun. Die junge Republik streikte, zumindest nannte Geppert-Arthur das so; er sprach flammend am Küchentisch, und erst später, nach dem Parteiverfahren, wird er es ähnlich flammend konterrevolutionären Putsch nennen. Zwintzscher-Helmut sagte, man könne durchaus etwas unternehmen. Doch zuvor müsse Madeleine kommen mit den Kindern, damit man ihr sagen könne, daß jetzt etwas geschehen würde und man losziehen wolle, um endlich was zu ändern! Auf zum Ainitzscher Marktplatz! Auf zum Ainitzscher Haus der Freundschaft! Auf zur Ainitzscher Kammgarnspinnerei! Auf jeden Fall sollte etwas geschehen. Denn so könne es nicht weitergehen. So nicht. Es sei ja kein Leben mehr. Doch bis Madeleine mit den Kindern komme, müsse das Leben so gehen, solange müsse man noch sitzen. Und abwarten.

Madeleine aber saß mit den Kindern beim Trocknen. So können die Kinder nicht nach Hause gehen, hatten *Dande Madda* und *Dande Maddia* kollektiv beschlossen, und die Mütter hatten einmütig zugestimmt. So saß nun die eine Familienhälfte am Heizstrahler und die andere am Küchentisch.

Doch als endlich alles trockengelegt war, war es zu spät. Winkler-Willi, Geppert-Arthur und Zwintzscher-Helmutvati hatten begonnen, Skat zu spielen. Mutter verriet zwar nicht, wer am großen Wassereinbruch schuld war, aber Diddi petzte. Vater mußte mich ins Gebet nehmen und Winkler-Willi mich moralisch wieder aufrichten. So kam es, daß aus unserer Küche niemand mehr zu den Brennpunkten des Ainitzscher Geschehens zog, nur weil die Saboteure am Buntmetall gespart hatten und ich ein besonders gutes Kollektivkind sein wollte.

In Ainitzsch gab es, wie ich erst heute aus historischen Forschungen weiß, im Frühsommer 1953 keine Brennpunkte des Geschehens. Man hörte leise RIAS und verhielt sich laut ruhig. Die hygienischen Bedingungen im Kindergarten »Paul Fröhlich« wurden schrittweise verbessert, wie der Ortschronist stolz vermeldet. Die Pfuscharbeit der Saboteure hatte sich gegen die Verursacher gewendet und erbarmungslos zurückgeschlagen.

Die Republik wurde von Zwintzscher-Helmut nicht gestürzt, deshalb gewann er beim Skat, was im späteren Parteiverfahren positiv berücksichtigt wurde. Diddi und ich waren davon überzeugt, daß Vati seines großen Mutes wegen in der WISMUT bleiben durfte. Und jegliche Art von Porzellangriffen flößt mir bis heute Respekt ein, denn wie leicht ist es doch, durch schlichtes Zerren an der Sanitärkeramik die Weltgeschichte weiterhin ihren vertrauten Gang gehen zu lassen.

Die Geschichte ist eine Geschichte von Schulklassenkämpfen. Als Sachsen winters noch ein weißes Kleid trug, worauf sich malerisch Braunkohlenstaub ablagerte – Schwarzweißmalerei war der jungen Republik eigen –, wurden diese Kämpfe gelegentlich mit *Schneebaddsn* ausgetragen. Dabei kam es nicht unbedingt darauf an, den Gegner an bedeckten Körperstellen zu treffen; beliebter war der Platz zwischen Hals und Kragen. Dort eingebrachter Schnee wirkte nachhaltig. Zwar hatte ich damals als Ziel eine relativ geringe Ausdehnung, wurde aber von Diddi und dessen Freunden gern als Schneeabladeplatz benutzt. Es könnte sein, daß ich in dieser Zeit einen Widerwillen gegen einheimische Kälte auszubilden begann und die Wärme der Fremde ersehnte. Ich träumte mich gen Süden, ins sonnige Ungarland.

Außer durch meine Träume waren Sachsen und Ungarn in jener Zeit verbunden durch die gemeinsame Teilnahme an den Schlägen ins Gesicht des Feindes, die Abscheu vor der westdeutschen Wiederbewaffnung und die relativ hohe Selbstmordrate, die in beiden Ländern traditionell europäisches Spitzenmaß verkörperte:

Wie ich Ungarisch lehren wollte

Im Herbst des Jahres 1956 sah ich: Es saß die Mama am Ofen. Ich teile das hier mit, nicht weil Mama vielleicht wirklich am Ofen saß, sondern weil ich gerade begonnen hatte, die Fichte-Schule zu besuchen, in der MAMA AM Ofen mit aufrechten Strichen und weißer Kreide geschrieben wurde. Im dunklen Schulflur hing ein Schild, daß der »Unterricht eine heilige Sache« sei, den niemand, nicht einmal »der Präsident der Republik«, stören dürfe. Noch verdunkelter hing ein Zweit-Spruch: »Und handeln sollst Du so / Als hing' von Dir und Deinem Tun allein / Das Schicksal ab der deutschen Dinge / Und die Verantwortung wär Dein.« Beide Mahnungen waren in Fraktur gepinselt. Da ich Grimms Märchen in ebenjener Schrift gelesen hatte, wußte ich nun, daß auch der Besitzer der Fichte-Schule diese zerknackten Buchstaben offensichtlich so sicher wie die Brüder Grimm beherrschte.

Die Dielen der Fichte-Schule waren dunkel und geölt; ich nahm an, daß dies nur Fichtenholz sein konnte. Das *Fischdn* genannte Wäldchen begann kurz hinter der Lessingstraße und enthielt im Herbst die Brombeeren und im Winter den braunkohlefreien Schnee. Fräulein Zündeners Schulmappe hingegen enthielt die blauen und roten Stifte, mit denen Freude und Zufriedenheit oder Tadel und Tränen unter uns *Erschdebähbl*, wie wir Schulanfänger uns nennen lassen mußten, verbreitet wurden.

Ich hatte wohl schon mitgeteilt, hoffentlich nicht zu aufdringlich, daß ich mich an Probleme beim Erlernen der Schriftzeichen nicht erinnere. Unsere Klasse hieß Ibg, und das g stand für gemischt. Es mußte also irgendwo ungemischte Schulklassen geben. Als aber in geordneter Reihenfolge Christel Ahnert, Peter Bink, Brigitte Detzscher, Klaus Ehlert – wir saßen alphabetisch; mein Platz als schließlich nur noch gemurmelter *Marjoh Zwinndschor* war folglich hinten rechts, Fensterreihe – quälerisch den Silben und Zeilen mit Fingern folgten, so tat ich es ihnen nach. Buchstabieren mit Finger unter der Zeile war angesagt; da konnt' ich mich nicht herausstehlen aus dem Kollektiv. Auch betonte ich gleichermaßen langsam die Silben von MA MA AM Ofen wie Christel Ahnert, Peter Bink, Brigitte Detzscher, Klaus Ehlert... Der Ofen stand als Bildchen im Buch, den konnte man erleichtert nach schwerer Buchstabierarbeit hervorstoßen. Als *Ofn* oder als noch sächsischeren *Oouhfm*.

Fräulein Zündener, die flinke, braune Augen hatte, mußte bemerkt haben, daß ich fließend lesen konnte, war aber begeistert vom braven Einordnen ins schleppende Absingen der Silben MA MA AM. Folglich bekam ich für langsame Buchstabierarbeit einen guten blauen Strich. Sonst bekamen bei ihr nur Mädchen lange blaue Striche. Hätte ich laut *nausgequäsdord*, was ich alles schon wußte, wie es Bruder Diddi gelegentlich tat, der mittlerweile in der dritten Klasse den Ernst Thälmann, stolz und kühn, studierte, hätte es vielleicht auch rote Striche gesetzt ins Heft. So aber bekam ich bei MA MA AM *Oouhfm* nur hinters rote Ohr eine sanfte Streicheleinheit von Fräulein Zündener. Wer hätte für diesen Lohn, der ansonsten nur Christel Ahnert zugute kam, nicht gelegentlich all sein Können geleugnet?

Was aus mir werden konnte, wenn ich nicht frech und fließend las, merkte ich, als ich in die Jungen Pioniere aufgenommen wurde. An einem 13. Dezember war's, die Eiszapfen begannen zu tropfen, und der verschneite Schulhof war heftig zertrampelt von erwartungsvoll angetretenen Pionieren und *Erschdebähbln*. Der Freundschaftsratsvorsitzende, ein herrlich sauber gekämmter Junge mit wunderbarer Stupsnase und fremdstämmigem vornehm-brandenburgischem Zungenschlag, der Manni, durfte »Heißt Flagge!« sagen. Eine blaue Fahne stieg in den Winterhimmel. Solches also, das hatte ich nun gelernt, hieß »Heißt Flagge!«. Oder hat es geheißen »Flagge heißt!«? Sollte es vielleicht doch »Flagge hißt!« geheißen haben? War die Verheißung der Flagge eine zu hissende oder eine zu heißende Flagge? Mir wurde heiß angesichts der Flagge; ich hatte keine Probleme mit Frakturschrift, aber ich habe bis heute solche mit deutschen Zeitformen. Bei Karl May und Friedrich Gerstäcker gab es zwar auch altertümliche Wendungen, da staken Beinkleider in braunen Gamaschen oder umgekehrt und man rief: »Haltet ein, Herr!«, doch nie hätte ein Regulator in Arkansas »Heißt Flagge!« gesagt. Aber Manni, unser Freundschaftspionier mit den exakt gekämmten Haaren und der deutschen Stupsnase, ward darob nicht verlegen. Hell stieg erneut Mannis klare, unsächsische Stimme in den Winterhimmel »Heißt Flagge!«. Die blaue Flagge schoß wie eine sowjetische Raumrakete bis ans Ende der Fahnenstange, und der Direktor sprach dann auf gut sächsisch, wie es in Ainitzsch der Brauch war: *Mir dangnä unsrm Freundschaffdsraadsvorsiddsnd Munnfräd Schdollbe*! Und dann wurden wir *Erschdebähbl* zu stolzen Jungpionieren gemacht; die blauen Halstücher unterm blauen Himmel überm weißen Schnee – gewiß war Sachsen damals vor allem schwarzrotgolden und arbeiterklassenrot, doch das weißblaue Element ist tief in uns gesenkt worden, schon damals, so daß wir im Moment die heftige Hilfe des befreundeten Freistaates Bayern noch nicht als aufdringlich empfinden möchten. Solidarisches Verhalten heißt es in den Grundsätzen des Ausschusses, dem ich angehöre, kann nur die Frucht langer Verbindungen sein.

In der Lessingstraße gab es übrigens, nachdem ich die

Einschulungszuckertüte bekommen hatte, in deren tiefster Spitze ein Brotkanten, ein sächsisches *Remfdl*, steckte, lange Gespräche am langen Küchentisch. Sorgen wuchsen. Silbergraue Fädchen in Muttimadeleines Haar mehrten sich. Sorgen wuchsen, wie ich damals noch nicht wußte, im Bauch von Madeleine Zwintzscher, und sie wuchsen am Himmel der internationalen Lage. Im warmen Ungarland hatten Konterrevolutionäre die Macht ergriffen, und Zwintzscher-Helmut sagte zu Winkler-Willi: *Ich sahch nischd mehr daderzu! Daderzu nischd mehr!* Madeleine Zwintzscher war mutiger und sprach es aus: *Das iss doch enne boodnlose Gemeenheed, was die da machn!*

Was die machdn, wußte ich nicht, und herauszufinden, wer *die* waren, fiel noch schwerer. Am ärglichsten aber war, daß mir auch nicht gesagt wurde, wie Kinder aus Mütterbäuchen herauskämen. Gab es einen versteckten Reißverschluß im Bauchknopf? *Wersde spädor wissn*, sagte Mutter. Doch weder Herr Gerstäcker noch Herr May teilten dazu Erhellendes mit. Über Ungarn war ich durch das Werk »Mathias Sandorf« des Jules Verne hinreichend informiert, dort gewannen ganz bestimmt die Guten, die mit Skanderbeg, Ritter der Berge, und Nußkern Imre Töröcsik auf Seiten von Lajos Kossuth und Petöfi kämpften. In Ungarn gab es österreichische Gutsbesitzer, von zaristischen Weißrussen unterstützt, aber zum Schluß wurden sie immer von den Guten verjagt. So mußte es auch diesmal kommen. Und als Manni Schdollbe die Flagge hoch in den Himmel geheißen hatte, war es soweit: Diddi und ich hatten einen Bruder, *ä Briedorschn*, wie Fräulein Zündener verschämt zischelnd sagte, und in Ungarn hatten ganz bestimmt die Guten gesiegt.

Das *Briedorschn* hieß Gerhard René Zwintzscher.

Meine Eltern setzen die Tradition heiligster internationaler Dreifaltigkeit fort. Allerdings hatte sich nur bei mir die Mutter durchsetzen können, als das ausländische Element zu meinem Rufnamen erhoben wurde. Deshalb hatt ich noch lange mit Schulkameraden Probleme, die aus dem *Marjoh* boshafterweise eine Maria machen wollten. Ich sollte unbedingt mein stolzes blaues Halstuch zum Kopftuch entehren. Meine Mutter, das gestand sie oft und gern, hätte mich auch lieber als Maria gesehen. Nun aber hatte sie drei Söhne, und das sozialistische Lager hatte just zu dieser Zeit wieder all seine treuen Gliedstaaten.

Diddi und ich verkleinerten das *Briedorschn* zum Gerdi, und da ich aus »Mathias Sandorf« wußte, wie wichtig Geheimsprachen sind, wollte ich Gerdi zu gern das Ungarische beibringen. Ich sagte ihm vor: *Ädj, geddi, harom, nedj, aviszontlataschra, keser tschokolo*. Das *Briedorschn* krähte mich freudig an. Ich wiederholte immer geschwinder *ädjgeddikesertschoklo* . . . und war fest davon überzeugt, daß Gerdi nicht als erstes »Mama«, oder »Auto« wie gewöhnliche Babys gesagt hätte, sondern seine solidarische Verbundenheit mit den ungarischen Werktätigen auszudrücken imstande gewesen wäre. Es kam anders. Die ängstliche Mutti Madeleine verbot mir die Unterweisung Gerdis. *Was solln der Gwaddsch?* knurrte sie und schaute sich vielleicht sogar ängstlich um.

Doch in mir war längst die feste Überzeugung gewachsen: Ungarn war ein warmes Land ohne *Schneebaddsn*, mit nicht aufzuhaltenden Siegen der Guten.

Eine geordnete Landschaft mit Bleistiftrinnen und ungefüllten Tintenfässern waren die Schulbänke; sie begannen immer mit Christel Ahnert, Peter Bink, Brigitte Detzscher, Klaus Ehlert vorn links; dann kamen zweiundzwanzig andere Buchstaben, das Klassenkollektiv endete rechts hinten, Fensterreihe. Dort saßen die beiden Zetts. Zabel-Horsti und *Marjoh* Zwintzscher. Vor dem Fenster wuchsen Kastanien, die den Lehrern verschiedener Fächer gutes Anschauungsmaterial lieferten. Die grüne Stachelkugel, die Igelimitation, der bewaffnete Friede, war für Heimatkunde wichtig. Wir malen Kastanien, sagte Fräulein Zündener; stellt euch vor, die Jungs sind das böse stachlige Äußere, die Mädchen das warme braune Innere. Erst also das Äußere. Nehmt ganz wenig grüne Farbe an den Pinsel für die Spitzen. Und die tupfen wir spitzig und dünn. Bei Fräulein Zündener hüpfte es spitzig unter dem Pullover. Nun malen wir alle warm und braun, wie ein schönes Mädchen, wie die Haare unserer Christel Ahnert, was innen drin ist. Davon wußte ich nichts. Wenn die Kugel aufplatzt . . . na? Das wollte ich mir lieber nicht vorstellen. Und welche Farben nehmen wir dafür? Der kleine Igel, der seine Stacheln zeigt, ist grün: Die glänzende Frucht, die es zum Beispiel in Ungarn – in Ungarn, *Marjoh*, träume nicht – auch als Eßkastanien gibt, ist braun. Und glänzt wie Mahagonimöbel. Wer hat zu Hause Mahagonimöbel? Brigitte Detzscher schnippte mit den Fingern. Sie schnippte immer. Ihr Vater war Elternbeiratsvorsitzender. *Marjoh*, habt ihr auch Mahagonimöbel? fragte Fräulein Zündener. Nein, wir haben neue Möbel, sagte ich stolz. Bei *Marjoh* hat man also neue Möbel; aber solch ein Braun kennst du doch von den Möbeln? Nein, sagte ich, von Möbeln nicht. Nur von Stuhllehnen. Die müssen mit Möbelpolitur behandelt werden, dann glänzen sie wie Mahagoni.

Längst konnte ich Wörter – wie Möbelpolitur und Mahagoni, Wortgeheimnisse wie Milbenspezialleim und Makkaroniauflauf nicht nur lesen, sondern auch in aller Zungenfreiheit aussprechen. Ich hatte die Kastanienmalerei der *Erschdebähbl* hinter mich gebracht, hatte die Geschichte vom kleinen Josef, der später der große Stalin wurde, in der zweiten Klasse gelesen, hatte auswendig gelernt: Heute ist das Wasser warm, heute gehen wir baden . . . und die Sonne, gut gelaunt, brennt uns nach dem Bade, Brust und Buckel knusperbraun, braun wie Schokolade. Denn unsre Heimat, das waren nicht nur die Städte und Dörfer. Das war auch die gutgelaunte Sonne, die uns gesund brannte.

Ich hatte den großen schwierigen Sprung für Schulkinder von der einfachen Heimatkunde der vierten Klasse in die Wissenschaften Biologie, Erdkunde und Geschichte der fünften Klasse geschafft. Auch galt es, Schülerfunktionen zu übernehmen. Fräulein Zündener hatte mich lange angesehen und leis gefragt: Und was macht unser *Marjoh*? Ich mußte auf die geölten Dielen der Fichteschule schauen und ward alsbald Schriftführer und Wandzeitungsredakteur und stellvertretender Gruppenratsvorsitzender. Denn es wurde jeder gebraucht, jede Hand und jeder Kopf im sozialistischen Sachsen, das nicht mehr Sachsen hieß. Hinter der südwestlichsten Ecke unseres Bezirkes Karl-Marx-Stadt aber rüsteten sich die Feinde mit einem Ochsenkopf und sandten ohnmächtige Schauer körnigkalten Krieges ins Land:

An der Grenze der Südlichkeitsverbrechen

Sie werden nicht mehr wissen, was Ferienspiele sind. Und wenn Sie es doch wissen sollten, haben Sie womöglich verklärte Vorstellungen von diesen Zeiten der Kinderbetreuung in jenen Sommern, als Korn und Rübe vollgenossenschaftlich wurden und wenig später auch Kuh und Kalb in die Landwirtschaftliche Produktionsgenossenschaft eintraten.

Ich kann Ihnen jedenfalls sagen: Ich war dabei, als uns Gruppenbetreuer Böhme mit preußischen *Kienäppeln* oder sächsischen *Dannzabbm* auf den Feind werfen ließ. Im Rahmen eines Geländespiels, wie in Sachsen das organisierte Herumtoben in Wald und vollgenossenschaftlicher Flur genannt wurde. Doch ein Ferienspielteilnehmer ist wachsam und handelt gelegentlich dialektisch. Wir führten den Plan des vorgegebenen Geländespiels schöpferisch aus und stöberten den Feind auf, der als die zutiefst miteinander befreundeten Fräulein Ursel, welche mit herrlich grünen Augen in die Welt strahlte, und Herr Böhme enttarnt wurde. Wir sahen sie schwer beschäftigt miteinander. Im sittsamen Sachsenland konnten solche Hantierungen mit tiefgelegenen, südlichen Körperteilen nur *Südlichkeitsverbrechen* heißen. Böhme hatte seine Hand an Fräulein Ursels Körpermitte, die weiß im grünen Wald leuchtete, gelegt, während diese all ihre zehn Finger in Böhmes Gelände spielen ließ.

An dieser Stelle scheint mir eine Unterbrechung nötig.

Die politische Gesamtentwicklung, so auch meine, wurde damals spornstreichs vorangetrieben. Im fernen Berlin war ein Ereignis eingetreten, das meinen Vater Zwintzscher-Helmut heftig bewegte und meine bürgerliche Mutti Madeleine noch mehr: Hatten die doch Berlin dichtgemacht. *De Gommenisdn, nee, diese Gommenisdn!*, sagte meine Mutter, die sonst doch lieber respektvoll allein den Genossen Spitzbart alias *Waldor Ulberschd* für alles eingetretene Ungemach im Sachsenlande verantwortlich zu machen pflegte. Aber nun Berlin dichtgemacht. Eingemauert in der Erden, steht die DDR ... Nein, das kam im Deutschunterricht dran, das Lied von der großen Glocke, an die jeder Staatsakt gehängt wurde. In Staatsbürgerkunde, was wir Stabi – nicht Stasi – nannten, wurde der Bau des antifaschistischen Schutzwalles eine dringliche Notwendigkeit genannt, erst später aber, als wir dann wirklich dieses Schulfach Stabi hatten. Noch viel später wurde mir heftig verwehrt, in Berlin den antifaschistischen Schutzwall in Augenschein zu nehmen, obwohl eben dies alle befreundeten Staatsmänner taten. Den Grenzschützern, die mich harsch nach meinem Begehr fragten, als sie mich festgenommen hatten, antwortete ich wahrheitsgemäß, daß ich die Anlagen besichtigen, ja bewundern wollte. Oder habe ich »bewundern« nur frech gedacht? Übrigens war genau dies wirklich mein Wunsch. Innere Sicherheit stellt sich ein beim Betrachten äußerer Sicherheit. Und welcher Sachse fühlt sich im preußischen Berlin nicht gefährdet?

Die unverhoffte Festnahme, nachdem ich mich vom respektvollen Beschauen der Panzersperren wieder abgewandt hatte, war ein Schock: Ich hatte die gedachte Luft-Vor-Grenzlinie, die sich ergibt, wenn man das Schild »Halt! Staatsgrenze! Weitergehen verboten!« beidseitig verlängerte, touchiert. Oder gar um Zentimeter überschritten? So wurde mir gesagt. Die wachsamen Grenzer hatten mich genau beobachtet, und aufgepaßt, ob ich schuldig wurde der Überschreitung gedachter Luftlinie. Deutsch sein heißt genau sein. Doch diese Episode paßt im Augenblick nur schwer in den Fluß meiner Erinnerung; sie scheint auch politisch nicht korrekt zu Ende gedacht. Der *Ausschuß zur Bekämpfung Unsolidarischen Verhaltens* muß Vergangenheit so aufarbeiten, daß jegliches Kompromißlertum in Sachen Mauer, jegliches anekdotische Beschönigen, jegliches Abwiegeln, jeder defätistische Verweis auf kalte Kriegszeiten, auf ZWEI hochgerüstete Seiten sofortiger Liquidation anheimfällt.

Im Sommer des Jahres 1961 also lag ich mit den Ferienspielfreunden nicht vor Madagaskar, sondern in den Ainitzscher Fichten. Auch hatten wir keine Pest an Bord, sondern nur den Klassenfeind vor uns. Ich fahre im Aufstöbern fort: Gruppenleiter Böhme mußte also schmerzlich eine Unterbrechung mitten in seinem *Südlichkeitsverbrechen* hinnehmen. Fräulein Ursel feixte grünäugig und so anzüglich, wie dies nur füllige Sächsinnen mit großen *Schlübborn*, denen jedwedes Schamgefühl im Kommunismus abhanden gekommen ist, fertigbringen. Der Wald stand grün und schwieg, und der seinen Interruptus schamhaft zu verkraften sich genötigt sehende Böhme brüllte sogleich im Kommandoton: *Mir vordeidschn jeddse mah de Schdaadsgrense! Schluß midd dähm Reiber-unn-Schambambl-Schbiel! Das gehd zaagg-zaagg! Nemmd eire Wixgriffl hoch, als wie wenner ne Gnarre hamm däh unn bewähschd eich! Zaagg-zaagg*!

Peter Bink kämpfte neben mir. Er schrie *Raddaddadd* gegen die Fichten an und zerstampfte, was ihm unter die Füße kam: Giftige Pilze, giftigrote Vogelbeeren, hochgiftiger Knabenwurz. Ich hielt mich wacker in seinem Schußschatten. Gruppenleiter Böhme war mit uns sehr zufrieden. Postenführer Peter Bink ließ keinen der zahlreichen Bäume aus den Augen; ich *raddaddadderde*, unserem Staatsgrenzkampf treu ergeben, hinterdrein. *Mei Vadi*, sagte Peter Bink, *is bei dor Gambfgruppe. Die hamm EmmGehs. Da lässdor geen abhaun. Raddadaddadd!*

Unn dei Vador? fragte *Südlichkeitsverbrecher* Böhme mich: *Hilfd der ooch, de Rehbubligg verdeidchen?* Ich stammelte etwas von Taubstummenlehrer Zwintzscher, der gegen die zunehmende Sprachlosigkeit im Lande ankämpfe; vielleicht hatte ich es auch etwas weniger elegant formuliert. *Südlichkeitsverbrecher* Böhme wandte sich verächtlich ab und begann mit meinem Postenführer Peter Bink zu fachsimpeln: *Gampfunfähig musser geschossn wern, dor Feind. Gelernd is gelernd. Mei Schbieß bei dor Fahne hadd immor gesachd: Zwischn Gnie unn Bauch – da schdeht jedor uffm Schlauch. Mergd eich: Diese Grenze is unvorleddslich!*

Peter Bink konnte mitreden. Sein Vater war als Kampfgruppenführer jetzt am Brennpunkt des Weltgeschehens eingesetzt. In Berlin. Mein Vater wurstelte nur in Ainitzsch an sprachfaulen Schülern herum. Peter Bink schwor, jedes feige fliehende Kapitalistenschwein der gerechten Strafe zuzuführen. Ich schwor mit, hielt aber vorsichtshalber die Abschwurfinger zu Boden. Zur Ableitung kommender Blitze von oben.

Vielleicht starrte ich beim Abschwören auch zu interessiert auf Fräulein Ursel, die sich die politisch-ideologischen Klarstellungen unseres gruppenleitenden *Südlichkeitsverbrechers* Manfred Abraham Böhme anhörte und ihr sächsisch-sattes Feixen über herrlich grünen Augen behielt.

Ihre zehn reinweißen Finger hielt sie noch immer sanft gespreizt.

Rinderzüchter und Maschinenschlosser, Elektromonteure und Werkzeugbauer, Betriebskaufmänner (Männinnen eingeschlossen) und Krankenschwestern (Pfleger inklusive), Papierhersteller und Zerspanungsfacharbeiter, Werktätige für Schreibtechnik und Facharbeiter für drahtgebundene Nachrichtenprozesse haben eines gemeinsam: Sie waren jene arbeiterklassischen Berufe, die im Sachsen der sechziger und siebziger Jahre (20. Jahrhundert) abiturbegleitend erlernt werden konnten. Kaum jemand wurde damals Facharbeiter für Backprozesse; Bäcker Weidenhammer, bei dem die Brötchen fünf Pfennige kosteten, hatte verärgert in der Kreishandwerkskammer angefragt, warum ihm kein Lehrling zugewiesen wurde. Danach standen zweimal junge Männer in hellen Windjacken vor seiner Bäckerei und notierten die Brötchenpreise.

Dies aber nur nebenbei; ich will vom Stolz jener Jahre berichten. Selbstbewußt dürfen Sachsen gewisser Jahrgänge in ihrer Biographie festhalten: Arbeitete zudem als Rinderzüchter, Maschinenschlosser usw. usf. Denn die allgemeine polytechnische Oberschulbildung wucherte uferlos aus, hinein in den erweiterten Oberschulbereich. So erlernte meine Generation vier Jahre lang einen Arbeiterberuf. Bruder Diddi Zwintzscher machte Abitur mit

Berufsausbildung zum Rinderzüchter, ich wurde ganz nebenbei Zerspanungsfacharbeiter, und Bruder Gerdi Zwintzscher bekam zum Abiturzeugnis eine Urkunde als Facharbeiter für drahtgebundene Nachrichtenprozesse hinzu.

Meiner Erinnerung nach waren es damals etwa 98,72 Prozent aller Schüler der achten Klasse, die ab Klasse 9 einem Abitur mit Berufsausbildung entgegenstrebten. Die restlichen 1,28 Prozent machten Berufsausbildung mit Abitur. Der Unterschied war gewaltig: Die große Masse ging fünf Tage lang in der Woche zur Schule und einen Tag in aller Herrgottsfrühe zerspanen oder rinderzüchten. Die winzige Minderheit mußte umgekehrt *roboddn*, wie wir für *schaffe* sagten: Fünf Tage Bohr- oder Kraftfutter, einen Tag Newton plus Lenin.

Wenn Sie jetzt einwenden, daß es doch Bürger ohne Abitur in Sachsen und der daranhängenden DDR gegeben haben muß, so denken Sie daran, wie im Lande Wahlen und Pläne erfüllt wurden.

Das 11. Plenum im Zerspanungskreise

Bruder Diddi hatte seinen Freundeskreis: Mitschüler, die mit ihm als Rinderzüchter um hohe Milchleistungen rangen. Ich versuchte, den meinen nicht mit dem seinen zu vermischen. Meine Freunde zerspanten.

Jeden Montag mußte Diddi vier Uhr dreißig im Stall stehen. Von den Schwierigkeiten, die Kuhbusen zu massieren, sprach er selten, öfter von den Stallpausen, in denen er mitzüchtenden Mitschülerinnen näherzukommen gedachte. Der ehrliche Diddi breitete all seine Fehlschläge freimütig vor mir aus – er war immerhin schon siebzehn –, und ich hütete mich, meinerseits irgendwelche Fummeleien, die ja ebenfalls nur als Fehler hätten entlarvt werden können, anzudeuten. Da ich nur mit männlichen Oberschülern zerspante, mußte ich keine Aktionen an Mitschülerinnen, zumindest für den Lehr-Montag, erfinden.

Solch ein Montag war grausam. Sechs Uhr begann die Schicht in der Lehrwerkstatt. Zwei Stunden vorher schreckte ich hoch, aus Angst zu verpennen. Der Rumpelbus nach Lunzenau in die Werkzeugmaschinenfabrik *Roscher & Eichler KG* fuhr fünf Uhr achtzehn. Fünf Uhr fünfzig trottete ich mit vier weiteren abiturplanenden Zerspanungsfacharbeiterlehrlingen am Pförtner vorbei. Übrigens ist jetzt endlich die Zeit gekommen, eine Zeit der Freiheit, mich dafür zu schämen, daß wir Lehrlinge hießen und nicht Azubis, welchselben auf Gleichberechtigung weisenden Ehrennamen just zu dieser Zeit junge Menschen zwischen Leuthaussen/Rhein und Schnarrenberg/Donau sich schwer erkämpften. Azubi, klingt's nicht wie Spaghetti und Rabottnik, ganz undiskriminabel?

Wir Lehrlinge der Zerspanungstechnik wurden im halbstaatlichen Betrieb also allmontäglich erwartet. Vom ganzstaatlichen Lehrausbilder Pohl-Alfred. Denn die Ausbildung wurde kreiszentral und kreisdirekt geleitet. Fabrikbesitzer Roscher lebte im Westen, und Fabrikbesitzer Eichler hatte nichts zu sagen, er bekam längst Rente. Vielleicht auch Tantiemen, Dividende oder Kupons; unsere Kenntnis kapitalistischen Wirtschaftslebens beschränkte sich auf die Klassenkämpfe des 19. Jahrhunderts.

Anstelle des Fabrikbesitzers also sprach Lehrausbilder Pohl-Alfred, die bohrmilchverschmierten Hände reibend: *Da gomm' ja de Gluchscheißer.*

Die echten Lehrlinge, die das Zerspanen von Metallgrundformen abiturfrei – also gründlich – erlernten, feixten, wenn wir fünf Ainitzscher einzogen, unsere Spinde, denen selbstverständlich die Türen und gelegentlich auch die Rückwände fehlten, belegten und von Pohl-Alfred aufgeteilt wurden. *Scheder rischdsche Lährling*, sprach er vernehmlich, *grischd'n Oberschieler*.

Die *rischdschn Lährlinge* setzten sich sodann an Hobelmaschine oder Schleifmaschine oder Drehmaschine, verschränkten die Arme und sprachen: *Einschbann! Hald! Falsch! Noch mah! Rausdrehn! Vorgehrdrum! Ganz vorgehrd! Vellisch vorgehrd!*

Nein, der werdende Intellektuelle von 1965 durfte seine Nase wahrlich nicht zu hoch tragen. Der Werktätige der Faust war dem *Oberschieler* leuchtendes Vorbild. Zumal die *rischdschn Lährlinge* im allgemeinen zwei Jahre älter waren. Sie zerspanen das Metall schon längst nach allen Regeln der Kunst. Die Hobelspäne drehten und krümmten sich vorschriftsmäßig unter dem Meißel, der von kundigen Händen exakt eingespannt worden war. *Mir Dooflinge* schmierten zu glättende Werkstückflächen mit blauer Paste ein. Der *rischdsche Lährling* ließ das gute Stück unter der Schleifscheibe hin- und herfahren. Die nur stellenweise abgeschliffene Blaufärbung hielt er uns unter die Nase: *Immor noch ni grade, du Mährfaß!*

Doch einmal im Monat erwartete Pohl-Alfred uns sehnlich. *Nu gommd nur, ihr Ainiddschor*, sprach er und vergaß die *Oberschieler*. Denn es galt, den *rischdschn Lährlingen* die politische Lage auseinanderzusetzen. Pohl-Alfred war bloß *Arweedr*, also ideologisch wenig gebildet. Richtungweisende Beschlüsse waren richtungweisend zu erläutern. Ein Plenum, ein elftes, des Leitenden Komitees war der Arbeiterklasse übermittelt worden. Kunst und Kultur standen auf der Kippe. Oder waren längst abgestürzt. Wie aber sollte dies den *rischdschn Lährlingen vorglamiesord* werden? Natürlich mit Hilfe der *Oberschieler*, denn die studierten ja von Arbeitergroschen *uff Abidduhr*.

Gomme mei Marjoh, sprach Pohl-Alfred, *jeddse is Bollidschulung, un du orglärsd uns s' elfde Blehnum*.

Im hinteren Teil der Kantine rekelte sich mit Milchflaschen und *Gäsebemm* die ausgebildete Arbeiterklasse. Davor waren die *rischdschn Lährlinge* plaziert. Vor denen wiederum saßen vier Ainitzscher erweiterte Oberschüler. Und allen sollte ich erklären, warum Kunst und Kultur vom Feinde durchsetzt waren. Denn das 11. Plenum hatte gesprochen. Denn das 11. Plenum war die turnusmäßige Sitzung der Vorhut der Arbeiterklasse. *De Vorhaud*, sagten vorlaut die ideologisch wenig gebildeten *rischdschn Arweedor*. Natürlich schäme ich mich heute für meine Rede. Ich werde nicht ablassen, diese Verfehlung öffentlich aufzuarbeiten, auch im *Ausschuß zur Bekämpfung Unsolidarischen Verhaltens*, dem ich jetzt, wie ich vielleicht schon bemerkte, angehöre und dessen freiheitlich-demokratische Richtlinien mir Herzenssache sind. Doch zunächst will ich rückhaltlos in aller protokollarischen Indirektheit bekennen, was ich damals sagte:

Lehrling M. Zw. begann zunächst, die Bedeutung von Plenen des Zentralkomitees für die gesamtgesellschaftliche Entwicklung herauszuarbeiten. Sodann ging er auf die jüngste Tagung ein, die in besonderem Maße die Errungenschaften von Kunst und Kultur beleuchtete. Ein wichtiges Augenmerk muß auf Fehlentwicklungen gerichtet werden. So hat sich unter jene Künstler und Schriftsteller, die mit Bi anfangen, eine verhängnisvolle Aufweichungserscheinung eingeschlichen. Zum Beispiel schrieb ein gewisser W. Biermann politische Gedichte, die unsere Wirklichkeit verzerren. Ein sogenannter avantgardistischer Schriftsteller namens M. Bieler hat die Arbeiterklasse mit sogenannten Satiren beleidigt. Die Entwicklung im Jugendverband wurde durch den jungen Karl-Marx-Städter Autor G. Bieker völlig abwegig gestaltet. Die planmäßigen Vorgaben durch den Maler W. Womacka (ein Name ohne jedes Bi) wurden von jungen Kunsthochschülern aus Bischofswerda ungenügend beachtet. Die Beatgruppen (sprich Bietgruppen) tragen lange Haare, was eine zukunftsnegierende Tatsache darstellt. (Bewegung bei den Lehrlingen.) Auch gibt es Tanzformen, die unsere Wirklichkeit nur in spätbürgerlichen Zuckungen darstellen. Beatrhythmen, sprich *Biedrumgehobbse*. Abschließend zog. M. Zw. persönliche Schlußfolgerungen, die in einer noch stärkeren Hinwendung zu den reichen Schätzen unserer Weltkultur bestehen werden, und geißelte scharf die leeren Wandzeitungsbretter im Zerspanerkollektiv der *Fa. Roscher & Eichler KG*. Es wurde sogleich eine Selbstverpflichtung der Ainitzscher Lehrlinge (Abitur mit Berufsausbildung) vorgetragen, daß man sich künftig dieser Schandflecke leerer Ideologie annehme, um sie vollinhaltlich zu füllen. Genosse Pohl, Alfred, Lehrausbilder, brachte spontan zum Ausdruck, daß er die Ainitzscher Lehrlinge (Abitur mit Berufsausbildung) darin in jeder möglichen Form unterstützen werde.

Ende meines mich bis heute belastenden Gedächtnisprotokolls aus schwerer Zeit.

So kam es, daß wir *Oberschieler* nach dieser Klärung der Probleme des 11. Plenums verstärkt zur Wandzeitungsgestaltung herangezogen wurden. Sobald nunmehr ein *rischdschor Lährling* einen von uns fünf Ainitzschern mit den üblichen rüden Worten der Nichtskönnerschaft bezichtigte, *mir wärn bleede Rindviechder* – man beachte die unterschwellige Verschränkung zu unseren rinderzüchtenden Mitschülern –, fiel dem Betreffenden ein, daß er dringend eine neue Wandzeitung zu machen habe. Der *rischdsche Lährling* mußte sodann allein hobeln, fräsen und bohren, und die Kantine der Zerspaner bekam einen neuen Leuchtfleck.

So hat die Auseinandersetzung um die Kunst im Jahre 1965 dazu beigetragen, daß ich bis heute vergessen würde, den Steckschlüssel aus dem Spannfutter zu entfernen, wodurch derselbe beim Einschalten der Maschine in hohem Bogen durch die Werkhalle flöge. (Akutes Gefahrenmoment!) Doch trotz aller verbesserungsbedürftigen manuellen Fertigkeiten beim Schleifen, Gewindedrehen und Nutenfräsen erhielt ich ein Facharbeiterzeugnis mit der Note »gut«. Pohl-Alfred wischte sich den Schweiß von der Stirn, als er es mir überreichte.

Geheime öffentliche Pläne nach Weltkrieg Zwo ließen kreuzbrave Sachsen blauweißrot anlaufen: Ihr Land in den Grenzen von 1816 sollte dem südlichen Nachbarn angeschlossen werden. Die Siegermächte meinten, dies grenznahe Stücklein Deutschland könne durchaus der böhmisch-slowakischen Gemeinschaft einverleibt werden, dann Tschecho-saxo-slowakische Republik geheißen. ČSSR. Sachsen wie Tschechen seien ohnehin Fußkranke der Völkerwanderung. Beide Länder galten jahrhundertelang als ausgezeichnete Kriegsdurchgangslager. Sie waren geeignet zum Siegermästen. Der Zufall hatte das eine Volk germanisiert, das andere slawisiert. Mochten sie nun miteinander auskommen müssen.

Ein zerstörter Dresdner Zwinger, warum nicht vom Prager Hradschin aus restauriert? Leipzigs Ur-Krostitzer Brauerei als Zweigbetrieb des Pilsener Kombinats – wäre das nicht Ausnutzung aller Exportbierchancen? Und Ainitzsch an der Zschopau, womöglich dann im Rajon Chemnice gelegen, als Ajniče nad Copawá? Die Vorstellung, *de weeschen säggsschen* Zischlaute künftig mit Haken und Ösen, mit če und čá und ši und šá zu versehen, mochte für Deutschlehrer grauenhaft sein. Doch waren sächsische Rechtschreibleistungen nicht ohnehin stets die schlechtesten des vergangenen deutschen Reiches gewesen? Und war der spätere Anschluß Sachsens ans Vaterland, das deutsch-demokratisch-republikanische, war die Ausbeutung sächsischen Fleißes zu Nutz und Frommen einer Berlin-Pankower Zentralgewalt etwa die historisch nettere Lösung?

Es kam nämlich reichlich zwanzig Jahre nach diesen Plänen eine Zeit, da sich manches Sachsen Blick, wohl auch meiner, wehmütig und hoffnungsfroh-angstvoll gen Süden richtete. Prag hieß jetzt Frühling, Demokratie, Dubček und *Dawollmerdochmahsehn*.

Hinter mir aber lagen ein heißer Hochsommer, ein Abiturzeugnis mit Einsen besonders in, ich bitte um Nachsicht, Staatsbürgerkunde, Russisch und Geschichte, und vor mir lag ein Wohnheimplatz im Internat der Technischen Universität zu Dresden.

Friedliebend nichts unterschrieben

Meine guten gesellschaftswissenschaftlichen Zensuren hatten mir prompt einen Studienplatz gebracht. Ob ich wollte oder nicht. Ich erinnere mich: In einem Lenkungsgespräch, so hieß die vorsorgende Berufsberatung, hatte ich den Wunsch geäußert, nicht studieren zu wollen, sondern das mündige Leben als zerspanender Werktätiger zu beginnen. Ei, da hatte ich was gesagt! Die Arbeiterklasse war Auffangbecken für Gestrauchelte; ich aber hatte doch noch nie Gelegenheit zum Stolpern bekommen, auf dem rosigen Weg in die glühende Zukunft. Ich hatte von *Arweedrgroschn* Abitur gemacht, nun war es, *goddverdammich nochemah*, meine Schuldigkeit, den auch weiterhin mit *Arweedrgroschn* gepflasterten Aufstieg fortzusetzen. Wer *Abidduhr war*, hatte zu studieren. Wer studierte, hatte *ä Dibblohmer* zu werden. Wer *ä Dib-*

blohmer iss, muß der Republik zurückgeben, was sie ihm an Förderung angetan hat. Doch bis zu diesem leuchtenden Endziel mußte ich von *Arweedrgroschn* leben, damit sie mir später vorgeworfen werden konnten.

Als Studienwunsch hatte ich weder Kameramann noch Formgestaltung, wie Design im DDR-Sachsendeutsch hieß, angegeben. Solche Fächer waren hoffnungslos ausbilanziert. Auch dies ist ein Begriff jener Jahre. Nicht mal Sinologie, Biologie oder Nordeuropawissenschaften waren mir als Studienmöglichkeiten in den Kopf gekommen. Da fielen immerhin noch vier Bewerber auf einen Platz, also drei fielen, einer blieb. Manchmal. Wenn er nicht in den Westen stolperte.

»Ingenieur für Maschinenbau« hatte ich im großen Studienfragebogen, endlich war mal wieder ein Fragebogen für mich zuständig, in die entsprechenden Kästchen eingetragen. Ingenieur für Maschinenbau, da kam man auch mit Dreien in Mathematik und Physik an, geschweige denn mit einem Zensurendurchschnitt von 1,5763, den ich nun mal leider erzielt hatte. Gewiß, ein Lehrerstudium, zum Beispiel der Fachkombination Staatsbürgerkunde/Schulgarten, war noch leichter zu erreichen. Oder gar die Hochschulausbildung zum Offizier der Landstreitkräfte. Letzteres wäre für mich aus verwandtschaftlicher Rücksichtnahme nicht in Frage gekommen. Vater Zwintzscher-Helmut, ehemaliger Wehrmachtsangehöriger, später gemaßregelt wegen sprachlich-ideologischer Probleme mit der Stalinallee, arbeitete zwar längst wieder auf dem Taubstummensektor der Republik, doch er war nicht mehr in der führenden Partei, sondern mittlerweile bei den liberalen Blockflöten gelandet. Meine Mutter hatte ohnehin bürgerliche Vorurteile gegen die progressivsten Teile der Arbeiterklasse, die in Armee, Polizei und MfS sich verkörperlicht hatten. Bruder Diddi ging sogar in die Junge Gemeinde, er ging aktiv, wie der Zeitgeist sprach, und diskutierte dort über das Ideal einer urkommunistisch-christlichen freien deutschen Jugendgewegung unter strikter Anerkennung der Gesetze der DDR.

Diddi mit seinem schwankenden Jungen Gemeindetum hatte mich mithin vor ernsthaften Armee-Werbeversuchen bewahrt. Mit so einem Bruder, aktiver Jugendchrist, galt man als politisch wenig zuverlässig. Hingegen wurde Diddi recht oft zu freundschaftlichen Gesprächen ins Wehrkreiskommando geladen, ob er nicht wenigstens drei Jahre als Unteroffizier dienen wolle, denn, nicht wahr, er habe doch einen politisch bewußten Bruder, den Mario? Bruder Diddi gab nach, er war ein Klügerer, und ging drei Jahre in die militärischen Dienste der Deutschen Demokratischen Republik. Er hatte zwar einen dicken Kopf, aber er sah Notwendigkeiten ein. Eine wichtige Eigenschaft des Sachsen. Ich hingegen konnte wegen sofortigen Studienantritts nie in den Genuß eines wenigstens achtzehnmonatigen Ehrendienstes kommen: Bitte das in den heutigen Zeiten zu berücksichtigen. Diesem Unrechtsstaat habe ich nie mit der Waffe in der Hand gedient. Obwohl ich, das muß ich zugeben, nicht wußte, daß er ein Unrechtsstaat ist.

Ich blieb Ungedienter. Zumindest damals. Und nahm erst später kurz Einblick ins Räderwerk des militärischen Schlagabtauschs. Wenn Sie dies Bild vom schlagabtauschenden Räderwerk als Beweis meiner Maschinenbau-Friedfertigkeit sehen wollen?

Viel später also nahm ich den harten runden Metallhut, für die Nationale Volksarmee besonders charakteristisch ausladend geformt, auf mich. Mehr oder weniger, nicht wahr, eigentlich direkt faktisch gezwungen, worauf ich zurückkommen werde.

Im August 1968 jedenfalls fuhr ich schnurstracks aus meinen privaten Ferien ins bezirkshauptstädtische Dresden. Die Technische Universität rief mich. Meine leider ausgezeichneten gesellschaftswissenschaftlichen Leistungen hatten mich empfohlen – für einen Posten als stellvertretenden FDJ-Seminargruppensekretär. Denn bevor im September das Studium für alle begann, mußte die politisch-ideologische Leitung stehen. Aus den Bewerbungsunterlagen wurden die Kader herausgesucht, die später möglichst einmütig, aber nicht unbedingt einstimmig, gewählt werden sollten. Nichts durfte dem Zufall überlassen sein.

Der Klassenfeind lauerte um die Ecke. Hinter Dresden lauerte die Sächsische Schweiz. Bizarr und felsig. Und was lauert immer hinter dem Bizarren? Das böhmische Paradies, mit anderen Worten: tschechisches Chaos. Kafka. Demokratischer Solipsismus. Die Aufweichung. Die Unterminierung. Der Schlag in die Eingeweide des Fortschritts. Die knieweichen Abweichler und knallharten Radio – Free – Europäer. Der konterrevolutionäre Interruptus des revolutionären Aufstiegs. Das Ende des real existierenden Traums ... ich habe damals bei den Unterweisungen ordnungsgemäß mitgeschrieben, wie Sie an meinen Erinnerungen vielleicht bemerken, aber ich habe nichts unterschrieben! Das möchte ich mit Nachdruck bezeugen!

Vier Tage nach dem Einmarsch der verbündeten Truppen in Prag fuhr ich in den Dresdner Hauptbahnhof ein. Die Uni war über die Stadt verstreut. Es gab ein paar Studentenhäuser gleich am Bahnhof. Dort bekam ich mit zwei Kommilitonen eine Bude: paradiesische Verhältnisse. Wir waren eine Woche vor dem offiziellen Semesterbeginn gekommen; wir sollten geschult werden; wir sollten die Seminargruppenführung übernehmen. Wir hatten eine Dreimannbude; wir hatten unser Lehen. Obwohl Dresden voller Studentenschlafsäle war: Zehn Studenten hatten nicht selten in einem Raum zu nächtigen, zu lernen, zu speisen, sich selbst oder den Partner des Herzens zu befriedigen, ideologische Fährnisse abzuwehren und von hier aus die heimliche Hauptstadt des Sachsenlandes kennenzulernen. Doch wir, die ideologische Vorhut, besaßen eine Dreibettbude. Eine Dreischrankbude. Eine Dreistuhlbude. Eine Zweitischbude. Eine Eintopfbude. Eine Eintauchsiederbude.

Die erste ideologische Schulung, die Einübung unserer Funktionen, fand im Seminarraum CII-7 statt. Solche Kennungen prägen sich dem Geschulten auf ewig ein. Natürlich stand Prag auf dem Plan. Etwa vierzig künftigen Diplomingenieuren für Maschinenbau, Elektrotechnik und Elektronik, zugleich vierzig künftige ehrenamtliche Seminargruppenkader, mußte klargemacht werden, daß von Prag und gestern ein Weltkrieg hätte ausgehen können, während von Prag und heute der Frieden ausgeht.

Sowjet-Panzer oder Tschechen-Kafka, das war die schwierige Frage.

Die künftige Diplomingenieurin Maria Macheleidt, die sich mir fest einprägte, stellte die Frage ohne Fragezeichen scharf: Wer nicht für den Einmarsch ist, ist gegen den Frieden! Ein künftiger Diplomingenieur, dessen Name mir leider entfallen ist, frug an, ob man nicht auch eine Resolution gegen den Einmarsch zur Diskussion stellen sollte, denn ideologische Unklarheiten könne man doch niemals ausschließen. Jener künftige Diplomingenieur war hernach kein künftiger Diplomingenieur mehr. Der künftige Diplomingenieur Mario Claudius Zwintzscher hingegen stellte mutig den Antrag, sich um seinen kranken Bruder Gerdi kümmern zu müssen, weshalb er der Debatte nicht länger folgen könne.

So kam es, daß eine kämpferische Entschließung formuliert wurde: Künftige Seminargruppen künftiger Diplomingenieure für zukunftsweisenden Maschinenbau, für Elektrotechnik und Elektronik stellen sich unverbrüchlich hinter die Einmarschleistung befreundeter Armeen. Die tschechische Konterrevolution wird einmütig verurteilt. Einmütig, nicht einstimmig. Die Unterschrift von Mario Zwintzscher fehlt auf diesem Dokument. In den Universitätsarchiven Dresdens kann dies eingesehen werden. Bruder Gerdi war möglicherweise nicht krank, doch dies ist nach so langer Zeit nicht mehr nachprüfbar.

Es gibt Dinge in meinem Leben, die ich nicht an die große Glocke gebaumelt sehen möchte. Ich verstehe schon, daß Sie wissen wollen, woran Sie mit mir sind. Doch das will ich ja selber wissen, ohne daß ich es deshalb aussprechen mag.

Vielleicht hilft uns allen, Ihnen, mir und unserem Feingefühl, wenn ich hier eine Zahlenbetrachtung einfüge.

Söxante Nööf

Das Jahr 69 sah mich inmitten von Dresdens Barock. Runde Kuppeln, verschwenderisches Grün im Park, eine etwas streng riechende Elbe.

Die Zahl 69 unterscheidet sich von der 68 durchaus. Stellt man sie auf den Kopf, so kommen keinerlei Neunundachtziger heraus. Aber auch kein Sechsundneunziger, was sich anhört wie ein altsächsischer Militärverein oder ein unseliger Paragraph zur Bekämpfung sogenannten sittenwidrigen Verhaltens. Nein, die 69 bleibt immer eine in sich runde Erscheinung. Sie hat auf beiden Seiten Kopf und Fuß, Hand und Mund.

Ich sehe, ich muß doch anderes berichten:

Ainitzsch an der Zschopau hatte keinen Puff. Verzeihen Sie, wenn dies ein wenig unvermittelt kommt. Der sächsische Sozialismus war zwar sinnenfroh, rund wie Dresdner Barock, verschwenderisch wie Parkgrün, gelegentlich streng riechend wie die Elbe, ihm gebrach es aber an den altbewährten bürgerlichen Mitteln, körperliche Liebe wirtschaftlich auszubeuten. Kein Pornoshop. No Piepshow. Null Puff. Die heranreifende Jugend las Boccaccios »Nonnengärtner« und erregte sich an verschwommen fotografierten »Magazin«-Damen, einer Presse-Spezies, die nur dem geborenen Sachsen und den mit Sachsen verbundenen Völkerschaften wie Thüringer, Ostberliner etc. bekannt sein dürfte. Was über grau verschleierte Fotos und altitalienische Beschreibungen hinausging, mußte man selbst ausprobieren.

Ich war zutiefst schockiert, als meine Klasse mit Fräulein Zündener jenes schöne Volkslied von den »Drei Gäns im Haberstroh« erlernte, und die Mädchen von Brigitte Detzscher und Christel Ahnert bis hinüber zu Bärbel Wanczek unanständig laut kicherten, beim gemeinsamen Gesang von »Kam der Baur gegaangen / Mit ner laangen Staaangen...« Fräulein Zündener dachte nicht daran, ihre geliebten Mädchen zu rügen, und so zogen diese denn die lange Stange des Bauren sprachlich immer unverschämter in die Länge und schauten uns Jungs dabei auf die Hose. Wir nannten diese Besichtigung *gaggfresch*, und ich begann damals zu ahnen: Die Losung: »Du mußt die Führung übernehmen!« gedachten im Sachsensozialismus vor allem Frauen und Mädchen zu befolgen. Wenn auch nicht auf Baustellen, in Büros und Betrieben, so doch in Bett, Badezimmer und Birkenhainen.

Ich will Sie nicht mit Ainitzscher Einzelheiten langweilen, was die Erkundung der bäurischen langen Stangen durch die Ainitzscher Gänschen betrifft. Ainitzsch hatte eben keinen Puff, und so konnte auch ich keine Erfahrungen machen, sondern bekam sie gemacht. Nach der kollektiven Tanzstunde, beim kollektiven Freibaden, während kollektiver Feten, zu Zeiten kollektiven Nachtluftschnappens. Mann trug damals zu solchen Gelegenheiten Nylonhemden, die wir *Berlonghemdn* nannten, obwohl sie aus Dederon waren. Sie blieben strahlend weiß und waren doch nach jedem Tragen klatschnaß. Je nachdem, wie heftig die Gänschen das Anmachen betrieben. Die luftigen *Berlongreggschn* konnten der Transpiration offensichtlich besser Herr – oder sagt man da Dame? – werden. Sie wurden aufgereißverschlossen und zerknöpft und gehebt und gesonken – es war Tatsache, daß mannomann Zeit- und Verbformen bei so aufregendem Treiben durcheinanderbrachte. Obwohl der Sachse beispielsweise im Unterschied zum Saarländer auch in schwierigen Situationen versucht, sprachlich korrekt zu bleiben. *Uns dahdn se ferdschmachn de Weiber*, spricht der Sachsenmann gutmütig direkt, lediglich mit »tut« sein Erlebnis *ä bißl vorschähmd* umschreibend, während der Saarländer *Ich hon's mir bloß so gedenkt* als Möglichkeitsform ersten sexuellen Erlebens mitteilt.

Doch ich will das Jahr 69 nicht überfrachten: Unser Saarländer saß noch in Warteposition im Politbüro, und der gewaltige Sachse Ulbricht ließ landesweit kybernetische Systeme entwickeln. Auch wir künftigen Maschinenbauingenieure faßten all unser Wissen in Kästchen und Pfeile, in schwarze Boxen und Rückkopplungen, die sich selbst in den Schwanz bissen.

Damit bin ich wieder beim Thema: Maria Macheleidt, eine der wenigen künftigen Diplomingenieurinnen für Maschinenbau, die sich bereits beim schonungslosen Bekämpfen tschechischer Weicheier hervorgetan hatte, war offensichtlich interessiert, meine ideologische Standfestigkeit zu testen. Maria kam aus Thüringen, war aber mit viel sächsisch anmutendem Hügelland gesegnet. So, wie sie *Thüüringen* aussprach, wurde ich an *Evelüühne* aus Ainitzsch, die mein *Berlonghemde* ein paarmal zum Triefen gebracht hatte, erinnert. *Ä feins Mähdl*, sagte ich für mich, und laut formulierte ich: *Ne schicke Frauhw*!

Maria sang mit hellem, scharfem Tone im Singeclub der TU Dresden und kannte Bernd Rump, Hartmut König, Reinhold Andert, Kurt Demmler und andere Männernamen. Ich kannte keinen von ihnen, und wenn Sie diese Herren nicht kennen, so ist das in unseren heutigen Zeiten durchaus nicht von Nachteil. Kürzlich wurde im *Ausschuß zur Bekämpfung Unsolidarischen Verhaltens* einer dieser Barden – sie waren samt und sonders Parteisänger des Systems – vorstellig und jammerte wegen Wegbrechens der Kulturlandschaft. Doch er ist bis heute in einer Extremistenpartei, und ich hütete mich auszuplaudern, daß ich via Maria in irgendeiner wie auch immer verschlungenen Verbindung zu ihm gestanden haben könnte.

Maria also war eine strenge Ideologin. Damals. In dieser Eigenschaft rief sie mich zu sich in ihre Dreifrauwohnheimbude: Marjoh, wir müssen deine Position klären. Du bist stellvertretender Seminarsekretär, aber ein Weichei. Versteh mich richtig. Gisela hat Pförtnerdienst und wird erst morgen früh kommen; Reinhild muß ihrem Verlobten die Leviten lesen. Der Verlobte wohnt in Freiberg und will einem Absolventeneinsatz im Uranbergwerk entkommen. Reinhild muß also prüfen, ob er ein Drückeberger ist oder ob die Uranbergbauerei wirklich ganz objektiv die jungen Hochschulabsolventen zu Schlappschwänzen macht.

So direkt sprach Maria Macheleidt, Mitglied der ideologischen Kommission der Hochschulkreisorganisation, fest in und auf Schritt und Tritt. Vielleicht wissen Sie nicht, daß das sächsische Uran zum Emporkommen der Sowjetunion beigetragen hat. Kleine Stücke aus Sachsen trieben Elektronen durch ganz Sibirien, welches die Summe von Sowjetmacht und Kommunismus bedeutete. Teile des sächsischen Erzgebirges ließen den Atomeisbrecher »Lenin« noch jedes Eis zermalmen. Was sächsische Strahlemänner einst ausgebuddelt haben, liegt noch heute als überkritische Entsorgungsmasse zwischen der nördlichen Ukraine und dem zentralen Kasachstan herum. Tragt über den Erdball, tragt über die Meere, den strahlenden Teil der sächsischen Macht. So ähnlich lauteten die Lieder, die Maria unter Anleitung der bekannten Singemänner in die Welt der Volkssolidaritätsklubs zwischen Dresden-Klotzsche und Dresden-Wilder Mann hinaussang.

Über meine Mitsumm-Probleme, jene tonlosen Lippenbekenntnisse, habe ich schon berichtet. Bruder Diddi, der Hochmusikalische, war bei der Armee längst einem Singeklub verpflichtet und jubilierte von seiner Braut, dem Gewehr und vom Ehrenkleide, das er stets rein halten werde. Was er erlernt im Kirchenchor, jetzt konnte er es nutzen, um Sonderausgang und Sonderurlaub zu erhalten.

Ich aber stand, nein saß, nein lag in der Dreifrauwohnheimbude der Maria und hatte nun den tieferen Sinn des Jahres 69 kennenzulernen. Die sächsischen Singeklubs wurden weltoffen, wurden zu Singeclubs. Quasi in Vorbereitung jenes goldenen Jahres der Weltfestspiele 1973. Schwarze oder Gelbe, aus kapitalistischen Ländern oder jungen Nationalstaaten, die Jugend aller Nationen mußte schon immer beim Überschreiten der sächsischen Grenze damit rechnen, den einheimischen Antiimperialismus kennen- und heftig liebenlernen zu müssen. Auch geläufige Männernamen wie Bernd Rump, Harmut König, Reinhold Andert, Kurt Demmler und andere taten das ihre, damit Sachsen weltoffen und weltgewandt wurde.

Maria, gelehrige Schülerin der ganzen Welt, bedeutete mir, daß das Jahr 69 nicht nur russisch als Schestdesjatdewjat oder anglosächsisch als Sixty-nine formuliert werden konnte, sondern daß es sich in ferneren, der sächsischen Zunge noch weniger geheuren Sprachen, wie spanisch, italienisch oder gar französisch klangvoll aussprechen ließ. Ich sei zwar ein *gewissermaßn hochanständjer*, wie Maria erfreut feststellen durfte, *Juchendfreund*, doch mein Internationalismus sei unbedingt weiterzuentwikkeln.

Und so wurde zunächst mir Bekanntes getan: Aufgereißverschlossen und zerknöpft und gehebt und gesonken. Dann aber lernte ich mal von der anderen Seite runde Kuppeln, schwelgerische Parklandschaften und gelegentlich etwas streng riechende Niederungen kennen. Gerade durch die Nase nämlich nehmen wir Uremfindungen auf. Und die sind weltumspannend. Drum kann ich auch nur den Kopf schütteln, wenn uns Sachsen gebirgige Enge zugeschrieben wird. Von den Elbhöhen blickt man nicht nur weit ins Land, bis in böhmische Dörfer gar: Die Meißner Weinberge hinter Dresden lassen Französisches vermuten. Und wem unser Traubenprodukt zu säuerlich ankommt, der weiß nicht, daß gerade diese Säure seine Exportchance ist. Im *Ausschuß zur Bekämpfung Unsolidarischen Verhaltens* werde ich mich mit allem Nachdruck und aller Standhaftigkeit... genug. Ich werde im weiteren darauf zurückkommen. Doch vorerst schweige ich von tieferen sächsischen Genüssen.

Das Jahr 1871 brachte eine Vereinigung des Königreiches Sachsen mit den sächsischen Herzogtümern in Thüringen und Franken, aber leider auch den Anschluß an Preußen. Jener Anschluß war um 1971 fester denn je.

Dieses Jahr brachte meinem Bruder Diddi die Entlassung aus der Armee und einen Studienplatz als Kulturwissenschaftler. Bruder Gerdi faulenzte dem Facharbeiter für drahtgebundene Nachrichtentechnik entgegen. Zwintzscher-Helmut mußte seine Lehrtätigkeit für Taubstumme, die neuerdings Hörsprachbehinderte hießen, nach Karl-Marx-Stadt verlegen; in Ainitzsch waren die Ohren größer geworden. Auch in Ainitzsch. Unsere Mutter war zur Chefsektretärin ernannt worden; ihr Bruder, mein Onkel Helmut, machte sich selbständig als Tischler. Dessen Sohn war in den Olympiakader aufgenommen worden, als Freistilringer beim SC Leipzig. Seine Verlobte liebte Nachtbarbesuche. In Leipzig gab es fünf nennenswerte Vergnügungstempel dieser Art. Eine der Barbekanntschaften der Verlobten des Sohnes des Bruders meiner Mutter war mein Kommilitone Leonhardt Schiller, Pastorensohn, trinkfest, frauenbewegt, also auch ein guter, ein sehr guter Bekannter von Maria Macheleidt, die mich mit tönend heller Singeclubstimme zu immer besseren, auch ideologisch standhaltenden Leistungen ermuntert hatte.

Verstehen Sie? In Sachsen finden sich immer solche Kreise. Verwandtenringe. Bekanntschaftskringel. Runden, in denen man sich bewegt und irgendwann wieder auf den Anfang stößt. Von Leipzig nach Dresden waren es nur hundert Kilometer, von der Ainitzscher Verwandtschaft zur intimen Bekanntschaft spannten sich Fäden feinster Art. Doch im zentralpreußischen Berlin taten sich Dinge, von denen wir gar Erstaunliches in der Zeitung lasen: »Bei der Sitzung des Politbüros wurden Fragen der weiteren Entwicklung der Republik beraten.« So erstürmten wir das achte Lebensjahrzehnt des Jahrhunderts.

Deukratschnik

Das Jahr sah uns in der Dresdner Heide, ja? Die Frühlingssonne schien uns auf den Bauch, ja? Und wenn wir, ja? uns zu sehr verbrannt hatten, dann waren wir, ja? ganz rot, ja? geworden. Aber nicht fahnenrot, sondern, ja? krebsrot.

Und warum setzt du immer ein Ja? in deine banale Berichterstattung? Vielleicht kannst du uns das ja mal sagen?

Die so scharf gefragt hätte, wäre Maria Macheleidt gewesen, unsere Nochimmerseminargruppensekretärin und Mitglied der ideologischen Hochschulkreiskommission. Ich war damals, nehme ich mal an, nur noch ein vermutlich stellvertretender Stellvertreter. Dennoch vertrat ich die Meinung, daß wir die Achtung vor dem obersten Repräsentanten unseres Landes, dem Leipziger Walter Ulbricht, durch feinfühlige Anwendung seiner richtungweisenden Bejahung ausdrücken sollten. Er hatte das fragende Ja? zu einer Institution werden lassen. Es wurden uns nicht einfach Beschlüsse verkündet, sondern wir waren gehalten, ja? darauf zu antworten. Ja? Nicht Aber! Warum sonst wäre in jede Rede das demokratisch nachfragende Ja eingebaut worden? Ja? Oder etwa Nein! Noch wurden im Lande gesächselte Fragen mitgeteilt und keinerlei saarländische Verkündigungen genuschelt.

Nein! sagte Maria scharf, ohne jedes Nuscheln, und ich erinnerte mich an rundes Dresdner Barock, schwelgerisches Grün, eine etwas streng riechende ...

Was sollen diese Spekulationen! klärte Maria uns auf. Wir brauchen keine Parteiastrologen! Wir deuteln nicht herum! Die Einheit und Geschlossenheit unserer Führung ist ihre Stärke. Wenn die Genossen der Meinung sind, daß Kaderfragen beantwortet werden sollten, so müssen wir denen keine guten Ratschläge geben. Die sogenannten guten Ratschläger sitzen in Bonn und der Kalten Frontstadt Westberlin. Was die wollen, ist uns allen klar. *Is das gloaar*, setzte sie in überlautem Thüringisch hinzu.

Mir ist das nicht klar, sprach Leonhardt Schiller, Pastorensohn und guter, sehr guter Bekannter von Maria. Wir saßen traulich in einer Seminargruppenversammlung beisammen, und eigentlich sollte es um die Zusammenstellung von Gruppen für die elektrotechnischen Praktika gehen. Doch Maria war der Ansicht, daß wir unsere ideologische Schulung unbedingt nachholen sollten, die wir vorige Woche wegen schönen Aprilwetters oder Dynamo Dresdens großartigem Spiel hatten ausfallen lassen.

Helmut, hochintelligenter und Bestleistungen erbringender Ingenieuranwärter, allerdings in ideologischen Fragen damals ähnlich wenig geschmeidig wie Pastorensohn Leonhardt Schiller, wollte wissen, wieso die Führung dieser Republik stets hinter verschlossenen Türen ausgehandelt würde? Wieso also das Volk nicht mitreden könne?

Maria fragte so scharf, wie sie damals in der Blüte ihrer Säfte war, wieso das Volk bei uns denn nicht mitreden könne? Es gäbe doch, hm, Wahlen ... das Höhöhö war lautstark; ich hatte geübt tonlos mitgehöhöht; und sowohl Helmut als auch Leonhardt Schiller meinten, wir sollten uns entweder *de Eier schaugln gehn, oder Braggdigumdiehms, die wo was zamm Grubbenseggs machn solldn, eirühm.*

Leider sprach das unfeministische Volk der sächsischen Kittfresser damals solche frauenfeindlichen Sätze. Ich muß den Ton folglich exakt so wiedergeben, wie er seinerzeit angeschlagen wurde. Natürlich würde ich Maria, da ich ihre heutige Position kenne, auch gern unsexistisch beschreiben, doch wir männlichen Würstchen waren einfach arm. Arm dran. Wußten nichts vom Kampf ums große phallische I der Gleichberechtigungsschreibung, wie er damals langsam in der Ebene zwischen Leuthaussen/Rhein und Schnarrenberg/Donau begann und später das »Haus des Deutschen Dudens« zu Mannheim erreichen sollte.

Auf Helmuts und Schillers Provokation hin hob der lockige Konrad Graus seine Stimme. Konrad, ein schmächtiger Bursche, der eigentlich das Filmemachen studieren wollte, aber nun beim Maschinenmachen gelandet war, meinte, daß er nichts dagegen hätte, die bejahende Art und Weise unseres obersten Repräsentanten Walter Ulbricht zur Richtschnur zu machen, doch sollten wir nicht zugleich vorausschauend denken? Die Deutsche Demokratische Republik sei auf dem Sprung zur internationalen Anerkennung. Gerade jetzt. Die Kommunistische Partei des Königreiches Lesotho habe bereits eine Parlamentsvorlage eingebracht. Die Republik der

Malediven wolle einen Außerordentlichen und Bevollmächtigten Botschafter schicken; Burma und Ghana hätten die Zwei-Deutsche-Staaten-Theorie seit langem zur materiell gewaltigen Praxis werden lassen.

Konrad war ein Kenner unserer Zeitungen.

Er senkte die Stimme: Es sei nur noch eine Frage der Zeit. Er wisse Bescheid. Er würde, wenn er könnte, Filme zur internationalen Lage vorführen, denn da kenne er sich aus. Schon Lenin hatte von der Filmkunst als der wichtigsten aller Künste gesprochen – wir gähnten wie beim Pflichtfilm –, doch noch hole er, Konrad Graus, zu einem gewaltigen, einem erschütternden Schlag ins Kontor des Maschinenbauwesens aus.

Was er wolle, fragten Maria scharf, Leonhardt laut und Helmut spitzfindig. Ich schloß mich den Fragen mit einem nachdrücklichen Ja? an.

Unsere Deutsche Demokratische Republik werde in Zukunft in aller Munde sein. So Konrad. Ginge dies aber mit ihrem gewiß rechtmäßigen, so doch ehrwürdig überlangen Namen? Klinge nicht die Kurzform DDR ein bißchen zu abstrakt? Zumal kein Sachse es wagte, so *weesche D-Laude glei dobbld* zu setzen, weshalb der ehrfürchtige Sachse lieber von *ter Teh-Teh-Ähr* spräche. Klinge dies nicht aber lächerlich? Könnten wir nicht also dem jungen Genossen Honecker – es höhöhte wieder in der Seminargruppe – könnten wir nicht dem jungen Genossen Honecker folgen und seine Art der praktischen *Verkürzerung* in die Massen tragen? Als Ehrenauftrag der Dresdner Studenten? Nicht Deutsche Demokratische Republik. Nein: *Deutsche Kratsche Pliek* sollte die Umgangsform lauten. Oder noch kürzer, den Genossen Honecker quasi schöpferisch weiterentwickelnd, zur *Deukratschnik* verbessert werden. Die *Deukratschnik* würde besonders den jungen afrikanischen Nationalstaaten, hießen sie nun Burkina Faso oder Volksrepublik Kongo (Brazzaville), vertraut sein. Mit der *Deukratschnik* würden wir auch ein für allemal eine deutliche Abgrenzung von der mittelalterlich-feindstaatlichen Form *Bunzreplik Doih-Tschland* erreichen. Uns Sachsen wäre die Knack- und Zischlauthäufung im neuen Staatsnamen zudem vertraut und heimisch, die slawischen Nachbarvölker könnten die *Deukratschnik* als immer besser ihresgleichen werdende *Volksnik* annehmen; besonders der Sowjetunion wäre die *Deukratschnik* vertraut wie *Kulturnik*, *Subbotnik* und *Natschalnik*. Die ganze große fortschrittliche Erdbevölkerungsmasse würde mit der neuen, allseits anerkannten *Deukratschnik* das Kapitel III der Weltgeschichte schreiben ...

Konrad Graus führte träumerische Augenaufschläge in großer Zahl aus. Maria richtete die Augen ebenfalls in ihren gottlosen Himmel. Die übrige Seminargruppe begann leider wieder das unschöpferische Höhöhö, in welches ich, geübt tonlos, aus Proporzgründen einfiel.

Vielleicht war das der Beginn von der am Ende sich durchsetzenden Form DDR? Die im Sächsischen tatsächlich zur *Teh-Teh-Ähr* hyperkorrigiert wurde.

Während jener Seminargruppenversammlung wurden schließlich doch noch Gruppen fürs elektrotechnische Praktikum zusammengestellt. Konrad Graus verließ uns bald, dieweil ihm ein Studienplatz auf der Filmvorführ-Hochschule Babelsberg zugesprochen wurde. Vielleicht hatte er ähnliche Vorschläge höhernorts gemacht. Später war er eine Zeitlang in vielen Ausländern tätig und vertrat weise seine abgestimmte Meinung.

Neuerdings begegne ich ihm öfter; er ist Mitglied im *Ausschuß zur Bekämpfung Unsolidarischen Verhaltens*. Doch sein wegweisender Vorschlag von damals ist bis heute nicht umgesetzt worden. Man könnte ihn schöpferisch auf unser neues Deutschland anwenden. Oder zumindest auf unseren Freistaat. Da K. Graus aber kürzlich auch in die sächsische Kommission zur Berücksichtigung früherer Unrechtstaten berufen wurde, wird er gewiß noch viele solche Vorschläge ausarbeiten.

Geschichte muß in weiten Teilen umgeschrieben werden. Diese Arbeit steht uns allen bevor. Veilleicht kann ich einen winzigen Beitrag beisteuern, ja?

Wie Walter Ulbricht ums Leben kam

Das Thema meiner Diplomarbeit, die ich im heißen Sommer 1973 zu schreiben hatte, hieß: »Zu einigen Aspekten bei der digitalen Weg- und Winkelsteuerung querhorizontaler Längsdrehmaschinen«. Der Karl-Marx-Städter »VEB Großdrehmaschinenbau 8. Mai im VE Werkzeugmaschinenkombinat 7. Oktober Berlin« hatte der Technischen Universität Dresden einen Auftrag erteilt. Jener Auftrag war bis zum Diplomanden Mario Zwintzscher hinabgekleckert worden, und so schwitzte ich nun über Aspekten digitaler Weg- und Winkelsteuerung. Praktische Erfahrung zu diesem Thema sammelte ich während eines Ereignisses, das »Weltfestspiele der Jugend und Studenten in Berlin« hieß.

Ich unterbrach meine querhorizontalen Längsstudien für eine Woche und begab mich nach Norden, raus aus dem zentralen Sachsen, hinein ins ferne sächsische Dominion Berlin. So darf ich bis heute sagen: Ich war dabei gewesen. Ich bin dabei gewesen. Ich werde für immer dabei gewesen sein.

Dabei war auch Maria Macheleidt, unsere Hundertergruppenleiterin. Heimatland, reck deine Glieder, kühn und beflaggt steht das Jahr, sprach sie zu den ihr Unter- und Übergeordneten. Ihr nachgeordnet war Helmut, der Fünfzigergruppenleiter, inzwischen ideologisch härter geworden. Dem unterstellt war Leonhardt Schiller, trotz pastoraler Herkunft und zögernder Parteilichkeit mein Zehnergruppenleiter. Denn in diesem Sommer wurde ein gewaltiges und auch gottgefälliges Bündnis geschmiedet. Pastorensöhne waren ähnlich gefragt wie 1989, ein Jahr, das den Weltfestspielen exakt nach sechzehn Sommern folgte.

Ich war der zehnte Einergruppenleiter. Nummer Zehn unserer Zehnergruppe. Z wie Zwintzscher kam zuletzt, war aber durchaus mit selbständiger Leiterfunktion betraut. Ich mußte ganz allein meinen täglichen Verpflegungsbeutel in Empfang nehmen – 4 Brötchen à 5 Pfennige, 2 Äpfel namens »Gelber Köstlicher«, 1 Tafel Schokolade mit Kakaogeschmack, 1 Apfelsinen-Echtfrucht, 1 Banane aus einem Anerkennungsstaat, 1 Knackwurst mit Knackwurstgeschmack, 1 Käseecke mit Champignongeschmack, 1 Limonade mit Vierfruchtgeschmack, 1 Makrone mit Kokosgeschmack. Im Kokosgeschmack verkörperte sich die neuerdings unverbrüchliche Verbindung zu den Malediven. Ich mußte selbständig Plasteschüssel und Plastelöffel am zentralen Verpflegungspunkt in Empfang nehmen; für eine farbenfrohe Plastemarke wurde die Schüssel befüllt.

Ich mußte Großkundgebungen besuchen, Winkelemente bedienen; ich hatte pflichtfreie Veranstaltungsbilletts zu ergattern; ich mußte mich völlig selbständig auf dem von uns Mehrheitssachsen *Ahleggs* genannten *Al-*

lex, wie der Alexanderplatz im Berliner Volksmund hieß, auf und ab bewegen. Ich trug ein regenbogenfarbenes Obergewand, welches wir erstmals *Tihschörd* nennen mußten, über dem ich mein blaues Ärmelsonnenhemd verknotet hatte. Um den Hals hatte ich ein Tuch mit Unterschriften geschlungen. Meine Hundertergruppenleiterin hatte als erste unterschrieben, dann mein Fünfzigergruppenleiter, mein Zehnergruppenleiter und neun mir gleichgestellte Einergruppenleiterinnen und -leiter.

Als Zehnergruppenglied war ich beim Zentralen Box-Einladungsturnier dabei und beim polyphonen Gruppensingen mit solch großartigen Männern wie Bernd Rump, Hartmut König, Reinhold Andert und Kurt Demmler. Als begeistert klatschender Zuschauer verfolgte ich das Wettdichten von Paul Wiens mit Sarah Kirsch; ich war beim Pflastermalen der Krankenkasse und beim Springbrunnenbaden mit Claudia und Catarina dabei. Ich traf zufällig Bruder Gerdi und Feriengruppenhelfer M. Abraham Böhme. Ich erkannte meinen ehemaligen Freundschaftsratsvorsitzenden Manni Schdollbe fast nicht wieder. Doch seine brandenburgisch klare, helle Stimme war geblieben. Mir lief mein Fünfzigergruppenleiter Helmut in den Weg, und mir lag meine Hundertergruppenleiterin Maria im Wege. Ich sah Konni Graus absolut erfolgsorientiert an der Filmkamera auf- und abdrehen und Fräulein Zündener in einem Café träumen. Christel Ahnert, Peter Bink, Brigitte Detzscher, Klaus Ehlert, Bärbel Wanczek und Zabel-Horsti riefen auf einer grünen Wiese im Stadtpark Friedrichshain im Chor: Ainitzsch Helau! – Wir sind blau! – Wir sind flott! – Eff-Deh-Jott! In der »Freien Presse«, Kreisseite Reußnitz, wurde lobend die besonders gute Stimmung vermerkt, die der Ainitzscher Block verbreitete.

Doch auf mich wartete eine besonder Aufgabe.

Heute weiß ich's genauer: Ich gehörte wegen meines Diplomarbeitsthemas zu den Auserwählten. Eine folgerichtige Entwicklung muß damals begonnen haben.

Walter Ulbricht, der ehemalige Erste Sekretär, jetzt Ehrenvorsitzender der Führenden Partei, wollte dem Fest der Jugend einen frohen Verlauf wünschen. Er war, aufgrund schwerer Verletzungen, die er beim Friedenskampf in den Schützengräben vor Stalingrad erlitten hatte, erkrankt.

Da er also nicht zum Weltfest kommen konnte, kam das Festspiel zu ihm. Zwanzig auserwählte Jugendliche – vom Tausendergruppenführer Dr. Günter Krause-Jahn über die unkonventionelle Siebzigergruppensängerin Nina Hagen bis zum letzten Zehnergruppenmitglied Mario Zwintzscher – wurden in einen mit blauem Fahnenstoff verhängten Bus gesetzt und an den Ort des Wirkens von Walter Ulbricht gefahren.

Der Ort war eine Busstunde vom Einsteigeplatz Alex entfernt. Wir sahen nicht, wohin wir fuhren, denn der Fahnenstoff vor den Busfenstern zeigte uns nur an: Eine Fahrt ins Blaue. Auf einem Kiesplatz angekommen, drehte sich der Bus knirschend auf den Hinterrädern, schnaufte und stand zitternd. Die Türen öffneten sich. Eine Empfangsgasse für uns wurde gebildet, jugendfrische Betreuungskräfte säumten schnittig den Weg. Wir schritten beflügelt ins bescheidene Eigenheim Walter Ulbrichts. Lorbeerbäumchen wuchsen rechts und links des gewölbten Eingangsportälchens. Lotte, die berühmte Ehefrau, stand mit der Kaffeekanne, nein, mit *ännor rischdschn Gaffehganne*, bereit, und wir zwanzig Auserwählten setzten uns um einen runden Tisch und sprachen munter dem köstlichen Getränk zu.

Mein Tausendergruppenführer Dr. Krause-Jahn wandte sich an mich: Jugendfreund Mario, Du arbeitest also am Problem digitaler Weg- und Winkelsteuerung?

Ich war erstaunt, wie gut er informiert war. Doch im Zeitalter der Kybernetik, das Genosse Walter Ulbricht, er lebe hoch hoch hoch!, eingeleitet hatte, war Informationstheorie alles, wenn die Massen sie begriffen. Jawoll, sprach ich: Weg- und Winkelsteuerung! In Sachen querhorizontaler Längsdrehrichtung!

Dann wird dir das Problem unseres Genossen Ulbricht gewiß schöpferisch weiterhelfen und dir mithin, ja? bei deiner Arbeit nützen.

Nina, die Siebzigergruppensängerin, lächelte schelmisch und sang a cappella »Jugend aller Nationen«. Unser Tausendergruppenführer lächelte kämpferisch. Lotte Ulbricht lächelte schmerzlich. Und der Genosse vom Protokoll lächelte protokollarisch und sprach: Gleich kommt unser Freund der Jugend – er lebe hoch hoch hoch!

Zuerst kam ein Genosse, der sich als des Genossen Walter Ulbrichts Führungsmitarbeiter vorstellte, denn der Genosse Ulbricht sei schwer krank und müsse noch leicht gestützt werden. Dann stellte der Assistent des Führungsmitarbeiters ein elektronisches Steuerpult auf, und herein trat, mit exakt jenem leutseligen Lächeln, das wir aus Zeitung und von Führungsfotos kannten, der Genosse Ulbricht – er lebe hoch hoch hoch!

Der Führungsmitarbeiter am Steuerpult drückte Knöpfe, es blinkte, summte, rasselte, und Genosse Ulbricht ging scharf links und drückte Nina Hagen an seine Brust, während Nina Hagen den Genossen Ulbricht zwischen beide Brüste nahm. Die Freundschaft wogte hoch. Wir applaudierten. Wir sangen begeistert: »Unser Glück auf dem Frieden beruht!« Der Genosse Führungsoffizier drückte wiederum Knöpfe am Steuerpult, und Genosse Ulbricht befreite sich aus den überbordenden Wogen der Freundschaft. Er kam für sein Alter mit erstaunlich hoher Geschwindigkeit auf mich zu und sprach: Das also, ja? ist unser junger Freund, ja? der an der kybernetischen Steuerung, ja? unserer Werkzeugma-? ...

In diesem Augenblick blieb der Genosse Ulbricht stehen. Er befand sich unmittelbar vor mir, und ich sah all seine kämpferischen Bewegungen, die sich jetzt gewissermaßen zu schöpferischer Pausierung vervollkommnet hatten. Es knackte sehr vernehmlich. Dann setzte eine noch vernehmlichere Stille ein.

Der Genosse Führungsmitarbeiter am Pult sagte, daß der Genosse Ulbricht von der sinnenfrohen und aufschlußreichen Begegnung nunmehr zutiefst erschöpft sei. Die Genossin Lotte würde eine weitere Runde Kaffee ausschenken. Wir riefen: Hoch hoch hoch! und hoben die Tassen.

Zwei weitere Assistenten nahmen den Genossen Ulbricht zwischen sich und bewegten ihn ins Nebenzimmer. Hernach legte der Führungspultmitarbeiter den Steuerkasten auf ein rotes Kissen und trug es dem Genossen Walter Ulbricht nach.

Tief beeindruckt stiegen wir in den blauen Fahnenstoffbus, tief beeindruckt fuhren wir los, und zutiefst beeindruckt lasen wir am nächsten Tag in der Zeitung »Junge Welt«, daß sich das Kämpferleben des Genossen Walter Ulbricht vollendet habe. Doch er wolle dem Fest der Jugend und der Lebensfreude weiterhin alles Gute wünschen; man möge um ihn erst nach Ablauf der in seinem Heimatlande Sachsen üblichen drei Tage trauern, wenn denn auch das ihn bis zuletzt zutiefst beeindruckt habende Weltfestspiel sich vollendet haben werde.

Habend. Nein werdend. Nein: Beeindruckt fuhr ich nach Dresden zurück und brachte die digitale Weg- und Winkelsteuerung zum bestmöglichen Ende. Eine Eins prangte unter meiner Diplomarbeit und ließ mich froh in die Zukunft aller Nationen schauen.

Ein wenig will ich noch in diesem bedeutenden Jahr, bei diesem wegweisenden Ereignis »Weltfestspiele« verweilen. 1973 war ein Epochenjahr. Derzeit bereite ich einen Vortrag vor, der die spezifische Bedeutung des Jahres dreiundsiebzig für unseren gesellschaftlichen Umbruch würdigen soll.

Wir sind sechzehn Ausschußmitglieder. Somit kann jeder genau ein Jahr als wichtiges Epochenjahr würdigen. Wir rechnen 1989 minus 1973. Als ausgebildeter Weg- und Winkelmesser erreiche ich ein Resultat von exakt sechzehn Ausschußmitgliedern. Die demokratische Praxis ist auch eine sinnvolle Rechenaufgabe:

Anarchistische Phase

Wir befinden uns auf dem sonnenüberfluteten Platz des Genossen Alexander, wie wir scherzhaft sagen. Mitten in Berlin. Der kämpferische Tod des Genossen Ulbricht spornt uns zu besonderer Fröhlichkeit an. Ich habe es gesehen: Wie aufrecht ein Mann sich noch bis über sein Ende hinaus halten kann.

Meine Hundertergruppenleiterin Maria Macheleidt hat mir eine anspruchsvolle Aufgabe erteilt. Ich soll aktiv am Diskussionsleben teilnehmen. Sie selbst suche derweil, wie sie angespannt mitteilt, engsten Kontakt zu einem Antiimperialisten exotischer Hautfarbe.

Mein Fünfzigergruppenleiter Helmut soll an meiner Seite spontan sein. Zehnergruppenleiter Leonhardt Schiller ist als kirchlich gebundenes Jugendelement besonders notwendig. Somit stellen wir drei uns in einem zunächst geschlossenen Kreis auf. Mitten auf dem von Freude überfluteten *Ahleggs*. Wir alle sind Brüder und Schwestern und Sachsen und singen vereint: Wir sind überall, auf der Erde, auf der Erde, leuchtet ein Stern, leuchte, mein Stern . . .

Die Pflicht ruft uns drei. Wir spielen Stein-Schere-Papier. Nach vier Ausscheidungsrunden hat Leonhardts Stein Helmuts Schere geschliffen; mein Papier hat Leonhardt eingewickelt, allerdings bin ich von Helmut geschnitten worden.

Marjoh, spricht Helmut kraft seines Fünfzigergruppenleiterdaseins: Du bist das schwankende Element im Westwind. Leonhardt, du stehst fest. An der Seite der Genossen wolln wir heut das Morgen baun. Ich vertrete einen zukunftsweisenden Standpunkt.

Wir stellen uns auf und nehmen Haltung an. Wir beginnen. Meine Meinung wird in den Ring geworfen.

Ich meine, daß das Westfernsehen durchaus zur Bildung beitragen kann. Man muß nur wissen, daß unsere Nachrichten in unseren Kanälen objektiv die unsrigen sind. Leonhardt hält dagegen, daß ich bei freier Wahl zwischen einem fauligen und einem frischen Apfel ja auch nicht beide esse. Aber dran riechen kann man, werfe ich ein. Helmut klärt objektiv, daß solches die Geruchsnerven auf Dauer schädige, so daß man irgendwann nicht mehr zwischen guten und schlechten Äpfeln unterscheiden könne. Hah, trumpfe ich auf, Schiller hat faulige Äpfel zur Anregung seiner Schaffenskraft gebraucht!

Da man mich zu meinen scheint, wirft Leonhardt Schiller, unser Pastorensöhnchen, ein, so deucht mir, daß ihr mich als Bündnispartner ins Lächerliche zieht.

Nicht doch, spricht Helmut, Marjoh meint deinen schwippverschwägerten Überurgroßonkel, den Dichter. Gerade dieses Beispiel beweist aber: Unser System ist das überlegenere.

Mein Verständnis für diese These ist noch ein wenig unterentwickelt. Mutig spreche ich das auch aus.

Der Schriftsteller Schiller, erklärt nun Helmut, brauchte in ausweisloser kapitalistischer Gesellschaft die Äpfel zur Stimulierung. Als Droge. Verstehst du? Bei uns aber gibt es freien Zugang zu allen Anregungsmitteln. Unsere Überlegenheit besteht gerade darin, daß wir sie aus Disziplin nicht nutzen. Und was ist die aus Einsicht notwendige Disziplin?

Freiheit! rufen wir beide vereint aus einem Munde.

Sofort steht ein blauhemdloser, aber kräftiger junger Mann, Träger eines Stoffbeutels, neben uns und spricht leise mit seinem Stoffbeutel. Wir achten nicht darauf, denn wie von weither schwebt eine aufregende, schwarzhaarige, mandeläugige, ganz und gar orientalisch anmutende Schönheit herbei. Sie ist ebenfalls blaublusenlos, jedoch nicht gänzlich blusenfrei. Hoch droben über dem Alex scheinen zwei Choräle jubilierend miteinander zu ringen: O Welt, ich muß dich lassen! O Welt ich muß dich fassen!

Der kräftige junge Mann mit dem Stoffbeutel fragt uns eindringlich: Was wurde da gesagt?

Freiheit! sagen wir zu dritt laut und begeistert und schauen in die Mandelaugen des Orients. In diesem Augenblick schlendern drei junge Bürger der BRD heran.

Wir erkennen sie sofort als solche. Wir sind geschult. Marias Seminare waren nimmer umsonst. Wir erkennen sie sogar an. Der Kleinste von ihnen, ein lächelnder Brillenträger, spricht, wie aus einer ewiggestrigen 08/15 geschossen: Was habt ihr da eben gerufen? Freiheit?

Siehst du, Matthias, sagt ein lang Aufgeschossener zu ihm, der wie ein Radfahrer oder vielleicht auch ein Knäckebrot wirkt, man kann hier durchaus laut aussprechen, was einem fehlt.

Aber euch fehlt doch nichts, sagt der dritte, ein lachender Vierschrötiger. Übrigens: Ich bin der Gerd von den Jusos. Das hier, er weist auf den knäckebrothaften Radfahrer, ist mein Genosse Rudi, und dies da, er tätschelt den vermickerten Brillenträger, ist Matthias, unser Junger Unioner, der bei euch immer nur das Schlechte sehen will.

Habt ihr nicht eben verzweifelt »Freiheit«! gerufen? fragt Matthias sehr aufgeregt. Die Orientalin und der junge Mann mit dem Stoffbeutel rücken näher. Matthias bekräftigt die Frage: Habt ihr? Und schaut unverwandt den orientalischen Mandeln ins Auge.

Weder verzweifelt noch gerufen, klärt Helmut. Wir haben festgestellt: Freiheit ist die disziplinarische Notwendigkeit der Einsicht.

Einsicht! rufen wir nun aus allen drei Mündern. Und schauen allesamt ins Orientalische. Einsicht ist uns jetzt die wichtigste Freiheit.

Der kräftige junge Mann spricht in seinen Stoffbeutel: Operative Entwarnung. Parteiliche Diskussion ... und entfernt sich.

In lockerem Kreise stehen wir übrigen sieben da: Drei männliche angehende Diplomingenieure der TU Dresden, drei männliche junge BRD-Bürger, eine orientalische Jungfrau, schwarz und rot, zeitgemäße Tochter von Bakunin und Che.

Also, Freiheit gibt's bei euch nicht, sagt Matthias, der Junge Unioner, und schaut begeistert mitten hinein in den Orient. Eure Freiheit hat eine andere Qualität, sagt Gerd, und lächelt die Anarchie vierschrötig an. Ich meine..., sagt das Knäckebrot und getraut sich nicht, die Jungfrau anzusehen.

Wir von der sächsisch-hiesigen Seite der Welt schauen der hinreißenden Schönheit offen ins Antlitz. *Schto tui dumajesch*, fragt Helmut: *Bardong, what do you think?*

Isch weeß eehschndlisch gorni, woriebor ihr eich schdreiden duhd, spricht es hold aus dem knallroten und vollippigen Mund der Orientalin. *Wollmer ni zamm niebor uff de Wiese? Wos jeddse doch erlaubd ist? Mir hamm nähmlisch siem Dahche de volle Freiheit. Hammse gesachd! Los Schungs, isch gann eusch nämlisch alle eegah gudd leidn.*

Und so gingen wir denn hin, der kleine Matthias und der Pastorensohn Leonhardt, der taktierende Helmut und das scheue Knäckebrot Rudi, der vierschrötige Gerd und ich, ein zukünftiger digitaler Weg- und Winkelsteuerer. Vor uns leuchtete es rot und schwarz und hell aus dem dunklen Vergangnen. Unsre Zukunft war die grüne Wiese, und unsere Gegenwart schritt an unsrer Seite, der Orient, direktemang hier in Berlin, aber mitten aus Sachsen.

Es ging mir nach meinem Diplom verdammt gut, und das war nicht gut so. Fern der Heimat griff Wehmut mir nur selten ans Herz. Mein Patriotismus köchelte auf Sparflamme.

Ich hatte die digitale Weg- und Winkelsteuerung mit meiner Diplomarbeit eine Stufe, eine kleine Stufe, nun gut: um eine nur digital faßbare Einheit verbessert. Über die Begegnung mit Walter Ulbricht stand offiziell nichts in meiner Kaderakte; sicherlich aber war sie gewissen Orts bekannt.

Der Schwermaschinenweltmarkt wurde von Magdeburg aus erobert. Das war mir klar. Die Zukunft stand vor meinen Augen. Den Ruf ans dortige Schwermaschinenbaukombinat erhörte ich.

Es gab außer dieser eine zweite Erhörung.

In meine Zukunft trat Margarete ein, die sich Rita nennen ließ. Unsere Trauung auf dem Standesamt des Magdeburger Stadtbezirkes Buckau war eindrucksvoll. Nach Zitierung eines Lyrikwerks des Stadtteildichters Erich Weinert wurde uns bedeutet, daß wir nunmehr die kleinste Zelle der Gesellschaft wären. Doch wir fühlten uns nicht eingesperrt. Ringe besaßen wir nicht, eine Wohnung besaßen wir nicht, einen Kinderwunsch besaßen wir auch nicht – wir lebten im heidnischen Stande schuldig dahin. Gleich nach der offiziellen Verbandelung stellten wir den ortsüblichen Antrag auf Wohnraum. Rita absolvierte noch die Gothaer Kindergärtnerinnenschule, und vielleicht war es die Erinnerung an *Dande Madda* und *Dande Maddia* im seligen Ainitzscher Kindergarten, die mich in Ritas weiche, weiße Arme gleiten ließ?

Weshalb ich damals das Kerngebiet meiner Nation verließ? Die Antwort ist nicht einfach, aber ich versuche, es zu erklären:

Leben in der Diaspora

Rita hieß eigentlich Margarete Macheleidt. Sie war die Schwester jener Maria Macheleidt, die zu erwähnen ich nicht umhinkam. Jetzt hieß Rita also Zwintzscher. Ihre thüringische Herkunft sah ich als nicht so gravierend an. Der Sachse ist wenig ausländerfeindlich; er hat traditionell unter seinen Freunden immer auch Nichtsachsen.

Die Thüringerin ist recht leicht zur Sächsin zu machen; sie darf ihre Angewohnheit ständigen Klößekochens dabei sogar behalten. Auch ihrer Wald- und Gebirgsverehrung muß sie nicht abschwören, wenngleich es gern gesehen wird, daß sie statt des Thüringer Waldes nun das Erzgebirge als Urmutter der Waldeinsamkeit versteht. Auch der weiche, etwas breitmündige Klang ihrer Sprache wird vom Sachsen großzügig toleriert.

Ich will übrigens kleinere Verwicklungen, die einsetzten, als Maria Macheleidt erfuhr, daß ich ihr Schwager werden sollte, im Dunkel unserer deutsch-sächsischen Geschichte lassen. Selbst als offizielles Mitglied des *Ausschusses zur Bekämpfung Unsolidarischen Verhaltens* hat man ein Recht auf Privates.

Magdeburg also wurde mein Einsatzort, vom Verteilerschlüssel der Absolventenlenkungskommission bestimmt. Die Stadt grenzte früher ans Sächsische; gleich hinter Schönebeck begann das wettinische Gebiet. Der Landstrich zwischen Naumburg und Stendal wurde von Berlin, von Preußen aus, als »Provinz Sachsen« bezeichnet – später durfte er »Sachsen-Anhalt« heißen. Möglicherweise ist man gerade deshalb im Magdeburgischen besonders sachsenfeindlich.

Ich mußte diese Niedertracht mit eigenen Augen und Ohren erleben. Kaum hatte ich im Schwermaschinenkombinat »Friedhold Zentener« meinen Arbeitsplatz eingenommen – vorerst konnte mir kein Bürostuhl in der Nähe von weg- und winkelgesteuerten Schwermaschinen zur Verfügung gestellt werden, und so saß ich in der Sporthauptverwaltung des Kombinats und fertigte aus den erfolgreichen Leibesübungen der Werksmannschaften noch erfolgreichere Statistiken –, kaum also war ich dort angekommen, wurde ich zum Ernst-Grube-Stadion geschleppt. Mein Chef, ein Sportmathematiker, war Fan des 1. FC Magdeburg. Der wiederum war in jenem Jahr Europapokalgewinner. Trotz dieser frischen Ehre fingen die Magdeburger sich im Spiel gegen Chemie Leipzig ein Tor ein. Das einzige des Treffens. Der Krawall auf den Rängen war ungeheuer. *Soocksön raaus*! hieß es und *Öjn Baaum! Öjn Strück! Öjn Sockse*!

Noch einmal beging ich später den Fehler, meinem Chef zuliebe mit zum Spiel gegen Wismut Aue ins Grube-Stadion zu pilgern. Die »Veilchen aus dem Erzgebirge«, wie diese Mannschaft auf allen Wellen des deutschen demokratischen Rundfunks von meist sächsischstämmigen Reportern genannt wurde, gewannen drei zu null. Es ertönte der stadionfüllende Gesang: *Host du fümf Minutön Zaajt – schloore ajnen Sock-sön braajt*! Mein Chef war zwei Tage krank. Dann war er mir gegenüber ein anderer geworden. Plötzlich sollte ich täglich bis zum Arbeitsschluß viertel fünf ausharren ...

Mit solchen herben Formen nationaler Empfindsamkeit wurde ich in Magdeburg erstmals konfrontiert. Ich war es bis dato gewohnt, als *Zwindschor-Marjoh* aufzutreten und dies auch offen jedem mitzuteilen. In Magdeburg begann ich, von mir für signifikant erklärte Sportstatistiken mit MC Zwi. zu kennzeichnen, meine Sprache von Begriffen wie *abbähbln* oder *neiwerschn* zu reinigen. Ich lernte, *Mochdeburch* zu sagen und in der Kneipe nie auf einem angewärmten Bierchen zu bestehen. Mein Sachsentum verurteilte ich zu innerer Emigration.

Aus der Sportverwaltung des Schwermaschinenkombinats wurde ich bereits ein Jahr später ins Geschichtskabinett versetzt, das nun schon unmittelbar an die Büros für Schwermaschinenstatistik grenzte. Der Kombinats-Namensgeber, Friedhold Zentener, war Symbolfigur des örtlichen Arbeiterklassenkampfes: ein aufrechtes Leben, von Schergen hingerichtet. Seiner wurde im Werk in einer eigenen Unterabteilung gedacht; neben mir waren dort noch Diplomchemikerin Rößner und Dr.-Ing. Müller beschäftigt. Leitungstechnisch waren wir mit der Abteilung für Kantinen-Koordination unter einem Dach; gewerkschaftlich gehörten wir zur Hauptabteilung Produktbereinigung & Schwermaschinenstatistik. Meine kybernetischen Vernetzungskenntnisse wurden im Kombinat von Anfang an auf eine echte Probe gestellt.

Dr.-Ing. Müller war Unterabteilungsleiter und gebürtiger Buckauer, kam also aus dem traditionsreichsten Stadtbezirk Magdeburgs. Diplomchemikerin Rößner stammte aus Leipzig-Leutzsch, also der Heimat des schon erwähnten Fußballklubs Chemie Leipzig. Unser Forschungsgegenstand und Kombinatsnamensgeber Friedhold Zentener war zwar in Magdeburg-Buckau geboren, hatte aber seine Kinderzeit in Reußnitz verbracht, ebenjenem Kreisort, dem Ainitzsch damals noch immer zugeordnet war, arbeitete später als KPD-Bezirksleiter für Zwickau und Westsachsen, hatte sich in der Leipziger Widerstandsgruppe von Georg Schumann betätigt und war erst kurz vor seiner Verhaftung 1944 wieder nach Magdeburg gezogen.

Verstehen Sie die Probleme, die im Geschichtskabinett rumorten? Dr.-Ing. Müller mußte sich gegen einen sächsisch-übermächtigen Mitarbeiterstab durchsetzen, einen Stab, der durch das Leben Friedhold Zenteners allerdings inhaltlich gerechtfertigt schien. Dr.-Ing. Müller versuchte bei jeder Gelegenheit, das typisch Magdeburgische unseres Friedhold herauszustellen. Seitens der Kombinatsleitung wurden seine Versuche natürlich gedeckt. So sollten wir in offiziellen Verlautbarungen für »Friedhold Zentener« stets »der Buckauer« schreiben. Bisweilen gelang es uns, diese Vorgabe nur zu dreißig Prozent zu erfüllen. Diplomchemikerin Rößner und ich, wir bestanden nämlich auf der objektiven Wahrheit. Was kein leichter Kampf war, Charakter erforderte. Friedhold hatte gesächselt. Objektiv. Friedholds Frau war ein geborenes Fräulein Chemnitzer. Objektiv. Chemnitzer-Erna wurde sie genannt. Ganz objektiv. Friedholds Kinder leben als Helden der Arbeit bis heute in Zwickau. Das ist nun wirklich nicht nur objektiv nachweisbar. Es gibt verbürgte Aussprüche Friedholds, die ihn als Liebhaber *Griener Gleeße* und *Bornscher Gwarggeilschn* zeigen. Selbst die Ehrenecke, die gleich neben dem Haupteingang des Schwermaschinenkombinats prangte, kam nicht umhin, neben dem Geburtsort Magdeburg-Buckau in güldenen Lettern »Kindheit/Jugend in Reußnitz/Sachsen« zu vermerken.

Eine schwere Belastung brachte unserer Forschungsarbeit der November 1976.

Ein gewisser Biermann-Wolf, ein Hamburger Nichtsachse aus Berlin, Hauptstadt, hatte, wie wir heute wissen, in Köln für die Freiheit des Wortes gesungen. Daneben aber hatte er, wie wir damals gesagt bekamen, die Arbeiterklasse beleidigt. Er hatte behauptet, daß dieselbe jeden Morgen verspätet in ihre Betriebe, die gar nicht ihre Betriebe seien, käme. Die Auslegung des von Biermann-Wolf kolportierten Ausspruches »Aus unseren Betrieben ist noch viel mehr rauszuholen« war leider nicht eindeutig.

Gestützt auf Diplomchemikerin Rößner gelang es mir, Friedhold Zentener aus dieser harten Konfrontation herauszuhalten. Dr.-Ing. Müller biß bei uns auf Granit. Er wollte durch einen historischen Vergleich beweisen, daß auch Friedhold Zentener die damaligen Haßgesänge Biermanns kompromißlos verurteilt hätte. Da wir heute wissen, daß Biermann für die bessere und siegreiche Sache seine Gitarre schlug, kann ich rückwirkend feststellen, daß der eigentliche Gewinner bei der ganzen Angelegenheit Friedhold Zentener ist. Zumindest der sächsische Teil seines Andenkens darf niemals wieder beschmutzt werden.

Vielleicht ist jene Zeit und meine Argumentation für Sie schwer nachvollziehbar? Dann ahnen Sie sicherlich, wie kompliziert es für uns damals war, in der Biermann-Affäre, die aus heutiger Sicht ein Biermannscher Siegeszug war, klaren Kopf zu behalten. Wir haben Friedhold Zentener im Ergebnis jener Irrungen und Wirrungen noch intensiver aus diplomchemischer und aus weg- und winkelsteuernder Sicht betrachtet. Mochten uns doch alle Biermann-Kritiker gestohlen bleiben! Fast so deutlich sprach ich dies damals vor Kollegin Rößner aus. Dr.-Ing. Müller ist kaum vierzehn Jahre nach diesen Kämpfen endgültig abgelöst worden. Nein, umsonst war es nicht, das Ringen um Friedhold Zentener.

Es war nicht alles schlecht, und nicht allem Schlechtem haben wir gedient. Die Geschichte muß nicht völlig umgeschrieben werden, aber manchmal ist eine neue Handschrift nötig:

Über das Herumkommen oder Mascha und Maria

Dr.-Ing. Müller, mein Chef im Geschichtskabinett, war gern zu Haus. Zu Haus hieß für ihn Magdeburg. Er konnte sich nicht vorstellen, daß es Menschen gibt, die ohne Not die Mühsal von Dienstreisen auf sich nehmen. Mir hingegen galt nur die Ausfüllung der Dienstreiseanträge und -abrechnungen als wenig ersprießlich. Das wiederum tat Dr.-Ing. Müller gern. So teilten wir uns in die Arbeit: Mein Chef bearbeitete die Spesenentwicklung; ich prüfte dieselbe nach, reiste nach Merseburg, Zwickau oder Reußnitz, von wo ich Ainitzsch kleinere Besuche abstattete. Diplomchemikerin Rößner bekam alle Dienstreisen nach Leutzsch. Letztlich herrschte trotz gegensätzlicher Nationalitäten auch nach den Biermann-Turbulenzen ein gutes Betriebsklima.

Mein Chef wollte sich darob erkenntlich zeigen und meldete meine Dienstreisefunde, z. B. die aus dem Geschichtskabinett der Sachsenring-Werke zu Zwickau – auch dort war unser Namensgeber Friedhold Zentener eine feste statistische Größe – seiner Parteigrundorganisation. Die kam in Gestalt von Helmut – mein alter Studienkumpel und Fünfzigergruppenleiter Helmut, auch er hatte unter dem riesigen Dach von »Friedhold Zentener« seinen Platz gefunden – und drückte mir ein Parteiaufnahmefragebogenexemplar in die Hand.

Sie werden sich vielleicht erinnern, daß mir zu Beginn meines sächsischen Lebensweges ein Fragebogen auf den frischen, roten Bauch gelegt worden war? Von dem mit einem scharfen Schnitt das Hakenkreuz ein für allemal abgetrennt worden war.

Ich hatte keinen frischen roten Bauch mehr, aber mittlerweile reichlich Fragebogenerfahrung. Dieser Fragebogen nun trug links oben zwei verschlungene Hände. Das Zeichen der Einheitspartei. Heute weiß ich, daß es ineinander verkeilte, abgehackte Hände waren. Auch diese werden, ein für allemal, mit scharfem Schnitt, heute und für alle Zeiten, längst abgetrennt worden sein.

Ich trug das Exemplar in der Tasche nach Hause.

Dort saß Rita, meine Kindergärtnerin. Rita hatte neuerdings einen roten Bauch. Eine Art harmlose Hautpigmentierung, gefahrlos für werdende Mütter. Denn uns sollte nun ein Nachwuchs geboren werden.

Der Nachwuchs wurde im werdenden Stadium besichtigt und stellte sich als doppelt glückliches Ereignis heraus. Ich war darüber ein wenig irritiert, so daß ich vergaß, meine Dienstreise nach Berlin, wie von Rita des runden roten Bauches wegen gewünscht, abzusagen. In der Hauptstadt fand ein Parteitag just jener Gruppierung statt, die die verschlungenen, pardon, abgehackten Hände im Schilde führte.

Von unserem Schwermaschinenkombinat sollte dort –

am Rande, versteht sich, ganz am Rande – über die immer umfassendere Erforschung des Arbeiterkämpferlebens von Friedhold Zentener berichtet werden. Ich war wirklich nur der Berichterstatter, und statt meines Berichtes legte ich den Parteiaufnahmefragebogen aufs Rednerpult. Noch immer verwirrt begann ich, ihn vorzulesen: Name: Zwintzscher, Vornamen: Mario Claudius, Rufname unterstrichen, Geburtsname: entfällt, Anzahl der Kinder: Zwei. Ja zwei, sagte ich, aber ich weiß nicht genau, wie sie heißen werden und was sie sein werden, aber zwei, das werden sie. So wahr mir Gott helfe.

Nein, letzteres sagte ich nicht, sondern: Was ich bin, verdanke ich der Partei! Oder vielleicht habe ich auch gesagt: Ich möchte den Antrag auf Aufnahme hier und jetzt stellen!?

Die Kinderfreundlichkeit unseres Staates, soll ich gesagt haben, läßt mich die Sache nicht einfach, sondern doppelt feststellen. Mit meiner Frau habe ich gesprochen, soll ich gesagt haben; wir sind bereit, Zwillinge auf einen Streich in diese unsere hellere Welt, soll ich gesagt haben, zu setzen. Nein, *wir* habe ich nicht gesagt, und *hellere Welt* habe ich auch nicht gesagt, und *setzen* habe ich gewiß nicht gesagt. Doch so stand es dann in der Zeitung. Der Beifall war ein großer, und in Klammern wurde viel Heiterkeit vermerkt. Es lachten damals alphabetisch die Genossen Axen, Dohlus, Hager, Hermann, Jarowinsky, Kleiber, Lange und weitere Mitglieder.

Vor lauter Aufregung ließ ich mein Parteiaufnahmefragebogenexemplar auf dem Rednerpult liegen. Ich hatte es noch nicht unterschrieben, und ich habe es auch später nie abgegeben. Das könnte ich sogar beschwören. Vielleicht ist es in den Anlagen zum Protokoll des Parteitags verschwunden und wird eines Tages gefunden werden? Dann wird jeder feststellen können, daß meine Unterschrift auf diesem Bogen nicht lesbar ist. Unleserlich. Oder noch besser: überhaupt nicht da ist. Ich war eben nicht Mitglied dieser Partei, die abgehackte Hände, wie wir heute wissen, als Symbol verwendete. Ich kam um meine Unterschrift durch eigene Initiative, die ich als planvollen Nichteinsatz bezeichnen möchte, herum, und wenn alle Bürger so wie ich gehandelt hätten, dann gäbe es heute das Problem mit den Ewiggestrigen nicht. Ich war zwar kein großer Held. Aber ein Held von Lebensgröße, das war ich schon. Das möchte ich vorsichtig festgestellt wissen.

Gelegentlich kommen mir Typen unter die Augen, die nicht mal eine kleine Heldentat vorweisen können. Denen könnte ich meine Geschichte ja erzählen. Doch wird es ihr verhärtetes Gewissen rühren?

Während ich auf der Rückreise vom Parteitag war, wurde Rita ins Krankenhaus gebracht. Als ich auf dem Magdeburger Hauptbahnhof eintraf, kam die erste Portion meines Nachwuchses auf diese Welt. Als ich im Krankenhaus in Westerhüsen anlangte, war soeben der zweite Teil ans Tageslicht geholt worden. Als ich alle drei dann sah, sprach ich, und das kann Rita bezeugen, voller Glück aus: *Na, da muß scha geenor von eisch zur Oarmej.*

Das habe ich gesagt! Wenn ein Arzt oder eine Schwester im Zimmer gewesen wären, hätten auch sie es hören können. Alle hätten es hören können!

Mascha und Maria sollte mein Nachwuchs heißen. Und so hieß er dann auch. Meine NachwüchsInnen, würde ich heute formulieren, doch damals waren wir noch nicht soweit. Wir steckten bis über beide Ohren im Marxismus-Maskulinismus. Und dennoch habe ich meine Töchter eben nicht Mascha und Tamara genannt, was als unverbrüchliche Freundschaft zur sowjetisch-kyrillischen Sprache verstanden worden wäre. Ich ließ sie aber auch nicht Elisabeth und Maria taufen, was meiner jetzigen Sympathie für den christichen Glauben entsprochen hätte. Ich habe meinen Nachwuchs ausgewogen benannt. Standesamtlich.

Mascha und Maria machten Rita viel Freude. Ich kam weiterhin herum, zwischen Zwickau und Ainitzsch. Der Etat des Geschichtskabinetts wurde aufgestockt; Dr.-Ing. Müller wurde Hauptabteilungsleiter und Diplomchemikerin Rößner und ich zu seinen Abteilungsleitern.

Und so hatten denn Mascha und Maria viel Freude an mir.

Mein Großvater, der Tischlermeister, hatte bei den sächsischen Ulanen gedient. Der Franzmann war sein Gegner gewesen und der Franzbranntwein sein Verbündeter. Mein Vater, Taubstummenlehrer, hatte auf seiten der Deutschen kämpfen müssen. Auf unsere kindliche Frage, ob er jemanden totgeschossen hatte, gab's nur schmerzlich-väterliches Lächeln. Bruder Diddi hatte als Genosse Unterfeldwebel (sprich *Unfellweel*) Dietrich Gustav Zwintzscher seine dreijährige Armeezeit beendet und das Glück gehabt, in einer relativ stark saxonisierten Armee gedient zu haben, die nie im Ausland eingesetzt worden war und keinen einzigen Krieg hatte gewinnen müssen. Diese *Nationale Volksarmee* hatte offensichtlich auch nie einen Krieg verloren, obwohl wir das historisch vielleicht zu revidieren haben werden. Bruder Gerdi hatte die in und um Sachsen damals üblichen achtzehn Monate abgerissen und war als Genosse Soldat mit Vermerk »führungsunwillig« entlassen worden. Ich war dem feldgrauen Dienst nur in einer gemäßigten Variante während eines studentischen Armeelagers an der sächsisch-thüringischen Grenze, auf den Uranhalden von Seelingstädt, begegnet. Vier Wochen militärischer Bettenbau und mit *Jawollgenssuffzier!* zustimmen, das war erträglich. Die *Genssuffziere*, die Genossen Unteroffiziere, waren auch bloß Kommilitonen.

Doch kurz vor meinem 36. Geburtstag hatte das Register des Buckauer Wehrkreiskommandos unter der Karteikartenlast Schaden genommen. Es *muß* so gewesen sein. Es hatte einen Zusammenbruch gegeben. Beim Ordnen kam das Unterste zuoberst – anders konnte die Einberufungsüberprüfung zum Reservistenwehrdienst für das letzte Glied des Alphabets, für den ungedienten Reservisten Zwintzscher, Mario Claudius, nicht zustande gekommen sein:

Einsatz wider Alkoholgegner

Im Herbst des Jahres 1985 hatte mein Schicksal also einen Treffer abbekommen. Es galt, real mit ganzer Existenz einzurücken. Drei Monate lang. Dreizehn Wochen Reservistendienst. Angeblich war es Dr.-Ing. Müller nicht gelungen, für mich ein u. k. – *unabkömmlich* – zu erwirken. Sollte alter Sachsenhaß da mitgespielt haben?

Gestellungsort war die Bad Salzunger Kaserne; im Weichbild der Vorderen Rhön gelegen, hinter der GI's in der Fuldaer Kaserne vor uns bewaffneten Friedenskräften zittern mochten. »Wir lagen vor Marksuhl/Wommen...« ging es durch meinen Kopf. Zweihundertdreißig Kilometer von der eben bezogenen betonfrischen Magdeburger Neubauwohnung entfernt. Rita hatte unter der goldenen Hausnummer gestanden und gewinkt. Mit weißem Kapitulationstüchlein, so war mir. Zur Schuleinführungsfeier meiner Töchter Mascha und Maria konnte ich nicht dabeisein.

Als ich das Tor auf dem einst bewaldeten Berge hinter Bad Salzungen durchschritt, griff altes NVA-Soldaten-Spruchgut mir ans Herz: *Es glingd wie enne Saache – noch zweenneundssch Taache!*

Im Objekt lungerten jugendfrische männliche Bürger herum. Wir, die neuen *Resis*, sahen bärtig und zivilistisch aus. Doch kaum war der Ankunftstag herum – *Es glingt wie enne Saache – noch eenneundssch Taache!* –, waren uns Bärte und gute Manieren abgenommen worden. Wir trugen die Koppel wie Sackhalter, und *Teil I* nahmen wir auf die leichte Schulter. Der nichtgeschlossene Brusttaschenknopf wurde mit einem *Wolln Se sich ne Herddsglabbnergäldung holn, Sie Schlammbe!* quittiert. Die Flinte namens Kalaschnikow hatte auch nach emsigem Putzen noch immer das Aussehen *wie ä vorgammeldes Dahmscheißhaus.* Der Stahlhelm hing scheppernd an der Hüfte, und er hatte exakt jene charakteristische Form eines ausgestellten Reifrocks, die sonst in keiner Armee der Welt je üblich werden würde.

In der Nachbarkompanie marschierte ein vertrautes Pastorensohngesicht: Leonhardt Schiller. Auch ihn hatte es als ungedienten Resi für drei Monate erwischt. Zu Hause, in Dresden, war er mittlerweile Hauptabteilungsleiter für Basistechnologie in einem Werk namens *Robotron*. Hier war er der letzte Löffel bei den Granatwerfern. Ladekanonier Zwo. Sein gehetztes Gesicht verhieß nichts Gutes. Ich sah es in der Schlange vorm Essensschalter. Es war grün wie die Erbsensuppe. Beim nächsten Treff war es grau wie die Panzerwurst. Als ich ihn eine Woche später wiedersah, war es durchsichtig, fast gläsern. Es gab Sülze, die wir Klarsichtscheiben nannten.

Der Regimentskommandeur war auch kein Unbekannter. Peter Bink aus Ainitzsch, der sich schon beim Geländespiel mit gewaltigem *Raddaddadd* auf den Gegner gestürzt hatte. Hier nun saß Oberstleutnant Bink in seinem Dienstzimmer und las ausgiebig die »Neue Berliner Illustrierte«, das »Magazin« und den »Eulenspiegel«. Anschließend schiß er seine Adjutanten zusammen und griff zum Stonsdorfer, der im Schreibtischfach lagerte. So wurde es mir von einem Spießschreiber berichtet, der gelegentlich in dieses Dienstzimmer vorgedrungen war. Ich hütete mich, Oberstleutnant Bink unter die Augen zu kommen.

Dafür kam ich Brigitte Detzscher unter die Augen, Tochter des Elternbeiratsvorsitzenden aus Ainitzsch. Sie saß ebenfalls im Regimentsobjekt. Politoffizier Detzscher. *Brigidde, du hier?* brach es aus mir, nahezu tonlos. Meine beiden Brusttaschen standen weit offen. Durchweg von männlichem Olivgrün umgeben, erschienen mir Brigittes olivbraune weibliche Augen als Oase. Major Detzscher sah durch mich hindurch und knarrte: *Genosse Solltat, krüßen Se erst mah orrrntlich, rrichten Se Ühre Kleidung und frarren Se um Sprecherlaupnis.*

Ich war still und schwieg. Mein Schweigen damals läßt mir jetzt Zeit, zunächst kurz die Weltlage jener Epoche zu erläutern und darzulegen, wie unsere Stube dieser Lage gegensteuerte. Hernach dann das Gesprächsfinale.

Im fernen Moskau hatte ein Mineralsekretär namens Gorbatschow die Leitung des Weltsozialismus übernommen. Alkohol war ein imperialistischer Spießgeselle und unbarmherzig zu bekämpfen. Mit Mineralwässern vorwärts zur Reform des Sozialismus. Im näheren Berlin stieß diese Argumentation auf keine Gegenliebe. Die Likör- und Spirituosenfabriken Wilthen in Sachsen, Bokkau in Sachsen und Meerane in Sachsen hatten Pläne. Diese waren zu erfüllen. Denn die allseitige Befriedigung dringendster Bedürfnisse blieb oberstes Gebot, nicht die in Moskau jetzt modische Austrocknung, gerade auch der russischen Arbeiterklasse.

Im Bad Salzunger Objekt wurde während des Politunterrichts geklärt, daß man bei deutschen Traditionen bleiben müsse. Traditionell gab es nur für wenige Soldaten

Ausgang. Die Gefechtsstärke mußte gesichert bleiben, denn der Feind griff mit Vorliebe während der Ausgangszeiten an. Außerdem Weihnachten, Ostern usw.

Von unserer Stube war Grundwehrdienstler Kläusi der fast immer mit Ausgang Ausgezeichnete. Wir übrigen waren Resis und zum Objektverbleib verdonnert. Judotrainer Eberhard aus Gera, Elektronikingenieur Peter aus Erfurt, Schuldirektor Manfred aus Quedlinburg und ich – wir warteten stets geduldig auf Kläusis Rückkehr.

Er hatte meist drei Rohre bei sich, mit je achtunddreißig Volumenprozenten. Wir zahlten den üblichen Doppelpreis und kämpften die Rohre sofort nieder. Getreu unserer Politausbildung war für den sowjetischen Mineralsekretär mit seinen Aufweichungstendenzen bei uns kein Durchkommen. Unsere Schnäpse blieben hart. Unsere Mienen wurden weich. Wir sangen von den Partisanen am Amur, von der kühnen, durchs Gebirge, durch die Steppen ziehenden Division.

Hätte Regimentskommandeur Oberstleutnant Bink uns so gesehen, er wäre vom Siegeswillen seiner Einheit noch überzeugter gewesen. No pasaran! hieß es bei uns wie im einstigen spanischen Bürgerkrieg. *Se komm ni dursch!*, die windelweichen Moskowiter mit ihrer Aufgabe aller Traditionen. Wir kämpften auf deutsche Weise, treu und standhaft. Eberhard, der Judodirextor, Kläusi, das Elektrickserschwwajn, Peter oder Bink, der Lehrertyp aus Quedlingerode oder Quittenberg und ich, der ich Mascha hieß oder Maria.

Nein, wir wollten keine Perestroika, keine Päderasten, keine Mittelpisser, keine Grundwehrspritzer. *EhGa-EhGa-EhGa – bald simm mir ni mehr da!* Wir wollten zeigen, daß wir auch mit Heimweh im Bauch noch trinken konnten wie ein deutscher Soldat. Franzmann hieß einst der Feind, und Franzbranntwein war der Freund. Gorbatschow heißt der Feind und Wodka Gorbatschow der Freund. Denn in der Gegenwart gab's eine ideologische Gemengelage, durch die kein Durchkommen war. No pasaran! Man wollte uns die achtunddreißigprozentigen Rohre nehmen. So feuerten wir uns denn aus allen Rohren ein.

Ende meines Einschubs zur damaligen Welt- und Militärlage. Noch immer aber stand ich still vor Major Detzscher, die nach heutigem Sprachduktus Majorin Detzscher heißen müßte. Bitte sprechen zu dürfen, Genosse Major! ...

Es folgt das Finalissimo jener unverhofften Begegnung mit Genossin Major Brigitte. Wie angekündigt. Denn unsere Ehre heißt Treue.

Sie schnauzte mich laut an. Ich knöpfte meine Brusttaschen zu. Sie bleiben einen *Mommennt*, sagte Major Detzscher und sortierte ihre Politoffiziersakten weiter. Als ihr Politoffiziersgenosse das Zimmer verlassen hatte, sprach Brigitte und blitzte mich aus ihren olivbraunen Augen an: *Määnsch, Marjoh, du hier? Willsde mah Sonderurloob? Kann dir aber bloß dän fiers Standordgebied Bad Salzungen gähm. Ich wouhne in dr Schdraße der Schung Bioniere. Block sieme. Wouhnung elf. Glaro! Merg dirs! Wegdrädne!*

So bekam ich Sonderurlaub und umzingelte zunächst Block sieben, Wohnung elf. Dann tat ich all das, was Männer im Kriege tun müssen. Ich bekämpfte den Feind in der Tiefe. Und trank immer noch eins. Ich machte den Feind nieder. Und trank immer noch eins. Ich machte den Feind fix und fertig. Und trank immer noch eins. Umlegen. Trinken. Niedermachen. Fixfertig.

Tat alles, was ein Soldat tun muß. Und stöhnte schließlich aus tiefsten Schichten: Es klingt wie eine Sage – nur noch sieben Tage!

Stets hat sich das sächsiche Volk mit den slawischen Völkern verstanden. Die Polen baten einst darum, unter die sächsische Krone zu kommen. Das tschechische Bier galt zwischen Plauen und Zittau nie als Feindesgetränk. Leningrad und Dresden waren jahrzehntelang Partnerstädte, wie auch Irkutsk und Karl-Marx-Stadt. Problematisch gestalteten sich allerdings von jeher die Beziehungen gen Norden. Die Mannschaften Friedrichs II. wie auch die von Dynamo Berlin waren im sanften sächsischen Hügelland verhaßt. Der südliche Nachbar Bayern hingegen stellt erst in jüngster Zeit eine Gefahr für den Bestand des sächsischen Volkes dar. Noch nicht jeder Sachse hat erkannt, daß er bei der *Bekämpfung Unsolidarischen Verhaltens*, welches derzeit leider auch vom einstigen Verbündeten Bayern ausgeht, aktiv mittun muß.

Doch ich will zum Verständnis der Gegenwart die Vergangenheit des Jahres 1988 erläutern. Im Zuge einer Umstrukturierung war ich in die Abteilung für Schwermaschinenexportstatistik des Kombinats »Friedhold Zentener« gelangt. Meine Töchter Mascha und Maria sollten in die dritte Klasse einer Schule mit erweitertem Russischunterricht kommen. Und in vertraulichen Sitzungen wurde das Wort »Glasnost« von manchen Referenten mit gespitzten Lippen ausgesprochen.

Wie ich gemaßregelt wurde

Bei der Schwermaschinenexportstatistik gab es fünf Hochschulingenieure – wir würden heute Fachhochschulabsolventen dazu sagen – sowie sieben Diplomingenieure und zwölf promovierte Ingenieure, also Dr.-Ings. Abteilungsleiter war ein promovierter Kulturwissenschaftler. Ich war für die Freud-und-Leid-Kasse der Gewerkschaft verantwortlich, also für eventuelle Geschenke an Kollegen zu Geburtstagen, Hochzeiten, Betriebszugehörigkeitsjubiläen und Todesfällen. Daneben erarbeitete ich Spezialstatistiken, die den Export unserer Schwermaschinen in die Sowjetunion als grafisch vernetzte Funktionen darstellten.

Außerdem hatte ich die Statistik über die Auslastung der Fachpresse zu führen. Man muß sich das so vorstellen: Wir hielten die Zeitschrift »Der deutsche Schwermaschinenbau der DDR«, die Gewerkschaftstageszeitung »Tribüne« und das Digest der Sowjetpresse »Sputnik«. Letzteres meiner Exportstatistik wegen. Darüber hinaus bekam ich ausgewählte Artikel aus der Westfachpresse, die wiederum in einem betriebsinternen Digest – gereinigt von Reklame und jenen Stellen, die den bürgerlichen Schwermaschinenbau in einem unklaren Licht darstellten – zusammengefaßt waren. Bis zu meiner Berufung in diese Abteilung hatten selbst einfache Hochschul- und Diplomingenieure die Westblätter ungereinigt bekommen; Spar- und ideologische Maßnahmen hatten das Zeitschriftenwesen seither gestrafft.

Nun schrieb ich also auf, wie oft und von wem jede bibliographische Einheit ausgeliehen wurde. Ich hatte dazu ein Computerprogramm entwickelt. Mithin war sofort abrufbar: Kollege X benötigte 1987 den »Deutschen Schwermaschinenbau der DDR« einmal, die »Tribüne« neunmal, den »Sputnik« zwölfmal und das Westpresse-Digest dreihundertdreiundvierzigmal.

Anhand solcher Aufschlüsselungen konnte die Strategieabteilung des Kombinats weitere Vorschläge für Einsparungen machen. Als die mit Sachsen relativ untrennbar verbundene DDR in die Endphase der achtziger Jahre eintrat, kam es immer mehr auf Rationalisierung an. 25 % der bibliographischen Einheiten müssen eingespart werden. So die Forderung. Knallhart. Was gefordert wurde, war Gesetz. Es stand die Frage, ob man das Westpresse-Digest wegfallen lassen müsse. Die internationale Lage zwinge zu Beschränkungen.

Das Jahr 1988 aber brachte einen steilen Anstieg der Nutzerzahlen des »Sputnik«. Rein objektiv gesehen waren nur ganz wenige Artikel darin der sowjetischen Schwermaschinenindustrie gewidmet. Genauer gesagt: In diesem Jahr keiner. Ich wußte das, denn meiner Exportstatistik wegen führten wir das Heftchen ja.

Ich erarbeitete also einen Vorschlag, daß man das Westpresse-Digest erhalten könne, wenn der »Sputnik« eingespart würde. Meine Vorlage kam in die Strategieabteilung des Kombinats.

Inzwischen tobte in meiner Magdeburger Neubauwohnung ein Kampf ganz anderer Art. Rita wollte Mascha und Maria unbedingt in die Russisch-Spezialklasse schicken. Die Mädchen seien so klug und in der normalen Schule absolut unterfordert. Sie würden Mätzchen machen, ständig zappeln und überhaupt nicht aufpassen.

Ruhig und besonnen erklärte ich Rita, daß ich während meiner Schulzeit trotz Unterforderung auch *geene Mäddsschen* gemacht hätte. Ich hatte den Finger unter die Lesebuchzeilen gesetzt, obwohl ich längst fingerfrei lesen konnte. Ob das Mascha und Maria nicht klarzumachen sei? Oder ob sie unbedingt ihr junges Leben mit dem Erlernen der russischen Sprache ausfüllen müßten? Diese Sprache sei nicht nur problematisch und schwierig, ihre Verbreitung nehme auch ab. Die kyrillischen Buchstaben seien unseren Traditionen nicht angemessen. Die russischen Zischlaute seien so ganz anders als die sächsischen – ich argumentierte scharf und ausdauernd.

Schon 1988 ahnte ich vermutlich, was sich erst jetzt erfüllt. Ich möchte das mit aller Bescheidenheit andeuten.

Rita setzte sich dennoch durch. Sie besaß die Zähigkeit, die auch meine früheren Tanten *Madda* und *Maddia* ausgezeichnet hatte. Mochte draußen der siebzehnte Juni toben – meine Kindergartentanten hielten ihre Schutzbefohlenen so lange im Trocknen, bis sich die Aufregung gelegt hatte.

Rita hatte wohl die Zähigkeit von Kindergartentanten, nicht aber die abwartende Klugheit jener Ainitzscher Betreuerinnen. Mascha und Maria begannen mit dem verstärkten Russischunterricht. 1988! Man muß sich diese Jahreszahl aus heutiger Sicht vor Augen führen! Die Entfremdung zwischen Rita und mir muß damals begonnen haben. Rita hielt leider nicht Schritt mit meiner gesellschaftlichen Entwicklung.

Trotz meiner Gegenwehr lernten Mascha und Maria somit solche Sätze wie *Anton leschit na Tamarje i djelajet djeti*. Was sie damit in der christlichen Marktwirtschaft anfangen wollen, weiß ich nicht.

Von familiären Streitereien hetzte ich in den Betrieb zurück. Schweren Herzens plädierte ich in meinem Ratio-Papier dafür, den »Sputnik« einzusparen. Leider verzögerte sich die Entscheidung. Als mein Papier schließlich der Strategiekommission vorlag, war es November.

Soll ich Ihnen sagen, was im November 1988 geschehen war?

Der Postzeitungsminister in Berlin hatte den Vertrieb des »Sputnik« auf dem Gebiet der DDR gänzlich eingestellt. Aus Gründen, die wir jetzt nicht diskutieren müssen. Eine völlig verknöcherte Führung hatte das angeordnet. Ich sage es jetzt laut und deutlich: Es war eine verknöcherte, nicht nach links noch rechts blickende Führung. Wir wissen heute auch, daß es eine Knebelmaßnahme war, während wir damals natürlich durchaus liberal über die Ansicht diskutierten, ob denn alle russischen

Schriften unbedingt in unsere magdeburgisch-sächsischen Hände gehörten.

Meine Vorlage über die Einsparung eines gar nicht mehr existenten Zeitschriftentitels erregte Mißfallen. Die Strategiekommission sprach von einem absurden Vorschlag. Man könne nicht einsparen, was es gar nicht gäbe. Soweit war man damals noch einem plumpen, vulgärmarxistischen Denken verpflichtet. Gegen meinen Willen wurde schließlich das Westpresse-Digest hinwegrationalisiert. Gegen meinen Willen!

Doch damit nicht genug. Mir wurde eine Rüge erteilt. Sie ist jederzeit in meinen Kaderunterlagen nachlesbar. Leider wurde sie nicht in die heutigen Personalpapiere übernommen.

Doch habe ich es nötig, darauf zu verweisen, daß ich im Zusammenhang mit dem unrechtsstaatlichen »Sputnik«-Verbot mit einer strengen Rüge bestraft wurde?

Ich bin heute mehr denn je der Meinung, daß die kyrillischen Buchstaben einer untergehenden Kulturwelt angehören. Wir müssen uns nach vorn orientieren – doch ich will nicht vergessen, wie man mit mir noch vor wenigen Jahren umgesprungen ist. Mögen andere jene Wunden verschweigen, die das System ihnen zufügte – ich bin für ein schonungsloses Offenhalten der Vergangenheit. Denn in der Vergangenheit hat sich das sächsische Volk stets mit den slawischen Völkern ins Benehmen zu setzen gewußt. Ohne Kenntnis kyrillischen Buchstabensalats.

Es gibt Frauen, die mich ein Leben lang immer wieder aufstöbern. Natürlich nenne ich keine Namen, was wäre ein schwatzhafter Kavalier schon für ein Kavalier?

Heldin der Arbeit zum Frauentag

Meine Ansichten zur Stellung der Frau sind fortschrittlich. Es war nicht alles schlecht, was ich vierzig Jahre lang erlebte. Das Begehen des Internationalen Frauentags alljährlich im märzhaften Frühling war eine Errungenschaft.

Der 8. März 1989 hängt fest in meinem Gedächtnis. Ich hatte mich mit Rita wieder einmal gestritten. Dabei ging es wirklich nur um dienstliche Dinge. Meine Abteilung brauchte mich. Der Frauentag sollte würdig gefeiert werden. So etwas geht in einer Abteilung, in der es nur zwei Frauen gibt, schlecht ohne Männer.

Unsere beiden Frauen waren zum einen Ursel Kriwacz und zum andern Ramona Mosseldorf. Sächsin die eine, Anhaltinerin die andere. Ursel war groß und etwas füllig, hatte zehn reinweiße Finger und kam aus Ainitzsch. Vielleicht dämmert es Ihnen jetzt so wie mir. Ganz langsam. Jahre war ich schon im Magdeburger Schwermaschinenkombinat tätig. Ursel war mir gelegentlich in der Kantine über den Weg gelaufen. Irgendwann klärte mich mein Gedächtnis auf: Ich kannte Ursel. Schon lange... Vor siebenundzwanzig Jahren hatte ich sie im Wald aufgestöbert, als sie mit unserem Geländespielgruppenhelfer Böhme sich betätigte. Mit allen zehn Fingern. Ursel, die schöne Mittäterin mit den großen weißen *Schlübborn*, eine noch immer schöne Mittvierzigerin. *Ainiddsch woar ehmde iewerall*. Fichtenduft und *Südlichkeit* stiegen mir in die Nase.

Wir arbeiteten schon anderthalb Jahre in derselben Abteilung, hatten aber bislang nie mehr als drei Worte miteinander gewechselt. Nun war Frauentag. Und ich war auserkoren, mit unseren vier Chefs und den zwei Unterchefs gemeinsam unsere tüchtigen Frauen zu feiern. Die tüchtige Ursel Kriwacz. Die tüchtige Ramona Mosseldorf, Sekretärin des tüchtigen zweiten Chefs.

Damit kein falscher Eindruck entsteht: In anderen Abteilungen war die Frauenquote weniger gering, wenngleich ein Schwermaschinenkombinat bekanntlich nicht zur Leichtindustrie gehörte, in welcher die Frauendichte sowieso ungleich höher war.

Unsere Abteilung also feierte den Frauentag würdig. Ob zwei oder gar keine Frauen – das Feierkontingent mußte aufgebraucht werden. Und so saßen denn sieben Stück Männer und zwei Stück Frauen im Weinkeller »Buttergasse« und sprachen der Rotweinmarke »Rosenthaler Kadarka« kräftig zu. Kaum daß die Frauen die Augenlider bittend hoben, schon wurde nachgegossen. Von uns Männern. Wir waren die Kavaliere des 8. März.

Nein, es war nicht alles schlecht in dieser Republik.

Vor allem schlucken konnten deren Insassen. Ohne moralischen Zwang seitens abstinenter Vereine und Verbände. Die Freiheit trank sich Bahn. Die ideologischen

Barrieren wankten und polterten in bis dato ungeahnte kapitalistische Tiefen, doch unsere Prozente behielten wir hoch oben. An diesem 8. März sprachen wir dem Rotwein so kräftig zu, daß wir auf die Idee kamen, die Quotenregelung nun endlich auch in unserer Abteilung einzuführen. Jahre, bevor dies zum Beispiel in der Sozialdemokratischen Partei Sachsens üblich wurde. Ja, sogar bevor die Sozialdemokratische Partei Sachsens selbst üblich wurde!

Ramona Mosseldorf, die Chefsekretärin, sagte, sie würde uns alle zu Hündchen machen. Noch ehe wir's uns versähen.

Ihr Chef schien zu wissen, wie das ging, denn er schlaffte bald ab. Legte seinen großen weißhaarigen Kopf auf den Tisch und träumte vermutlich von noch besserer Planerfüllung. Wir deckten seinen Kopf mit einem Tischtuch ab und beschwichtigten den Kellner. *Mir machn blohs Gaggsch mit unsorm Scheff*, rief Ursel.

Zwei der mitgeschleiften Typen verschwanden bald darauf. Wollten angeblich noch ihre Frauen abholen. Aus einer anderen Kneipe des an diesem Tag überall frauenbewegten Magdeburg.

Ein weiterer Frauentagskontingenttrinker kam vom Pinkeln nicht wieder zurück. Als wir ihn suchten, fanden wir ein offenstehendes Fenster zum Hof. Er mußte geflohen sein. Wir drei Übergebliebenen – *über* sagt man in Magdeburg statt *übrig*; meine sächsischen Sprachsitten wurden zunehmend verwässert – waren des Spotts unserer Frauen sicher: *Nischemah saufn gönnder*, rief auch sogleich *uns Ursel*. Bei ihr war von Sachsen noch viel *über geblieben*.

Jetzt kommt die Frauenquote! Jetzt kommt die Frauenquote! skandierten Ramona und Ursel. Mein rechter, rechter Platz war leer. Der übernächste Kompagnon mußte sich einen BH umschnallen, den Ramona aus dem reichhaltig an ihr drapierten Kleidungsangebot *hervorgezauberzerrt* haben mußte. Der Kompagnon war *ä derres Hemde*, wie Ursel laut quiekte, drum paßte ihm das schwarze Gewirk auch. Wir stopften es mit Servietten aus. Mein Mittrinker zur Linken wurde mit Brusttüchlein und Röckchen ausstaffiert. Ramona behielt ihre langen bestrumpften Beine züchtig unter dem Tisch.

Vier zu eins! rief Ramona. Wir haben die 80prozentige Frauenquote. *Balle hammer de Männer abbeschaffd!*

Doch noch nicht alle Männer waren geschlechtsumgewandelt worden. Es erschienen mehrere schwarzgekleidete Herren, die sich als weitere Kellner entpuppten. Wir plünderten den Kultur- und Sozialfonds unserer Abteilung zugunsten des Kollektivs vom Weinkeller Buttergasse und begaben uns danach in die frische Luft dieses Frauentags.

Ursel kümmerte sich wie eine Ursel um uns. Es war eine gar großartige Bekümmernis.

As ich im Laufe der nächsten Stunden die Neubauwohnung erreichte, in der neben mir noch weitere 75 Prozent Frauen, namens Rita, Mascha und Maria beherbergt wurden, gab es ein paar Probleme mit jenen 25 Frauenprozenten, die Rita hießen. Die übrigen 50 Frauenprozente lernten in weiter Schulferne alle mit -a auslautenden Wörter, die auf sowjetisch bekanntlich weiblich sind.

Rita hatte Probleme mit meiner Erklärung, daß ich jene *großn weißn Schlübbor* nur trug, um die Frauenquote im Betrieb auf bis dato ungeahntes Maß zu heben.

Unsere Entfremdung schritt unaufhaltsam voran. Sie schritt voran, weil Rita mit mir nicht Schritt hielt. Die alten Lösungen waren vernutzt. So konnte es mit dem Lande nicht weitergehen.

Traurig ist vor allem, daß Rita meine immer umfassender sich manifestierende Frauenfreundlichkeit nicht mittragen mochte. Sie war patriarchalen Strukturen verhaftet, die wir doch irgendwann alle überwinden wollten. Die Risse im Lande waren unübersehbar. Es knisterte im Gebälk. Wir gutwilligen Männer der Tat haben uns lange redlich bemüht, dies zu verhüllen. Doch die Entwicklung war vom Geschlecht her weiblich und kam folglich ungeheuer gewaltig.

Es ging mir verdammt schlecht in diesem Spätsommer 1989. Rein historisch gesehen, mußte es mir schlecht gehen. Noch dachte niemand an einen aufblühenden sächsischen Freistaat. Doch jeder sah der verblühten Republik ins immer trüber werdende Auge. Die Leute kündigten nicht laut an: Wir gehen raus! – sie verdünnisierten sich heimlich. Zwischen Ungarn und Österreich legten sie wie in alten kaiserlich-königlichen Zeiten nur einen Bindestrich. Das Schicksal des Landes griff in mein Schicksal ein:

Warum ich nicht mehr Ungarisch lernen wollte

Ich lebte schon anderthalb Jahrzehnte außerhalb des sächsischen Kerngebiets. Meine Frau Rita redete ein verschliffenes Thüringisch mit Magdeburger Anklängen; meine Töchter Mascha und Maria lernten mit großem Fleiß russisch-sowjetische Gemeinheiten; ich beherrschte die Sprachen der Berichte und Computer.

Gerdi, das *Briedorschn*, dem ich einst mit Vorbedacht Ungarisch beizubringen wünschte, hatte die alte sächsisch-magyarische Freundschaft wieder aufleben lassen und weilte mit Zelt und Trabbi schon über einen Monat am Neusiedler See. Der nun liegt im äußersten Westen Ungarns. Meine Mutter rief aufgeregt im Schwermaschinenkombinat »Friedhold Zentener« an und wunderte sich, daß man mich am entsprechenden Telefon nicht sofort fand. *Hasde denne gewußd,* frage sie *eschoffierd, daß dor Gerhard Rönneeh* – in besonders wichtigen Fällen sprach meine Mutter all unsere Vornamen aus – *daß dor Gerhard Rönneeh schonn ä gansn Mounad da undn is? Weeß mor denne, was daderdraus wern soll?*

Es ist überhaupt nicht gut, sprach ich, wenn du mich zu solchem Thema im Betrieb anrufst. Doch dann erörterte ich relativ unerschrocken das Für und Wider der ungarischen Haltung im großen Weltkonflikt dieser Zeit.

Die ungarische Sprache, meinte ich damals sinngemäß, habe nur geringe Chancen zur Verbreitung. Deshalb müsse die ungarische Regierung jede Gelegenheit nutzen. Ich stünde voll und ganz auf seiten kleiner Völker, obwohl ich selbst einem großen entstammte.

Kann sein, daß ich meiner Mutter das am Telefon so nicht gesagt habe. Gedächtnisprotokolle sind meine Sache nicht. Möglicherweise habe ich so ähnlich, nämlich frank und frei, später vor meinen Kollegen gesprochen. Anlaß waren jene drei Tage im Spätsommer, an denen ich zunächst unentschuldigt fehlte, die ich aber hernach von meinem Urlaubskontingent abbuchen ließ.

Margarete – ich sagte neuerdings während gewisser Diskussionen Margarete zu meiner Frau, weil sie das ärgerte – meinte, sie müsse im Urlaub raus. Raus aus diesem Land. Raus aus der Enge. Fort. Nach Süden, wo die Sonne noch zu hundert Prozent schiene.

Ich setzte dagegen, daß das Erzgebirge und insbesondere die schöne Stadt Ainitzsch ja ebenfalls südlich unserer Schwermaschinenmetropole lägen. Doch Rita war in einem Zustand, in der sachliche Argumente nicht halfen. Überhaupt nützten in jener Zeit Argumente nicht viel. Wenn im *Ausschuß zur Bekämpfung Unsolidarischen Verhaltens* mit Haken und Ösen und primitiven Argumenten diskutiert wird, so erinnere ich gern an jene Tage, da es vor allem darauf ankam, Ruhe zu bewahren. Wie sonst hätte die sächsische Nation aus der Asche einer von Berlin gesteuerten Republik wieder auferstehen können, wenn nicht immer wieder Menschen Ruhe bewahrt hätten? *Immor midd dor Ruhe färd dor Bassdor in de Schuhe*, sagte ich in solchen Momenten und zog Ritas gesammelten thüringisch-magdeburgischen Zorn auf mich.

Überhaupt war mir aufgefallen, daß Rita schon viel stärker als ich in der nichtsächsischen Diaspora Magdeburg heimisch geworden war. Ihre Bodenständigkeit war immer eine andere als die meine. Ich will das nur zur Erklärung, vielleicht auch zur Entschuldigung, ihres im großen und ganzen unsolidarischen Verhaltens mir gegenüber anführen.

Mor rennd doch ni eefach weg!

Infolge Urlaubs- und Schwangerschaftsvertretung mußte ich in jenem Jahr in unserem Kombinat die Urlaubspläne der einzelnen Bereiche unserer Hauptabteilung mathematisch vernetzen. Ich tat dies mit Erfolg, stellte allerdings fest, daß im gesamten großen Vernetzungsplan ein winziger Knoten steckte, ein vermaledeites Knötchen: mein eigener Urlaub. Er sollte sich vom Juli bis in den August hinziehen.

Vielleicht hätte einen anderen das nicht gestört. Ich deutete aber wohl schon an, daß ein Teil meiner Erbmasse, sowohl mein individueller, als auch der meiner sächsischen Nation, Pflichtbewußtsein heißt.

Mein Pflichtbewußtsein sprach zu mir: Du mußt diesen Sommer die Urlaubsplaneinhaltung überwachen.

Also schneidest du deinen eigenen Urlaub heraus aus dem großen Betriebsnetz.

Wir fahren später, sagte ich zu Rita. In der Nachsaison sind die Kosten geringer. Irgendwann werden die Kosten alles entscheiden.

Rita sagte nichts, sondern stampfte. In schlimmen Momenten stampfte sie immer auf. Mit dem Fuß. Habe ich das bisher vergessen zu erwähnen?

Rita also bestieg dickköpfig unseren Familientrabbi. Habe ich bisher vergessen, anzudeuten, daß wir einen solchen seit einem Jahr besaßen? Sie nötigte Mascha und Maria zum Einsteigen und fuhr in die mir unbekannte Ferne davon.

Fünf Tage nach ihrem Aufbruch kam ein Telegramm: »Urgent. Ich liebe Dich. Komm bitte sofort her. Dringend. Urgent. Sopron. Szeged-utca VII.«

Das Telegramm kam Freitag. Ich setzte mich in einen Zug nach Dresden. Verspätung. Dort quetschte ich mich in einen Zug nach Budapest. Verspätung. Tumult. Fragen Sie nicht nach den Paßformalitäten, jenen Anlagen zum visafreien Reiseverkehr, die man damals auszufüllen hatte und die ich vorsorglich vor Monaten beantragt hatte. Irgendwann im Morgengrauen des Montags langte ich in Sopron an. Die Szeged-utca gab es wirklich. Auch die Nummer VII. Ein Herr mit Menjoubärtchen öffnete, falls Sie überhaupt wissen, was ein Menjoubärtchen ist.

Aviszontlátásra, sagte ich, *menja sowut Zwintzscher*. – Sie merken, ich war durch die langen Zugfahrten übernächtigt und ein wenig verwirrt.

Pan Zwintzscher! sagte der Herr und nötigte mich ins Haus.

Pan Zwintzscher? Das hätte mich mißtrauisch machen sollen. Niemals würde ein Ungar freiwillig Pan sagen, wenn er Herr oder Monsieur oder Sir sagen kann.

Ihre Frau Gatterin und die verreizten Dotschkas sind im Momang überhaupt nicht mehr anverwesend, sprach der Herr, der sich als Jurka oder Sharka vorgestellt hatte. Doch es ist alles schon im Gericht, und Sie werden gleich mit den passierenden Meldewegen im Vertrauen sein und die Freiheit auf dem Umverwege gereichen können. Jetzt aber müssen Sie Koffieh konsümieren und eine Rauchware.

Habe ich bisher vergessen, anzudeuten, daß ich Nichtraucher bin? Doch im fremden Land, fern aller sächsischen Bodenhaftung, tat ich, was ich nimmer hätte tun sollen. Ich konsümierte nicht nur den schwarzen, überaus bittersüßen Kaffee, sondern nahm auch mehrere Züge aus der mir dargebotenen Zigarette. Sie schmeckte mir nicht nur nicht; sie schmeckte auch noch nach Menthol. Mehr weiß ich leider nicht. Mehr wußte ich auch später beim Verhör, das sich als durchaus freundschaftliche Unterredung mit den Staatsorganen meines Heimatlandes gestaltete, nicht zu sagen.

Als ich nach Kaffee- und Zigarettengenuß erwachte – ich muß wirklich übermüdet gewesen sein –, befand ich mich in einem winzigen, schmuddligen Zimmer. Vorm Fenster herrschte Krach. Merkwürdigerweise verstand ich das Stimmengewirr, wiewohl ich doch nimmermehr Ungarisch lernen wollte. Der Tonfall war nicht so sanftsingend wie in meiner Heimat, auch nicht so dröhnendbreit wie im Magdeburgischen, sondern von einer gewissen rollenden Niedertracht geschwängert.

Ich verließ das Zimmer und ging ungehindert auf die Straße.

Kein Mann mit Menjoubärtchen, dafür lauter *Herrschaftns*, *Gnäfrauns* und *Schlawinger*. Ich stand mitten drin in Österreich.

Zum Glück gab es mitten in Östereich eine Vertretung

der Deutschen Demokratischen Republik. Die suchte ich schnurstracks auf und erklärte die Lage, in der ich mich befand. Ich sagte wahrheitsgemäß, daß ich eigentlich nur meine Frau in Ungarn habe besuchen wollen und daß der Herr Jurka oder Sharka mich eingeladen hätte ... Daß mir all meine guten Sinne abhanden gekommen sein müssen ...

Die Vertreter der Vertretung, zwei Herren mit unverkennbar Leipziger Herkunft, wiegten die Köpfe und sagten dann: *Se hamm peschdümmd Mendoolzigreddn geroochd?*

Ja, brach es überrascht aus mir heraus. *Unn piddern Gaffeeh kedrunkn?* Ja, aber ... *Das hammer uns ketacht!* sprach es laut aus den Vertretern. *Solsche Schlawiener!*

So kam es, daß ich mit ihrer Hilfe am Mittwoch spätabends bereits wieder in Magdeburg war, am Donnerstag pünktlich in den Betrieb gehen konnte, meine drei Fehltage durch nachträglich eingereichten Urlaub korrigieren durfte und bald ein Telefonat mit Rita, Mascha und Maria hatte. Sie riefen aus Fürth bei Nürnberg an, aus dem Lager. Sie seien nun hier. Meinen Bruder Gerdi haben sie auch schon getroffen und Leute aus dem Schwermaschinenkombinat.

Ich mußte Mentholzigaretten rauchen, sagte ich, mit vielleicht ein wenig zuviel Anklage in der Stimme.

Das haben wir doch nicht gewollt, schluchzte Rita. Der Herr Shurka war doch so zuvorkommend und wollte alles ohne Aufhebens ...

Aber es ist nun mal so gekommen, Margarete, sagte ich und strich tröstend über den Telefonhörer, bevor die Verbindung zwischen uns abriß.

Es ist eine einfache statistische Rechnung: Wenn vier Kinder vier Äpfel bekommen sollen, so kann es zwar sein, daß das erste Kind drei Äpfel, das zweite einen Apfel und die anderen beiden je einen Nullapfel verzehren. Doch bei häufiger Wiederholung der Apfelverteilung wird irgendwann das erste Kind den Hals voll jedweder Baumfrüchte haben, während das letzte Kind seinen – dann vielleicht fleckig gewordenen – Apfel genießen könnte.

Im Schwermaschinenbaukombinat »Friedhold Zentener« zu Magdeburg-Buckau bestand meine Arbeit aus solchen statistischen Überlegungen. Die Äpfel hießen Gußstahleinsatzmenge oder Informationseinheiten, und die Kinder waren Brigaden, Abteilungen oder Außenstellen. Der moderne Begriff Humankapital ist natürlich effizienter. Damals war er uns vermutlich gewiß verboten.

Der statistische Treffer kann aber auch den Statistiker ereilen. Mich traf es plötzlich und unerwartet. Wegen vorbildlicher Arbeitsleistungen. Ich sollte eine Woche lang auf dem Urlauberfahrgastschiff »Kap Arkona« die Ostsee bereisen. Auszeichnungshalber.

Schiff der Hoffnung

Es war ein Traumschiff, blendend weiß lackiert, voller großer und kleiner Bullaugen, über die Toppen geflaggt. In Warnemünde am weißgrünen Meer spielte eine Blaskapelle an der Pier »Muß i denn zum Städtele hinaus«, und von der Reling winkten begeisterte Ausgezeichnete den zurückbleibenden Nichtausgezeichneten im größten Überseehafen der DDR. Es war nur einen Monat vor dem 40. Staatsakt. Das Wetter zauberte einen leuchtendblauen Himmel über die Deutsche Demokratische Republik. Die Auszeichnungsmaschinerie des Landes lief auf Hochtouren. Vaterländische Verdienstorden, Banner der Arbeit, Preise der Sächsischen Akademie der Wissenschaften, verdiente Aktivisten und Urlaubsplätze fielen als warmer Regen herab. Der verlockend schimmernde Regentropfen namens »Einwöchiger Aufenthalt an Bord der *Kap Arkona* während einer Ostseetour nach Riga und Helsinki mit Landgang« war auf mich gefallen. Ob es meinen großartigen Statistiken oder auch meiner heldenhaften Rückkehr aus der ungarisch-österreichischen Welt der Flüchtlinge geschuldet war, wußte ich damals nicht genau. Immerhin hatte ich mittlerweile Verwandtschaft ersten Grades im Westen. Rita meldete sich wöchentlich am Telefon, in dem es natürlich knackte. Damals knackten alle Telefone in meinem Land. Mutig sagten wir *Olle Gnagger* zu gewissen Genossen.

Inzwischen hatte ich mich unter Blaskapellenklang eingeschifft. Es gab feste Plätze für mich; in einer Dreimannkabine, im Salon an einem Sechsmanntisch, am Billard, an der Reling, am Beckenrand, an der Theke. Gleich mir waren 576 Ausgezeichnete an Bord und trauten dem unverdienten Glück nicht recht. Zwei Tanzcombos, die damals schon längst Bordbands hießen, hoben allabendlich unsere bereits gehobene Stimmung bis in beinah wieder staatstragende Höhen. Alle Maschinen stampften mit halber, umweltverträglicher Kraft voraus. Kein Eisberg kreuzte unseren Weg nach Riga, der baltischen Stadt, die jetzt von lettischen und sowjetischen Kommunisten bewohnt war, während früher dort Deutsche, Russen und Minderheiten gehaust haben sollen. Wir erhielten jede Menge Bordinformationen per *Fröhlichen Radiowecker* über das von unseren Köchen wahrlich internationalistisch gezauberte lettisch-sowjetische Bordbüfett am Tage vor der Ankerung in Riga. Dort sollte lettisch-sowjetischer Wohlstand herrschen.

Es herrschte aber die nationale Euphorie. »Die lettische Sprache zur alleinigen Universitätssprache!« forderten Plakate und Losungen. So übersetzte uns die Genossin Tanja. Wir Ausgezeichneten besichtigten Dom und Daugawabrücke, russische Coca-Cola-Händler und lettische Fanta-Verkäufer. Frohgemut kamen wir bald wieder an Bord.

Mir blieb nichts anderes übrig, als andere Ausgezeichnete kennenzulernen. Ringsum nur Meer und fröhliche Bordkapellenklänge. Alle hatte der Auszeichnungsblitz aus heiterem staatlichem Himmel getroffen. Sagten sie. Beim Billard hörte ich vertraute Klänge: *De Guhchl machd abor oochn goomschn Wubbdich*. Ich hatte den *Wubbdich* in einsamen Billardstunden trainiert. Mein *Wubbdich* wurde kurz und scharf, heute würde ich sagen *westlich* angesetzt und besiegte die fremdvertraute Kugel. Ich stellte mich vor: Zwintzscher aus Ainitzsch, jetzt Magedeburg. Könnt *Marjoh* zu mir sagen.

So lernte ich Stefan und Rainer kennen. Rainer Schwarz und Stefan Schwartze, Ökonomische Mitarbeiter. Sie hatten die Nase voll von betrieblichen Miseren und der schlafmützigen Parteiführung. Sagten sie durchaus fast laut.

Sofort erzählten wir völlig frei politische Witze. Zum Beispiel jenen von Honecker, der in den Himmel kommt und dort Karl May trifft. Wir lachten sehr offen, und Rainer sagte: *Minnnsch, Du bisd richdsch!* Stefan klopfte mir auf die Schulter und ich ahnte, daß meines Bleibens in Magdeburg nicht mehr lange sein konnte. Die Zeichen der Zeit standen auf Seewind. Unser Kurs ward immer nördlicher.

Unter fröhlicher werdenden Klängen der Bordmusik waren wir inzwischen in die Schärenlandschaft vor Helsinki eingedrungen. Rainer traute sich nicht, *Schären* korrekt, also wie ein echter Sachse, auszusprechen, sondern sagte *Scheehren*. So, wie er *Misch* rausquetschte. Er war lange Zeit Abteilungsleiter gewesen. Auch, wie er gestand, ehrenamtlicher Parteisekretär. Während vierzig Jahren berlinischer Pankow-DDR hatte er offensichtlich begonnen, die Sprache *nich säggssch breid nausloofn zu lassn*, sondern abgesichert zu sprechen. Schmalmündig. Wie die *dri Chinisn mitm Kintribiss*. Gerade waren auf dem Platz des Himmlischen Friedens zu Peking wenig zeitgemäße gesellschaftspolitische Lösungen angedacht worden, und nun kam eine Bewährungsprobe im Hafen von Finnland. Für Rainer, für Stefan und mich. Doch würden alle sie bestehen? Wir wurden für exakt sechs Stunden an Land gelassen. In eine Stadt, die Helsinki nicht nur verwirklichte, sondern selbst Helsinki hieß. Korb drei, wenn Sie noch wissen. Der Menschenrechtskorb. Mittendrin in diesem steingewordenen Menschenrecht fanden wir uns. Der Rainer, der Stefan und ich. Und die übrigen 573 Passagiere. Natürlich ohne Paß, denn für sechs Stunden, so wurde uns gesagt, brauchten wir keinen Paß. Dafür bekam jeder zwanzig Finnmark in die

Hand gedrückt. Eine Portion finnisches Eis auf dem wie Leningrad wirkenden Hauptplatz kostete fünf Finnmark. Wir hätten uns also mit finnischem Eis vollstopfen können. Der Rainer, der Stefan und ich. Doch wer schafft vier Portionen finnisches Eis?

Zu dritt durchschritten wir das Athen des Nordens. Das Dresden der Ostsee. Das karelische Leipzig. Das Chemnitz Südfinnlands. Rainer sagte, er suche ein bestimmtes Gebäude. Es sei wohl am Stadtrand gelegen. Gemeinsam halfen wir ihm bei der Suche, und als wir ihn wohlbehalten vor dem großen Portal irgendeiner Behörde, sogar deutsch beschriftet, abgeliefert hatten, kehrten Stefan und ich um. Rainer wollte später kommen. *Mir sähn uns, ihr Freischwimmor*, waren seine Worte. Oder hatte er »Wir sehnen uns nach Freiheit!« gerufen, wie uns später eindringlich gesagt wurde?

Sechzehn Uhr sollten wir wieder an Bord sein. Fünfzehn Uhr fünfzig waren 570 Passagiere da, darunter Stefan Schwartze und ich. Rainer Schwarz fehlte. Sechzehn Uhr acht kam ein weiterer Ausgezeichneter; er hätte sich verlaufen, wie er mit hängender Zunge betonte. Wir lichteten den Anker um siebzehn Uhr, und Stefan und ich wurden zu einem Gespräch gebeten. Der Kapitän und der Erste Offizier und ein weiterer Offizier waren anwesend. Der weitere Offizier stellte die Fragen. Wir antworteten, daß wir Rainer an einem Gebäude, das er unbedingt aufsuchen wollte, zurückgelassen hatten. Irgendein Gebäude. Jaja, deutsch beschriftet sei es gewesen. Und schwedisch und finnisch auch. Und englisch ebenfalls, aber dafür wollten wir uns nicht verbürgen. Nein, da sei uns nichts komisch dran vorgekommen. Stefan, der Rainer ja schon viel länger als ich kannte, sagte, daß Rainer manchmal unpünktlich sei. Nun müsse er eben mit dem Flugzeug zurückkommen. Ob er das wohl bezahlen könne? fragte Stefan sich und uns alle laut und mutig.

Der weitere Offizier brüllte plötzlich, wir seien Kasperköppe. Ob wir denn nichts gemerkt hätten? Ob Schwarz das Ganze nicht von langer Hand vorbereitet hätte? Wie die Ehe des Schwarz gewesen sei?

Ich konnte leider mit keinerlei Angaben dienen. Den *Wubbdich* beim Billard hätte er inzwischen ganz gut hingekriegt, sagte ich. Der weitere Offizier stellte seine Fragen jetzt besonders scharf und bellte mich plötzlich an: Ihre Fähigkeiten in Sachen feindstaatlicher Botschaften sind ja aktenkundig, nicht wahr, Herr Zwintzscher! Stefan muß in diesem Augenblick großen Respekt vor mir bekommen haben. Laut sprach ich: Es geht hier offensichtlich um eine private Verspätung des Herrn Schwarz. Dafür bin ich aber nicht zuständig. Meine in Helsinki verankerten Menschenrechte sollten umgehend respektiert werden.

Etwa so habe ich gesprochen. Vielleicht auch etwas leiser. Und nicht direkt in dieser Formulierung. Jedenfalls wurde ich zuvorkommend entlassen. Etwas später auch Stefan.

Wir trafen uns am Billardtisch. *Was sollsch denne nuh sachen*, ningelte Stefan käsebleich vor sich hin: *Wennde Glaudja, was seine Frau is, misch ausfrahchd? Abor vlei is das ja alles oo ausgemachd gewäsn?* Währenddessen versuchte er mit immer größerem Ungeschick, den *Wubbdich* wenigstens annähernd so hinzukriegen, wie ich das konnte. Und wie Rainer es fast hingekriegt hatte.

Du sagst, sprach ich solidarisch, die Wahrheit. Es ist jetzt an der Zeit dafür. *Mir sähn uns, ihr Freischwimmor*, so sprach er. Und das wirst du ihr ausrichten. Ich nahm den Billardstock in die Hand und vollführte einen *Dobblwubbdich*. Stefan staunte mich groß an, und ich wußte, daß ich ab jetzt vorläufig fast immer bei der Wahrheit bleiben konnte.

Die »Kap Arkona« durchpflügte die Ostsee. Unter Deck begannen gleich beide Kapellen ihr tägliches Abendprogramm. Es klang schmissig und fesch.

Die »Kap Arkona«, ein Schiff mit 571 Ausgezeichneten und fünf freigewordenen Plätzen, von denen einer einem gewissen Rainer Schwarz gehört hatte, welchen ich in Ainitzsch später wiedersehen würde, fuhr heimwärts.

Schwarz' Kollege Stefan jammerte in sich hinein.

Würde er zur Verantwortung gezogen werden?

Das Schiff kam aus dem hohen Norden und fuhr in den mittleren Südwesten, obwohl wir im Westen gewesen waren und wieder in den Osten zurückgebracht wurden. So merkwürdig war die politische Geografie im Frühherbst des Jahres 1989. Sie lag zwischen Helsinki-Körben und sehr hübsch geflochteten Maulkörbchen in den Farben der DDR.

Ich hörte, wie im ablandigen Wind der Unmut heulte. Auch die Möwen protestierten laut schreiend.

Denn alles war andersrum verkehrt in jener Zeit.

Da traf ich Ursel Kriwacz. Sie lag gar prächtig mit geschlossenen Augen und halbgeöffnetem Bikini am Rand des Schwimmbeckens auf dem Achterdeck.

Wendekreis

Vor Jahrzehnten hatte sie sich im jetzt fernen Ainitzsch mit Geländespielchef Böhme vergnügt, vor einem halben Jahr mit mir im Weinkeller Buttergasse. Nun lag sie vergnügt am Schwimmbecken und wurde dabei immer älter.

War ich nicht der einzige Ausgezeichnete unseres Schwermaschinenbaukombinats »Friedhold Zentener« gewesen? Und jetzt Ursel hier? Wieso hatten wir zwei Ausgezeichneten nicht eine eigene Delegation gebildet? Mit Wahl eines Delegationsleiters, Bildung einer Parteigruppe? Wie in jenen Zeiten üblich? Als ich noch darüber nachdachte, schlug Ursel die Augen auf, schloß den Bikini und sprach: Wird ja Zeit, daß du dich mal sehen läßt.

Sie wissen, daß man in solchen Momenten etwa folgendes sagt: *Ursel?! Du hier!? Nasouwas!?!*

Dieses muß auch ich ausgerufen haben, so laut, daß der neben Ursel ablagernde Stefan Schwartze sich aufrappelte. *Ach, Marjoh*, sprach er, *kennt ihr eusch etwan? Ursel fängt in unserm Ainitzscher Heimatbiero an. Mir brauchn Leude. Solsche wie disch ooch. Willsde denne ewich in deim Moachdebursch bleim?*

Offensichtlich hatte Stefan den Schock, den Rainers Frontwechsel hinterlassen hatte, überwunden. Er sprach fast reines Hochdeutsch und wurde immer korrekter.

Sieh mal, versetzte er, wir müssen dem Regionalismus eine neue Beachtung schenken. Ursel wird Referentin für Ainitzscher Umgebungstherapie; du könntest die Ainitzscher Statistik und die Ainitzscher Bewegungskontrolle aufbauen. Natürlich müssen wir Planstellen in Aussicht gestellt bekommen . . .

Stefan sprach weiter, während Ursel sich ein wunderbar geblümtes Gespinst überwarf und sagte, daß wir jetzt zusammen zum Essen gehen würden. Wir waren so von der glanzvollen Atmosphäre angetan, daß wir allesamt ein nettes Hochdeutsch beherrschten. Und so sprach ich ehrfurchtsvoll:

Ich habe doch meinen Stammplatz am Sechsertisch in der zweiten Essenszeit, und Stefan muß in die erste, und dich habe ich ja noch nie im Speisesaal gesehen ...

Doch Ursel begab sich mit Stefan zur Linken und mir zur Rechten spornstreichs in den Speisesaal.

So spontan warfen wir jahrzehntelang übliche Plazierungen und Speisefolgen um. Die Sonne schien mit aller Kraft herein, und die Mittagsmusik unserer Bordcombo klang so schmissig wie nie zuvor.

Die Maschine stampfte gleichmäßig, obwohl wir das Stampfen gar nicht wahrnahmen, ein Luxusschiff hält überall auf der Welt sein Stampfen unter Deck.

Zunächst wurde Rindsbouillon mit Leberklößchen serviert, darauf folgten Hasenläufchen an Sauerampfersoße, gekrönt von Heidelbeercurry und Knoblauchcroutons. Denn jegliches Essen wurde angelegt und gekrönt, so weit die internationale Gastronomenzunge reichte. Wir waren beim Erdbeerparfait an Frischobstspalten, als ein Sirenensignal ertönte. Sofort erschien unser Erster Offizier. Er trug eine weißgolden blitzende Uniform und teilte mit, daß wir Ruhe bewahren und uns nicht von den Plätzen bewegen sollten. Aufessen sei erste Bürgerpflicht. Es bahne sich ein kleines Vorkommnis an. Ein Seenotsignal. Das sei aber geplant und würde sogleich beantwortet werden.

Wir stürzten an Deck – aber erst nachdem wir in aller gebotenen Ruhe die Frischobstspalten verzehrt und die Servietten abgelegt hatten. Der Stefan rechts an der Reling, ich links und mittendrin unsre Ursel. Eben hatten wir noch über der Sauerampfersoße das Heimatbüro zu Ainitzsch reorganisiert. Die Hasenläufchen hatten uns

Anlaß geboten, einfachste Dinge neu zu überdenken. Die Kreisorganisation zum Beispiel, die Aufstellung der Wahlkabinen an der hinteren Seite der Wahllokale oder auch die unhandlichen Formulare der Einwohnermeldebehörde. Alles müßte im Heimatbüro neu durchdacht werden. Ursel hatte uns mit charmanter Handhabung der Knoblauchcroutons entzückt. Stefans Schlips war nurmehr hastig gebunden gewesen, so daß ein Zipfel plötzlich mit der Rindsbouillon in engen Kontakt getreten war. Ich hatte das Parfait mit dem großen Suppenlöffel verspeist – kurz: Wir hatten den Kopf voll mit unkonventionellen Ideen, als wir uns, gleich weiteren Passagieren – wohl der gesamte erste Essensdurchgang – über die Reling beugten. Das Schiff bekam Schieflage. Was aber sahen wir da? Rechts der Stefan, links ich, in der Mitte Ursel?

Unser Schiff, die »Kap Arkona«, wühlte mit allen Schrauben auf allen Seiten wie eine Schildkröte im Wasser, drehte sich sanft um die eigene Achse. Ursache war eine weißschimmernde Yacht. »Heimathafen Hamburg« stand am Heck und »Großer Alex« am Bug. Bunte Fahnen, darunter die schwarzrotgoldne ohne jegliches Emblem, flatterten auf beiden Masten. Die Yacht wiegte sich ganz sacht im Weltmeer, und unsere »Kap Arkona« näherte sich mit einem gewagten Anlegemanöver dem schlanken Leib des fremden Schiffchens Zentimeter um Zentimeter. Die offensichtlich sechs Yachtbesatzungsmitglieder – wir sahen im Fernglas, daß es sich um drei blondierte Frauen und drei gutrasierte Herren handelte – standen auf dem Vorderdeck und beobachteten das Manöver amüsiert. Schließlich gab es ein Stößchen, und die Schiffsrümpfe lagen unmittelbar nebeneinander. Leib an Leibchen. Die Reling applaudierte. Es wurde eine blinkende Treppe heruntergelassen, und ein Offizier, den ich noch nie gesehen hatte, der aber bei dem freundschaftlichen Gespräch über das spurlose Verschwinden des Rainer Schwarz auf dem Boden Helsinkis, vielleicht, vermute ich, doch wirklich dabeigewesen sein könnte, stieg schwungvoll federnd hinunter zu der tief unten im Meer liegenden Yacht. Die sechs Besatzungsmitglieder klatschten und begrüßten ihn nacheinander per Handschlag. Dann verschwanden alle in der Kajüte.

Beide Schiffe wiegten sich vereint in der frühherbstlichen Spätnachmittagssonne. Die Kellner drinnen in den Speisesälen räumten die Essensreste ab; die Reling stand nicht mehr so geschlossen zwecks Beobachtung, doch eine kleine Weile später kam der Offizier auf der Yacht wieder zum Vorschein, mit ihm einer der glattrasierten Herren. Beide stiegen die Treppe hinauf; ich legte erregt meine Hand auf Ursels Rücken, wo ich die Hand von Stefan Schwartze vorfand. Brüder in eins nun die Hände. Unser unbekannter Offizier und der Hamburger Yachtfremdling verschwanden hinter uns nicht zugänglichen Türen. Auf der Yacht machten derweil die drei blonden Frauen ihre Oberkörper frei und ließen sechs Brüste von der Sonne bestrahlen. Die Passagiere der »Kap Arkona« taten es ihnen teilweise gleich, doch Stefan rechts, ich links und Ursel in unserer Mitten schauten weiter an der Reling hinunter. Eine samtene Brise kräuselte das ansonsten stillschweigende Meer. Was mochte im für uns unzugänglichen Schiffsbauch vorgehen?

Plötzlich kam wieder Bewegung auf unsere »Kap Arkona«. Der Yachtherr, der unbekannte Offizier und ein Kellner tauchten auf, letzterer trug einen ziemlich großen, silbern schimmernden Schüsselaufsatz. Mit beiden Händen; der unbekannte Offizier wachte hinter ihm. Der Offizier blieb an der Reling stehen, und der Kellner bestieg mit seiner Fracht ebenfalls vorsichtig die Yacht. Die blonden Frauen applaudierten und begaben sich sogleich in die Kajüte.

Dann war es wieder still; die Schiffe, das große aus dem Osten und der Winzling aus dem Westen, lagen noch immer nebeneinander. Plötzlich hörten wir merkwürdig gedämpfte Knallgeräusche aus der Yachtkajüte. Wir hatten Filme gesehen, in denen Schalldämpferpistolen mitspielten. Eine Weile später erschien der Kellner wieder und stieg die Treppe herauf, die sofort hinter ihm eingezogen wurde. Er nickte dem Offizier zu und entschwand. Kam es uns nur so vor, oder war er bleich? Und sah der Offizier nicht seltsam gefaßt aus?

Es ertönte das Sirenensignal. Die Schrauben unserer »Kap Arkona« begannen ganz langsam zu arbeiten; das Schiff drehte sich wiederum wie eine Schildkröte in der gekräuselten Ostsee und löste sich sehr langsam, nahezu ohne Wellen zu verursachen, von der Yacht. Dann nahm es Kurs gen Süden.

Die Yacht blieb scheinbar stehen, entfernte sich rasch. Wir sahen und hörten nichts an deren Deck.

Määnsch, sprach Ursel Kriwacz. *Allso neeej*. Ihre hochdeutsche Phase war offensichtlich vorbei.

Als wir uns am Abend wiederum zum Essen versammelten, zu dritt, der Stefan rechts, ich links und Ursel in unserer Mitten, erzählte jeder von uns das nachmittägliche Geschehen in seiner eigenen Version. Stefan glaubte zu wissen, daß eine Übergabe geheimer Dokumente stattgefunden hätte. Dabei wären die Mitwisser sogleich erschossen worden. Wir sollten uns an die Knallgeräusche erinnern. Einer der unbekannten Offiziere hätte dies erzählt. Ursel meinte schnippisch, die Yacht hätte keine Delikatessen mehr an Bord gehabt, dieserhalben einen Notruf ausgesandt, und unser Smutje habe unkompliziert ausgeholfen, mit einer Riesenportion echtem russischem Kaviar. Sogleich hätte man Sektkorken in der Yacht knallen lassen. So die Erzählung eines ihr vertrauten Küchengehilfen.

Ich hatte keinerlei Gerüchte gehört. Meine Vermutung war zunächst auch ganz unschuldig: Man hatte dem Fremdboot übriggebliebene Hasenläufchen samt Heidelbeercurry übergeben. Doch aus heutiger Sicht ist mir beinah klar, daß während jenes Frühherbstnachmittags mitten auf der Ostsee der Ausverkauf der DDR getätigt worden war. Samt aller verbliebenen Teile Sachsens. Mit Kaviar an Heidelbeercurry, mit Geheimunterlagen auf Waffendepots. Alles mußte damals silbern gedeckelt werden, und ich bin sicher: Ursels und Stefans Vermutungen waren nur die beiden offensichtlichen Seiten einer viel viel tieferen Wahrheit.

Das Land war durcheinandergeraten – so wie meine Ehe. Jahrzehntelang waren die sächsischen Grenzen verwischt worden, und ein gutes Jahrzehnt lang hatten wir unsere ehelichen Beziehungen unter der gemeinsamen Bettdecke gehalten. Doch plötzlich erstreckte sich zwischen dem Zimmer, in dem meine Frau mit unseren Töchtern hauste, und meinem ein vierhundert Kilometer langer Korridor. In dessen Mitte befanden sich ein exzellent gepflegter Eisenzaun, frischgemähte Rasenstreifen, exakte Plattenwege, Panzersperren, Wachhunde und rotbäckig-staunende Postenführer.

Alles war plötzlich anders. Ich kam von meiner Auszeichnungsreise nicht in liebende Arme zurück, sondern in das unwirtliche Magdeburg: Hauptstadt eines mir zutiefst fremden Bezirks. Wie sollte ich da nicht dem Ruf ans Heimatbüro zu Ainitzsch folgen?

Ausbruch aus einem Arbeitsvertrag

Ainitzsch stand da, mit offenen, aus den Angeln gehobenen Haustüren, mit zerbröckelnden Porphyrstufen, mit Plattenbauten, die sich im Osten der Stadt weit über den Kirchturm erhoben. Der Lessingstraße waren sämtliche

Messingklinken verlustig gegangen; die Ratten in *der Bach* hatten proportional zum durchschnittlichen Lebendgewicht der Bevölkerung zugenommen.

Die Zeitungen sprachen vom Dialog, der zu führen sei. Stefan Schwartze führte mich in eine Baracke hinter dem Ainitzscher Rathaus, früher als Büro des städtischen Kohlenhofs genutzt, und sagte, daß unbedingt noch ein Schreibtisch hinzukommen müsse. Auch habe er sehr gute Regalwände gesehen, die es als Kontingent gebe. Ursel sei schon umgezogen, zu ihrer Mutter, und fange nächste Woche an. Und als Resümee formulierte er: *Määnsch, dreffsch eich uff dor Gabb Argona, unn jeddse misch mer alle zamm Ainiddsch uff.*

Ich ging zwecks Beginn der Aufmischung von Ainitzsch zur Wohnung meines Bruders Gerdi. Sie war versiegelt mit Hammer, Zirkel und Ährenkranz. Gerdi war mitten in seiner dritten Scheidung mit der noch nicht rechtskräftig abgetrennten Ehefrau nach Stuttgart verzogen. Dort bekam er Übergangsgeld. Meine Mutter hatte gesagt: *S brischd ja alles ausenanner.* Mein Vater hatte Honecker beschimpft, den er seit mehr als 27 Jahren nicht leiden konnte, wie er sagte.

Ich ging zu Bärbel Wanczek aufs Wohnungsamt. Sie hatte in der letzten Bankreihe gesessen, unweit von mir. Jetzt saß sie direkt vor mir, lächelte mich an: *Na, mei Marjoh, gommsde widder?* und gab mir einen Stempel auf mein Gesuch der Wohnung. Gerdis wegen. *De Bollezei muß abor ooch ihrn Seeschn gähm*, flötete sie. Mit polizeilichem Segen – der Bruder von Peter Bink saß dort – knackte ich das amtliche Siegel an der Wohnungstür und machte es mir zwischen den Möbeln meines Bruders bequem.

Doch wie kam ich nun aus meinem Arbeitsvertrag heraus? Eines wußte ich: Man kündigt nicht einfach. Vermutlich ging das fast gar nicht. Auch wäre es eines Zwintzschers unwürdig, wie mein Vater, der nun Rentner war, sagen würde.

Im Schwermaschinenkombinat hatte es spontane Kundgebungen gegeben, jeweils um viertel fünf, also unmittelbar nach Normalschichtschluß. Es gab Schwer- und Unterpunkte, die abgearbeitet wurden. »Anmeldung demokratischer Wahlen« hieß ein solch untergeordneter Schwerpunkt. Ein anderer war mit »Das Magdeburger Identitätsgefühl« überschrieben. »Kein Lohn für Gammelarbeit« hatte die Gewerkschaft als Diskussionspunkt gefordert. Es war mir unklar, wie ich all dies in meine Statistiken einarbeiten sollte – was nach der Arbeitszeit geschah, war auf besonderen Bögen aufzulisten. Doch wie dort Schwerpunkte, im Sinne von direkten Diskussionspunkten, von Unterpunkten zu trennen waren, die unmittelbar betriebliches Geschehen in außerbetrieblichen Zeiten reflektierten, darüber gab es bislang keine Aussagen.

Ich beantragte die Aufhebung meines Arbeitsvertrages im gegenseitigen Einvernehmen. Der entsprechende Kadersachbearbeiter war aber vor zehn Tagen nach Paderborn ausgereist. Zwischen den verschiedenen Leitungsebenen im Betrieb tobte der Kampf, ob man den Sachbearbeiter unter Republikflucht oder unter Familienzusammenführung gemäß Helsinki abheften sollte. Mitten in dieses Kampfgetümmel geriet meine auf vier Seiten verteilte Bitte. Meine Bitte um Aufhebung des Arbeitsvertrages zwecks Übernahme einer gesellschaftlich wichtigen Funktion in meiner Heimatstadt, wo auch eine Wohnung zur Verfügung stünde.

Die vier Seiten wanderten von Schreibtisch zu Schreibtisch, von Haupt- zu Nebenabteilung, von Mitarbeiterin zu Sachbearbeiter, von Chef zu Leiter, von Ablage zu Unterschriftenmappe. Alle vier Seiten bekamen je vier Eselsohren.

In jener Zeit fehlten allüberall im Betrieb Leute. Gelegentlich kam es vor, daß zwei Planstellen von einer Halbtagskraft vertreten wurden. Der Betrieb fuhr also mit viertel Kraft voraus. Da immer mehr Werktätige ins kapitalistische Ausland abwanderten, andererseits meine Abteilung »Exportstatistik« ständig angehalten wurde, Erfolge zu bringen, ließen wir die ausgewanderten Arbeitskräfte als Aktiva auf der Habenseite verbuchen. Jeder Werktätige, der sich in diesem Oktober 1989 selbständig und ungeplant aus dem Kombinat »Friedhold Zentener« hundert Kilometer nach Westen versetzte, war ein Sieg für die Exportstatistik! Wir rechneten pro Bürger mit einer bestimmten Summe in Valuta-Mark. So kam es, daß just zu dieser Zeit unsere Umsatzkurve steil nach oben stieg.

Die Exporte ins *nichtsozialistische Wirtschaftssystem* boomten. Oder florierten sie damals?

Wir wurden als Vorbild hingestellt. Wir waren echt Spitze. Als aber auch die Sachbearbeiter der Kaderabteilungen begannen, sich massenhaft zu exportieren, mußte die Generaldirektion zu unkonventionellen Methoden greifen. Unsere Abteilung Exportstatistik bekam ganz unbürokratisch, wie es in jenen großen Zeiten üblich wurde, sämtliche Kaderangelegenheiten übertragen. Für Unkundige sei erklärt, daß der Begriff »Personalabteilung« damals noch nicht einmal im ansonsten stets führenden Sachsen üblich war. Geschweige denn in Magdeburg.

Also, meine vierseitige Bitte um Aufhebung landete bereits nach zwei Wochen Kreislauf ausgerechnet auf meinem Tisch.

Ich ließ diese Bitte zunächst zwei Tage liegen. Das war

allgemein so üblich. Dann begann ich mich gelinde darüber aufzuregen, wieso man ausgerechnet mir ein so problematisches Papier mit – ich zählte penibel nach – insgesamt sechzehn Eselsohren – zur Bearbeitung gab. Ich schnauzte jene Abteilungen telefonisch an, die vor mir auf dem Verteiler standen. Leider war kaum jemand zum Anschnauzen da. Urlaub, Versammlung, zeitweilige oder dauernde Abwesenheit aus ungeklärten Gründen, hörte ich.

Über meinen Antrag betreffs Aufhebung des Arbeitsvertrages mußte ich nun also selbst entscheiden. Dabei habe ich diese Sache nicht auf meinen Tisch gezogen; es war wirklich eine Angelegenheit klarer Richtlinienkompetenz.

Im Antrag las ich, was ich schon wußte. Ich sollte eine gesellschaftlich wichtige Aufgabe im Heimatbüro Ainitzsch übernehmen. Dabei wußte ich doch, daß ich das nur so geschrieben hatte, weil mir nichts anderes eingefallen war. Ich wußte, daß noch überhaupt keine Planstelle in Ainitzsch genehmigt worden war. Ich wußte auch, daß ich *de Faggsn*, wie man in Sachsen sagte, mit diesem dämlichen Magdeburg und seinem dämlichen Kombinat und seinem dämlichen ursächsischen Namensgeber Friedhold Zentener *digge hadde*. Doch aus meinem Antrag ging das nicht hervor.

Hatte ich klammheimlich versucht, mich zu belügen?

Ich legte den Antrag zur Rechten und die Richtlinien für Entlassungen aus dem Arbeitsrechtsverhältnis im gegenseitigen guten Einvernehmen zur Linken.

Mit dem Werktätigen ist ein klärendes Gespräch zu führen, stand da.

Das tat ich.

Der Werktätige ist auf den hohen volkswirtschaftlichen Stellenwert des Kombinats hinzuweisen.

Ich wies hin, fiel mir aber sogleich fast unhöflich ins Wort: Ich wüßte doch genau, wie hier gegammelt würde! Da mußte ich zähneknirschend diesen Punkt fallenlassen.

Dem Werktätigen ist gegebenenfalls eine höhere Gehalts-/Lohnstufe anzubieten.

Ich bot es mir an.

Ich lehnte dankend ab.

Es geht mir nicht um Geld, sagte ich. In dieser spannenden Zeit – ich wußte damals schon, daß wir demnächst immer »spannend« sagen würden, wenn wir westlichen Nichtsachsen unsere Epoche des Umbruchs erklären würden – in dieser spannenden Zeit will man den Puls der Zeit spüren.

Der Werktätige ist feinfühlig zu fragen, ob er in persönlichen Konflikten stecke, ob er finanzielle Probleme habe, ob der Ehepartner Schwierigkeiten mache, ob die Kinder ihm über den Kopf wüchsen. Elternhaus, Schule und Pionierorganisation gemeinsam könnten helfen.

Ich antwortete mir, vielleicht etwas grob, das sei meine Sache.

Der Werktätige ist auf die umfangreichen kulturellen und sportlichen Möglichkeiten hinzuweisen, die das Schwermaschinenkombinat und darüber hinaus auch die aufblühende Bezirksstadt Magdeburg bieten.

Ich grübelte, sagte mir aber schließlich, daß es mir nicht darum ginge.

Dem Werktätigen ist im Fall eines negativen Ausgangs der Überzeugungsarbeit ein Aufhebungsvertrag anzubieten. Er hat auf alle finanziellen Ansprüche an das Kombinat zu verzichten.

Ich sagte mir, daß ich verzichte.

Einer Genehmigung sollte nach Klärung der Sachfragen dann nichts mehr im Wege stehen.

Ich unterschrieb und schob mir den Arbeitsvertrag zur Unterschrift hin.

Ich zeichnete gegen, nachdem ich ihn mißtrauisch durchgelesen hatte.

Mit herzlichen Wünschen für seinen weiteren Weg und dem Hinweis, daß die persönliche Entscheidung für den Betrieb zwar schmerzlich sei, man aber private Beweggründe achte, ist der Werktätige zu verabschieden.

Ich gab mir den Aufhebungsvertrag in die Hand, hernach selber dieselbe, verließ meinen Arbeitsplatz und fuhr nach Ainitzsch.

Ich war nicht wenig stolz, daß ich über mich triumphiert hatte. In einer wahrlich komplizierten Zeit; in jenem Oktober, der von Kerzen erhellt und von Pastoren erleuchtet wurde.

Vermutlich habe ich es schon erwähnt: Ich bin im Sternzeichen der Waage geboren. Wenn der Boskop vom Baume springt und die Herbstastern sich zum letzten goldenen Lichte drängen, muß ich alljährlich Geburtstag feiern. Das hatte ich mit jener Republik gemeinsam – vierzig Jahre lang –, die meine sächsische Heimat einst aus- und aufgesaugt hatte.

In Berlin waren die Palastbesucher bereits am Ende ihrer Feier; in Leipzig waren ein paar Zehntausend um die Runde Ecke gewandert; im westsächsischen Vogtland hatte man machtvoll gesungen: *Es brausd ain Ruf wie Dunnerhall, von Blaun bis zum Saalefall* – als ich in Ainitzsch vierzig Jahre Mario Claudius Zwintzscher zu begehen hatte.

Vielleicht sollte ich anfügen, daß die im Sternzeichen der Waage Geborenen harmoniebedürftig und charmant sind und viel von Schönheit halten, daß sie wunderbare Diplomaten, Liebhaber und Genießer sind.

Natürlich nehme ich gern, diplomatisch errötend, aber durchaus genießerisch, all diese Eigenschaften auch für mich in Anspruch. Da die Sterne nicht lügen, müßte jene Republik, die am siebten Oktober 1949 sich ausrufen ließ, harmonisch, diplomatisch und genußvoll gewesen sein; ganz zu schweigen von amourösen Fähigkeiten.

Aussprüche wie: »Ich liebe euch doch alle!« resultieren mithin aus tiefverinnerlichter astrologischer Erkenntnis.

An meinem vierzigsten Geburtstag, den ich erstmals wieder in der Heimat feierte, wurde mir klar, daß ich ein Glückspilz bin:

Die Geburtstagsfeier

Meine Siebensachen hatte ich in Magdeburg ein- und in Ainitzsch wieder ausgepackt. In der Anton-Günther-Straße, der Wohnung meines abgängigen Bruders Gerdi. Das Heimatbüro stand, wie Stefan Schwartze nicht müde wurde zu versichern, kurz vor seiner Erweiterung; bald müßte ich dort meine Arbeit aufnehmen können.

Ich nutzte die Gelegenheit, in Ainitzsch die Zeichen der Zeit zu erkennen. Ich tat mich um. An meinem Geburtstag, einem oktoberlichen Montag, ging ich zur Kirche. Ein gewisser Egon Krenz, bezeichnenderweise Nichtsachse, hatte in Berlin die Macht an sich gerissen. Hier aber läuteten große, alte, sächsische Kirchenglocken.

Die Ainitzscher Stadtkirche hatte ich zum letzten Mal als stilles Christenlehrekind von innen gesehen. Ein hochgotischer Chorbau von Arnold von Westfalen; ein dicker quadratischer Turm mit einer Pickelhaube. An meinem Geburtstag war die Kirche rappelvoll. Ursel Kriwacz war da und natürlich Stefan Schwartze. Beide strahlten mich feierlich an. Ich sah meine alte Klassenlehrerin Fräulein Zündener und Christel Ahnert aus der ersten Bankreihe. Beide teilten sich sehr vertraut einen Muff für ihre Hände. Auch das gab es jetzt also in meiner alten Heimat.

Nach Predigt und Fürbitte des Pfarrers – er sprach über den Frieden und die Arbeit und die Friedensarbeit und unsere friedlichen, arbeitsamen und sächsischen Wurzeln – stellten sich verschiedene Gruppen und deren Sprecher vor. Es zeigten sich die Sozialdemokraten der DDR und es redeten die vom Sächsischen Aufbruch; es appellierten die Freistaatsfreunde, die Ainitzscher Sozialgemeinschaft und die Neuliberalen Humanen Demokraten. Letztere waren vertreten durch ihren mir wohlbekannten Sprecher Konrad Graus, der als Filmvorführer fungierte. Sehr wirkungsvoll nahm er vor laufendem Mikrofon seine hübsch gebundene Fliege vom Hals und sprach mit behutsam donnernder Stimme, jenes Zierelement schnüre ihn ein. Er werde es erst wieder anlegen, wenn die wirklich neue Liberalität in Gestalt einer humanen Demokratie überall Einzug gehalten habe.

Wir waren allesamt von Optimismus durchdrungen und atmeten auf und in die Kirchenluft hinaus.

Schließlich ging einer ans Mikrophon, den ich ebenfalls gut kannte. Das war doch, *nugloar!* Der Pfarrer sprach in getragenem Ton, den bis heute alle Ainitzscher Christenfreunde beherrschen, daß *nuh dor Vordrädter dor Dräsdnor Pasisgrubbe* »*Temokradische Deschnolochen*« seine Meinung freiweg kundtun werde, unser *wüschdügger* Freund Leonhardt Schiller.

Offensichtlich kannte man ihn hier gut, denn er wurde heftig beklatscht. Er sagte ungefähr, daß die Welt nur durch wahrhaft demokratische Technologie noch beherrschbar sein würde. Auch die zwischenmenschlichen Beziehungen unterlägen wie Zahnräder einem gewissen Verschleiß. Doch mit den verschlissenen Zacken in uns Menschen müßten wir uns abfinden, denn niemand sollte sich gerädert fühlen, wenn er am großen Zahnrad der Zeit seinen Beitrag leiste. Es komme nicht auf übergroße Schwungmasse an, sondern auf die richtige Zahl der Windungen, auf ein menschliches Miteinander im Getriebe und auf den humanistischen Sand darinnen, der niemals, nein niemals wieder staatstreu knirschen dürfe.

Alle waren begeistert. Als wir nach dieser Rede, die ich meinem alten Zimmerkumpan aus Dresdner Uni-Zeiten und Weltfestspiel-Zehnergruppenleiter eigentlich nicht zugetraut hätte, gemeinsam wie *eeh Mann uffschdandn*, die Köpfe senkten, die Hände in eins legten und unseren Veränderungswillen leis, aber fest in die Ainitzscher Stadtkirche hinaus murmelten, um alsbald auf der Straße entschlossen dazustehen – da wußte ich: Mit Leonhardt würde ich unbedingt reden müssen.

Und dann sahen wir uns. Vor der Kirche. Mitten zwischen fünfzig oder gar hundert Menschen. Vom Himmel hoch kam ein leichter Regen. Ich schlug Leonhardt meine Hand auf die Schulter, und er die seine kameradschaftlich in meine. *Weesdenoch?* Ursel und Stefan standen daneben, bewunderten, daß ich den allseits bewunderten Leonhardt Schiller richtig persönlich aus schweren Zeiten kannte. Konrad Graus kam herbeigeschlendert, spielerisch seine Fliege am Bändel um den Finger wirbelnd, hob zierlich fünf Finger zum V- und zum W-Zeichen und lobte Leonhardt, das habe er doch wirklich ganz nett gesagt. Allerdings müsse die demokratische Technologie unbedingt mit der humanen Liberalität ein festes Bündnis 89 eingehen. Leonhardt erwiderte, daß sie zwar beide am gleichen Weltgetriebe drehten, doch auf verschiedenen Zahnradebenen.

Zu mir gewandt, sprach Konrad, daß es schön sei, daß man sich wiedersehe.

Stefan und Ursel bestaunten die Klarheit solcher Gedanken und wunderten sich noch mehr, daß ich gleich beide Matadore des Abends so vertraulich, wirklich und wahrhaftig von du zu du kannte. Um uns sammelte sich ein immer größer werdender Kreis, und ich verkündete auf jene weiche Art, die mir nach den Jahren erzwungener Härte im kaltnördlichen Magdeburg plötzlich wieder zur Verfügung stand, ein paar aus heutiger Sicht richtungweisende Worte: *Ihr gommd jeddse zu mir. Isch habb nämlisch Geburddsdahch!*

So zogen wir denn los. Von der großen Kirche in die private Bude. Quer durch Ainitzsch. Kein Polizist stellte sich uns in den Weg. Wir hatten ein gemeinsames Ziel: Jene Wohnung, die Bruder Gerdi Hals über Kopf verlassen hatte und in der ich seit kurzem zwischen Kisten und Kartons, Wäschekörben und Bierkästen hauste. Ich hatte vier Flaschen der Marke »Goldkrone« besorgt und Weißwein mit dem volksdemokratischen Namen »Kokelthaler Altschloß«. Mein Wurst- und Brot-Proviant für die nächste Woche mußte dran glauben, doch wann bot sich schon die Möglichkeit, am Geburtstag Nägel mit Köpfen zu machen? Mit herausragenden Köpfen?

Im Radio kamen die neuesten Montagabenddemozahlen. Auch Ainitzsch wurde genannt. Wir jubelten. Wir hießen Stefan und Ursel und Leonhardt und Konrad. Wir hießen auch Alice, statt Fräulein Zündener, wir hießen Christel und Bärbel. Irgendwann gegen neun klingelte Bruder Diddi; er kam mit Frau Verena. Ich sagte voller Hochgefühl, daß ich auch Frau Verena heißen würde, wenn es genehm sei. Furchtsam beschaute Diddi Leonhardt und Konrad, die er wohl aus dem Westfernsehen kannte. Laut sagte er, daß er Genosse der Sozialistischen Einheitspartei sei und dazu stehe.

Nun rief jeder, wozu er sich bekenne: Das Heimatbüro muß der Kernpunkt der Demokratie werden. Nie wieder eine Fliege am Hals. Die Demokratie ist das größte Zahnrad dieser Welt. Menschenrecht ist Christenpflicht. Die Sozialdemokraten sind die Demokraten des Sozialen. Freie Staatsbürger für den Freistaat. Alice Zündener aber übertönte alle Bekenntnisse mit dem Hinweis, daß Inge Lange aus dem Zentralkomitee etwas für Frauenrechte tun wollte; ihre Vorschläge wären aber von unwürdigen Politbürogreisen abgeblockt worden.

Christel Ahnert schaute großäugig zu Alice auf.

Aus dem Gemenge von Humanität, Demokratiejahrhundert, Zahnsteinzeit und Sozialaufbau aber erhob sich bald ein Ruf wie Donnerhall: Krenz ist ein Oberarschloch! Wir einigten uns schließlich in korrekter Aussprache so, daß wir riefen: *Dor Grenz is doch ä gans riesengrouses Sau-Oarschloch*.

Man muß die jahrhundertelange Verbitterung der Sachsen verstehen, die in diesem Ausruf lag. Krenz, hatten wir herausgefunden, kam von Rügen. Eine schöne Insel, aber längst pommersch, schwedisch, preußisch; nur in den Sommern noch mehrheitlich sächsisch.

Bruder Diddi blieb dabei, daß er früher in der Jungen Gemeinde gewesen, heute aber Mitglied der führenden Partei ohne Führungsanspruch sei. Frau Verena meinte, sie habe das alles nicht gewußt. Sie sei Lehrerin. Als Lehrerin sei man von allem ferngehalten worden. Sie litt an starkem Volksbildungsweh und schluchzte und Diddi tröstete.

Ich schlug ein schönes Gesellschafts-Erneuerungspiel vor: Jeder sagt das, was er von unserer Zeit erwartet.

Die Wünsche kamen gepurzelt: Freiheit und Zahnräder, Demokratie und Südfrüchte, Solidarität und Kerzen, Bruderküsse und Negerküsse, Pässe und Alpenpässe. Wir kreuzten die Wörter und scrabbelten aus Leibeskräften. Wir mengten die Begriffe durcheinander, bis sie so ineinander verhakt waren, daß alles in einer großen Idee faßbar war.

Wenn man Gesellschafts-Erneuerungspiele lange genug treibt, kommt immer etwas Großartiges heraus. Bei uns war es jene Organisation, die ich wohl schon erwähnte und in der beinah alle Wunschbuchstaben vereint sind. Der *Ausschuß zur Bekämpfung Unsolidarischen Verhaltens*.

Inzwischen hat dieser seinen Sitz paritätisch in Dresden und Berlin, doch inoffizielle Tagungen finden bis heute in Ainitzsch statt.

Der Beweis der damals noch konspirativen Gründung ist eine Liste. Mit all unseren Namen. Ursel hatte angeregt, daß sich die Gäste in eine Getränkeliste eintragen sollten, damit nicht ich allein die Spesen der Feier zu tragen hätte. Mein Protest, es sei bitte schön mein Geburtstag und ich wolle die *Schohse* auch allein zahlen dürfen, wurde demokratisch überstimmt – erster Ausdruck neuer westlicher Lebensweise.

So wurde diese Liste zur Geburtsurkunde des *Ausschusses zur Bekämpfung Unsolidarischen Verhaltens*. Alle sind dort mit ihrer ganz persönlichen Unterschrift vereint, mit drei Glas Wein, vier Goldis oder fünf Kreuzen versehen. Vielleicht werde ich sie später dem Geschichtsmuseum in Berlin, oder doch besser dem Dresdner Grünen Gewölbe, übereignen. Man kann dort kugelschreiberblau auf typischem DDR-Grau für immer lesen, wie engagiert wir dabeigewesen sind.

Sie wissen noch, wie der Mantel der Geschichte damals durch die Luft wirbelte? Handwerker und Ärzte, Pastoren, Kulturbunddoktoren und Ökonomen – zu jener Zeit meinten diese Bezeichnungen auch Frauen – sagten einander, daß sie so nicht mehr länger leben wollten. Hohe Genossen wackelten zunächst mit den Ohren, dann in Gänze und stürzten. Die Mauer wurde löchrig, und in Ainitzsch gab es endlich das Heimatbüro. Sein oberster Grundsatz war: Das sächsische Herz darf niemals wieder im preußischen Takt schlagen – es muß *blohs eegah bubborn*.

Die Besetzung der Dienststelle

Wir saßen uns zu dritt gegenüber: Ursel Kriwacz an einem großen, ich an einem mittelgroßen, Stefan Schwartze an einem zierlichen Schreibtisch. Die Organisierung dieser drei Arbeitsmittel nebst zweier Telefone war unsere erste Bewährungsprobe gewesen. Gleich werde ich davon erzählen. Wo nämlich gab es überzählige Schreibtische in einem Land, in dem jeder eine Unterlage für seine Unterlagen benötigte, aber niemand dieselben fürs Inland produziert hatte? Wir jedoch wußten, wo Barthel seinen Most holte und das Heimatbüro seine

Ausstattung finden würde. Ich werde versuchen, den Hergang mittels Gedächtnisprotokoll darzulegen.

Stefan war Chef, ich sein Mitarbeiter, Ursel unser beider Mitarbeiterin. Sie schrieb am besten Schreibmaschine; sie konnte ausgezeichnet telefonieren; sie hielt eine mustergültige Ordnung und hatte ein überragendes Organisationstalent. Bei ihr fielen Seele und Herz zusammen. Klar, sie war mit ihren Fähigkeiten als Leitungsmitglied überqualifiziert. Stefan und ich waren Diplomingenieure; wir konnten nur leiten.

Im Heimatbüro hatten wir den Stützpunkt unseres *Ausschusses zur Bekämpfung Unsolidarischen Verhaltens* eingerichtet. In diesen Zeiten tarnten wir jenen Ausschuß noch als rein private Angelegenheit. War er nicht bloß eine Geburtstagsgetränkeliste? Eine Art Anglerverein auf dem gestrengen Boden der bestehenden Gesetze? So hieß es für uns: nichts überstürzen. Immer mit der Ruhe *fährd dor Bassdor in de Schuhe*. Dies war ein Menetekel; es hing gleichsam als revolutionäres Spruchband über Ainitzsch.

Auf der Straße teilte das Ainitzscher Volk einander mit, daß man *beloochn unn bedroochn* worden sei. Es rief auch *Schdoosi in de Brohdugdsschjon!*

Die Rufe drangen bis in unser Heimatbüro. Was heißt solidarisches Verhalten, fragte Stefan oder, anders und unkonventionell im wahrhaft neuen Stil formuliert: Wie bekämpft man unsolidarisches Verhalten? Natürlich durch unseren Ausschuß.

Ursel war der Ansicht, daß der Volkszorn zunächst in wirtschaftlich richtige Kanäle gelenkt werden müsse. Sie ging und besorgte – nach Arbeitsschluß – echten lebendigen Volkszorn: Handwerker und Ärzte, Kulturbunddoktoren und Ökonomen. Damals meinten diese Bezeichnungen auch Frauen. Habe ich das schon erwähnt?

An der Spitze zog sie zur städtischen Dienststelle des Ministeriums für Staatssicherheit. Die war leicht zu finden; sie stand im örtlichen Telefonbuch zwischen »Mindel, Eberhard, Tzschirnerplatz 6« und »Minol-Tankstelle Leipziger Straße«.

An der Spitze ging also Ursel; ihr folgten in weiblichen und männlichen Formen zwei Handwerker, drei Ärzte, vier Pastoren, fünf Kulturbunddoktoren und zwölf Ökonomen, unter denen sich auch Stefan Schwartze befand. Ich sicherte den freundschaftlich-kameradschaftlichen Zug am Schluß ab. Einmal rief ich auch einer wartenden jungen Dame zu »Schließt euch an!«. Sie meinte, durchaus beschämt, sie habe anderweitige Verpflichtungen, und ich erwiderte, daß wir das jetzt leider nicht ausdiskutieren könnten. Aber ihr Verhalten sei unsolidarisch, und solches werde in Zukunft unnachsichtig bekämpft.

Die Dienststelle war eine zweistöckige Villa mit Klingel und Sprechanlage. Wir läuteten: Es meldete sich niemand. Dienstschluß ist Dienstschluß, hieß es auch bei der Stasi. So stellten wir uns im Halbkreis auf und sprachen dreimal *Schdoosi in de Brohdugdsschjon!* und weitere dreimal *Uffmachn!*

Das eiserne Tor blieb verschlossen.

Lommatzsch-Dieter arbeitet doch bei der Stasi, hieß es, den holen wir jetzt. Er wohnte nur zwei Straßen weiter und kam im Trainingsanzug, kauend. Der Schlüssel werde nach Dienstschluß deponiert; da müsse er erst ins Objekt Zwo. *Abor zaagg-zaagg*, wurde aus den Ärzten und Ökonomen heraus gerufen, und mir schien, als hätte ich just diese Art *Zaagg-zaagg* in grauer Vorzeit schon gehört. Als ich durch dunkle Rattenröhren *der Bach* kroch.

Das Objekt Zwo könne nur durch polizeiliche Gewalt mit staatsanwaltlicher Erlaubnis geöffnet werden, denn immerhin sei man ein sozialistischer Rechtsstaat, sagte

Lommatzsch-Dieter. Aber wenn ihr mir ein Papier gebt, will ich das gern gegen die Erlaubnis tauschen. Ursel schrieb von Hand etwas, das sie »Forderung« nannte, und ließ es von zwei Ärzten und zwei Pastoren sowie von Stefan unterschreiben.

Während Lommatzsch-Dieter sich auf den Weg machte, übten wir noch ein wenig *Schdoosi in de Brohdugdsschjon*. Es klang als Ruf wie Donnerhall. Ein Fenster öffnete sich, und eine ältere Dame fragte, ob wir eine Manifestation oder ein Meeting darstellten. Eine freie, spontane Willensbekundung, sagte Pastor Brause, unter jenem freien Himmel, den Gott der Gerechte werden ließ. Jetzt können wir endlich wieder deutsch reden.

Der Himmel hatte sich inzwischen gesetzmäßig verdunkelt, und Sterne strahlten durch die Nacht, als Lommatzsch-Dieter wiederkam, mit Peter Binks Bruder. Ebenjenem, der jetzt auf der Polizei arbeitete. *Leude, isch habbe längsd Diensdschluß, abor walls ihr seid,* sprach er und übergab Lommatzsch-Dieter ein gestempeltes Papier, das dieser nebst Schlüssel an Ursel weitergab.

Ursel knirschte mit dem Schlüssel im Schloß herum, aber erst als Peter Binks Bruder eingriff, kamen wir ins Haus. Unten gab es weitere Schlösser zu öffnen, an einer sogenannten Pforte hing eine ganze Galerie Schlüssel. Lommatzsch-Dieter und Peter Binks Bruder öffneten alle vierzehn Dienstzimmer, die wir zuvor genau abgezählt hatten. In jedem stellten wir Schreibtische, Aktenschränke und Stühle fest. Es hingen Plakate an den Wänden »Die sozialistische Gesetzlichkeit – Deine Richtschnur« oder auch Sprüche, z. B. »PID und PUT – machen wir gemeinsam kaputt« und »Dein GM ist kein IMV – denn aus Rot wird nie Minister Rau«. Aber auch: »Nur eine konspirative Wohnung (KW) ist eine gute Wohnung (GW)«.

Ursel hatte derweil genau recherchiert, was das Heimatbüro brauchte, und teilte jeweils zwei Ökonomen zum Transport eines Schreibtisches ein. »Was des Volkes Hände schufen, muß des Volkes eigen bleiben« sagte das Plakat in jenem Zimmer, in dem sie den für mich bestimmten Schreibtisch beschlagnahmte. Das Heimatbüro müsse endlich auf seinen eigenen drei Schreibtischen stehen, begründete sie ihren Handstreich. Und sprach vom Kriegskommunismus, der in Zeiten der Wirrnis für Klarheit sorge.

Einer der beiden praktisch veranlagten Pastoren schlug vor, das Telefonnetz in öffentliche Hände zu überführen. Lommatzsch-Dieter sagte, das ließe sich machen, wenn man sofort einen Antrag stellte. Ursel tippte auf einer der konspirativen Schreibmaschinen (KS) sogleich einen Antrag und nahm zur Sicherheit ganz unbürokratisch zwei schwere, schwarze Apparate aus einem der Zimmer mit. Die Heimatbüro-Baracke habe durchaus intakte Anschlüsse; die müßten sich doch nutzen lassen.

Ursel hatte mit ihrer praktischen Vermutung recht, wie wir später feststellten, nur waren in den folgenden Tagen dauernd fremde Stimmen in den Hörern, wenn wir im Heimatbüro telefonieren wollten. Sie sprachen stets von PID-Mappen und PUT-Akten, von KW-Heftern und OIBE-Versetzungen. Wir hängten uns gelegentlich in die fremden Gespräche und fragten, ob wir mal telefonieren dürften. Dann knackte es, und wir bekamen Freizeichen. Natürlich passierte es schon mal, daß es plötzlich klingelte, und als wir abnahmen, ertönte das soeben geführte Gespräch erneut im Hörer. So geheimnisvoll begann meine Tätigkeit beim Heimatbüro.

Doch ich will die Schilderung der Dienststellenbesetzung – im Heimatbüro haben wir sie übrigens im Ordner unter »Erstürmung der Stasi-Zentrale« abgelegt – nicht abschließen, ohne das seltsame Zusammentreffen verschiedener Papiere mitzuteilen.

Als ich an jenem Abend in eines der gleichmäßig grau aussehenden Zimmer trat, in einen der blechernen Schränke griff und sodann in einer Akte herumblätterte, fand ich zu meinem Erstaunen lauter kurze Schreibmaschinenprotokolle, die so aussahen: »Information zu Meiser, Dieter: Besagter Bürger begab sich am 13. 12. 78 auf die öffentliche Lauenhainer Straße, um Brötchen beim Bäcker Weidenhammer zu kaufen. Er trug dieselben in einem Beutel mit der Aufschrift ›Onko-Kaffee‹(!) heim. Inoffiziell wurde bekannt, daß Bäcker Weidenhammer die Brötchen zum gesetzlich vorgeschriebenen Preis von 5 Pf. pro Stück verkauft. Gez. Quelle«.

Ich war von dieser und anderen Nachrichten über den Bäcker Weidenhammer möglicherweise etwas aufgewühlt, als Stefan Schwartze erschien und mir zwei Blätter zusteckte, mit der Bemerkung, diese würden mich interessieren.

Sie wühlten mich noch mehr auf.

Auf dem einen stand: »Zusammenfassung der Informationen zu Mario Claudius Zwintzscher im Berichtszeitraum 1971: MCZ hat sich beim Belächeln des Genossen Honecker, Erich, Berlin (siehe dort), besonders hervorgetan. Mit Leonhardt Schiller (TU Dresden) erzählt er des öfteren Witze, in denen Ulbricht, Walter, Berlin (siehe dort), eine pfiffige Rolle spielt. Auf seinen weiteren Umgang ist zu achten. Oltn. Schrodetzki, Dienststelle.«

Der zweite Zettel enthielt folgendes: »Ergänzung zur operativen Personenkontrolle Zwintzscher, Mario Claudius (Rufname unterstrichen): Der Beobachter kennt sowohl den operativ bekannten Honecker, Erich, als auch den im Vorgang ›Sachsen‹ geführten Ulbricht, Walter.

Mit Leonhardt Schiller (nicht erfaßt) gemeinsam ergeben diese vier Personen vermutlich ein Quartett (4 Pers.). Sollte die Person Zwintzscher aus dem Verbund ausscheiden, ist immerhin noch von einem Trio (3 Pers.) zu sprechen.

Inoffiziell wurde außerdem bekannt, daß die OPK-Person Zwintzscher seine Brötchen beim Bäcker Weidenhammer für je fünf Pfennige (Normalpreis) einkauft. Gez. IM C. M. v. Weber.«

Nachdem ich beide Zettel blitzschnell durchgelesen hatte, würgte ich sie nicht konspirativ herunter, sondern erkannte relativ spontan, daß sie mir später vielleicht gute Dienste leisten könnten.

Daraufhin versiegelte das die Erstürmung der Stasi-Zentrale leitende Quartett bestehend aus Ursel Kriwacz, Stefan Schwartze, Lommatzsch-Dieter und Mario Claudius Zwintzscher, die mir allesamt operativ bekannt waren, die Dienststelle und zog unter dem diszipliniert und nur einmalig, der späten Tageszeit wegen, angestimmten Ruf *Schdoosi in de Brohdugdsschjon* durch Ainitzschs sternklare Nacht nach Hause, welches sich für den Endesunterfertigten in der Anton-Günther-Straße befand. Gez. Zwintzscher, <u>Mario</u> Claudius (Rufname unterstrichen).

Der Winter 89/90 war warm und dunkel. Die Fensterchen am Weihnachtskalender wurden fleißig geöffnet, und jeden Tag gab es auch ein neues Löchlein im deutschen Zaun. Es regnete wie in jedem der letzten deutsch-deutschen Winter, diesmal aber war es Begrüßungsgeld. Und weil Bayern das sogar doppelt vergab, da die Weihnachtsbotschaft dort besonders christsozial verkündet wurde, wälzten sich durch Ainitzsch Autoschlangen gen Südwesten. Doch kaum verhielten diese Schlangen ein wenig, kaum zwängten sich ein paar Leute weniger durch die Zaunlöcher in Ost-West- oder Nord-Süd-Richtung, so setzte der umgekehrte Effekt ein. Aus West und Süd kamen Menschen mit holdseligem Lächeln und viel *Spasss* ins Land der Sachsen.

Mein erstes Wessi

Natürlich kannte ich Menschen aus dem anderen deutschen Staat. Ihre besondere Gefährlichkeit hatte mir einst Maria Macheleidt, die Jugendsekretärin, im Seminar der Technischen Universität Dresden klargemacht. Zu den Weltfestspielen hatte ich unerbittlich mit ihnen diskutiert. Neuerdings wußte ich, daß sie freiheitlich-demokratisch und *grunzordentlich* aufgewachsen waren. Doch erst in diesem Winter begann ich, sie Wessi zu nennen. Ein Begriff, den wir inzwischen gehalten sind, offiziell nicht mehr zu verwenden. Schon bei der Formulierung der Präambel unseres *Ausschusses zur Bekämpfung Unsolidarischen Verhaltens* habe ich darauf geachtet, daß wir getragen sind vom Wunsche, die Gegensätze zwischen Alt und Jung, Reich und Arm, Ost und West, Gut und Böse, Plus und Minus ein für allemal im Interesse der Solidarität verschwinden zu lassen.

Übrigens mußten wir unsere Präambel dreimal überarbeiten. Kurz nach Gründung des Ausschusses – Sie erinnern sich an jenen vierzigsten Geburtstag – hatte ich in langen Heimatbürostunden eine Formulierung erdacht. Sie wurde, wie das damals bei uns üblich war, einstimmig in einer der ersten, noch konspirativen Sitzungen angenommen. Später kam ein erstes Wessi als Mitglied in unseren Ausschuß und bestand darauf, sich an vergleichbare bayerische Vereinigungen, die es allerdings nicht gab, anzulehnen. Wir formulierten um. Als wir noch später, dann schon im vollen Stande der deutschen Einheit, unsere Präambel ins Handels-, Kultur-, Vereins- und Parteienregister eintragen lassen wollten, wurden wir belehrt, daß dies so nicht möglich sei. Es war ein Wessi, das uns dies mitteilte.

Derzeit wartet die Präambel noch immer auf die Prüfung ihrer vereinstechnischen Richtigkeit. Am sächsischen Verfassungsgerichtshof kann sich die württembergisch-protestantische Richtung nicht mit den bayerisch-katholischen Vertretern einigen.

Mein erstes echtes Wessi aber trat in einer überaus schwer zu schildernden Angelegenheit an mich heran.

Ich saß im Heimatbüro und legte Pläne für neue Heimatkalender auf Kante, als es an die Barackentür klopfte.

Wenn einer an die Tür klopfte, war die ganze Baracke gemeint. Sanft schaukelten dann unsere Dienstpläne an der Wand, leis zitterten die Grünpflanzen, die Ursel mit Hingabe pflegte, metallisch klirrten die Hebel unserer drei großen Schreibmaschinen, die Ursel ebenfalls aus der Ainitzscher Stasihölle entführt hatte. Und wenn, wie im Augenblick, außer mir niemand im Heimatbüro saß, erscholl anstelle eines dreistimmigen nur mein einfaches: Herein.

Herein trat das Wessi, nach Wessi riechend. Die Wessi-Schuhe trugen eine Marke, die Wessi-Hose Kunstknitter; ein Wessi-Obergewand (Boutique) deckte anmutig den Leib. Der wessifrisierte Kopf wurde von einem Wessi-Hut gekrönt, unter dem es mit Wessi-Stimme hervorsprach: *Grrüßgottt.*

Verwirrt sagte ich *Gutengrüßtaggott*, da wir damals noch bemüht waren, Ost und West irgendwie zu vermengen. Inzwischen wissen wir, daß sich Feuer und Wasser nur dann verbinden lassen, wenn man einen Kochtopf dazwischenstellt.

Wer aber sollte hier gekocht werden, und wer wollte mit langem Löffel essen? Ich fragte nach dem Begehr, und mir wurde entgegnet, ob dies vielleicht das Heimatbüro der Stadt Ainitzsch sei, wie es außen wohl auch zu lesen stünde? Das Ordnen unserer Heimat sei in der Tat nötig, zum Beispiel habe man hier offensichtlich kein intaktes Telefon. Während dreier vergeblicher Versuche habe man immer nur gehört, daß eine gewisse PID mit der PUT zu kombinieren sei. Auch von einem Minister *Müllke* sei die Rede gewesen, wenn nicht ohnehin das Besetztzeichen gar *nervig* zu hören gewesen sei. Ich möge verstehen, aber das Telefon gehöre zu den Grundrechten der Menschheit, gerade jetzt, wo es wunderschöne Designertelefone gebe, in Rosé und Pflaumenblau, Farben, die unbedingt in ein Heimatbüro gehörten.

Und dennoch sei alles so herrlich und ungezwungen hier, sagte das Wessi – kaum gelang es mir, einen eigenen Atemzug in seine Rede einzuschieben. Mit großem Wessidaumen auf unsere Schreibtische weisend, schnalzte das Wessi mit der Zunge und sprach, daß hier wohl jene *errotttischen* Spiele stattfänden, von denen man nun auch im Deutschland-Magazin lesen könne. Der körperbetonte Wagemut müsse hier ja heftig ausgeprägt gewesen sein, ganz ohne die Hilfsmittelchen, die gewissermaßen Hilfsmuttelchen seien, aber viel öfter als Hilfsväterchen eingesetzt würden.

Und wieder erklang ein Schnalzen, das von möglicherweise französischen Gaumenlauten begleitet wurde. Das Wessi sagte jetzt zu meinem Tisch Tischchen und zu meinem ehrwürdigen Lederstuhl Möbelchen und bedeutete, daß es das erste Mal in diesem großen, herrlich großen, wilden, ach so wilden Osten sei; und dann sprach es Osten mit allen ihm zur Verfügung stehenden Vokalen als Asten, Esten, Isten, Osten, Usten aus und nutzte weidlich auch die Unterlaute für den härrlichen Ästen, den hörrlichen Östen und den hürrlichen Üsten.

Während das Wessi begeistert im Heimatbüro umhersprang und die astliche, estliche, istliche, ostliche und ustliche Aussprache übte, begannen leis die Barackenwände zu beben, und die Grünpflänzchen zitterten mit all ihren Schlingelschlangelschwänzchen, und die Hebelchen an allen drei Schreibmaschinchen tanzten leicht, und die Pläne schwangen erst Richtung Ost und dann Richtung West. Das Wessi aber begann zum Osten auch noch die Wildheit westlich zu beugen, machte daraus wald, weld, wild, wold, wuld und kombinierte alles miteinander: den walden Isten mit dem wolden Asten und dem wulden Esten.

Das Wessi war so begeistert, daß ich das Klopfen ganz

gewiß überhört hatte, denn plötzlich trat Rainer Schwarz ein und sagte: *Grießgodd ihr Saggsn, da binsch widder. Ei vorbibbsch, ihr machd abor oochn Gaggsch. Laßt eisch in eierm Deebs nie stehrn.*

Rainer Schwarz war abgegangen gen Westen, als wir in Helsinki an Land gegangen waren, und jetzt war dem Wessi möglicherweise etwas gekommen, als Rainer wiedergekommen war. Denn das Wessi zog seine derangierte Kleidung, die offensichtlich in ähnliche Begeisterung geraten war, wie das Wessi, in die richtige Boutique-Fasson und sprach: Also denn zum zweiten und nicht letzten Male Grrüßgottt, mein Name ist Doktor Schneider-Schußter; ich bin zur juristischen Hilfestellung abkommandiert worden und möchte mich natürlich ins heiße Leben und scharfe Treiben dieses großartig-gottgefälligen Ortes Reußnitz – oder wie war der werte Name? – einklinken und bitte darum, daß Sie mich in ihren wunderbar wilden östlichen *Ausschuß zur Bekämpfung der prüden Gesinnung* aufnehmen. Ich kann Ihnen mit juristischen Tricks beistehen, und wenn es denn gilt, eine Präambel verfassungstechnisch wasserdicht zu machen – da dürfen Sie ganz auf mein Können bauen. Vertrauen ist gut, Können ist besser; Sie hören von mir, wenn ich denn weiter tätig sein darf im walden Asten, welden Isten, wolden Usten ...

Damit entschwand Doktor Schneider-Schußter aus dem Heimatbüro, aber nicht aus unserem Gesichtskreis, wie er auch seinen Dunstkreis, jenen intensiven Wessi-Geruch, hinterließ.

Rainer Schwarz wurde inmitten des Duftes alsbald zum Vorsitzenden des Heimatbüros erkoren, denn er hatte in wilder sozialistischer Zeit etwas riskiert. Hatte in Helsinki Farbe bekannt, wie er uns sagte und wie wir ihm neidlos zugestanden. Ich konnte ihn auch als Mitglied des *Ausschusses zur Bekämpfung Unsolidarischen Verhaltens* gewinnen. Denn dessen Aktivitäten dehnten sich bald in alle fünf Himmelsrichtungen unseres Vaterlandes aus: Nach Asten, Esten, Isten, Osten und Usten.

Wir waren eine kampfstarke Truppe, die sich gelegentlich im Heimatbüro traf, so daß Stühle und Schreibtischflächen als Sitzgelegenheiten kaum ausreichten. Im Lande draußen zogen die Werber verschiedener Parteien umher, und an der Basis fanden sich jetzt Wurzeln, die schon immer miteinander wurzeln wollten; hier drinnen aber saßen wir und überlegten, was das Beste für Sachsen sein könnte.

Wir, das waren damals Rainer Schwarz, der via Helsinki und Westdeutschland als erfolgreicher Rückkehrer jetzt das Heimatbüro leitete, Stefan Schwartze, der Ingenieurökonom von einst, jetzt agiler Repräsentant des Heimatbüros, Ursel Kriwacz, die Seele aller Grünpflanzen und Vertraute sozialdemokratischer Spitzen im Lande, Leonhardt Schiller, gelegentlicher Gast, getaufter und konfirmierter Pastorensohn, der in Dresden die Basisgruppen der »Demokratischen Technologen« leitete, Konrad Graus, ein Filmvorführer vom Festen Bündnis Berlin, Christel Ahnert und Alice Zündener, die ihre Frauengedanken freimütig aussprachen, Dr. Schneider-Schußter, unser Rechtsberater aus Hessen. Und schließlich ich, Vorsitzender des *Ausschusses zur Bekämpfung Unsolidarischen Verhaltens*. Die Wahlen standen bevor, und wir wollten beweisen, wie Wahlen zu gewinnen sind.

Wahltaktik in Sachsen

»Ich kenne keine Deutschen mehr; ich kenne nur noch Sachsen!« Diesen Spruch fand ich eines Morgens vor, als ich unsere Baracke betrat. Er hing quer über alle Pläne und Grünpflanzen hinweg. In grüner Stoffarbe auf weißem Bettlaken. Ursel strahlte mich mit großen sächsischen Augen an; grüne Iris im weißen Augapfel. An den weißen Fingern hatte sie ebenfalls grüne Farbe. Sie erwartete wohl Lob.

Ich räusperte ein Lob mit ganz kleinem o in den frühen Morgen und gedachte, die Meinungen von Rainer und Stefan zu hören.

Als Stefan kam, machte er Hmm. Rainers Hm fiel noch eine Spur kürzer aus. Ursel strahlte nicht mehr. Der Spruch sei doch gut. Denn soll nicht endlich unser Sachsen schöner denn je...nicht auf Gedeih und Verderb verbunden mit Preußen... auferstanden aus Ruinen, laßt uns dir zum Guten dienen...

Also dachte ich, es sei an der Zeit, ein wenig von meinen Kenntnissen aus der Tätigkeit im Traditionskabinett des großen sächsischen Patrioten Friedhold Zentener zu erzählen, der jahrzehntelang für eine schlechte magdeburgische Sache vereinnahmt worden war. Damals, als ich im Schwermaschinenkombinat die historische Statistik betreute. War dies Jahre oder erst Wochen her?

Mer fälld ni glei midd der Diere ins Haus, sprach ich fest und zuversichtlich und erläuterte den Fehler des deutschen Kaisers, der vor Jahrzehnten mit dummen Sprüchen einen ganzen Weltkrieg *vorsaubeidld* hatte. Denn wir wollen doch nicht deutschenfeindlich sein, wir Sachsen. So wahr wie Lessing-Ephraim und Wagner-Richard große Sachsen waren, so sehr galt das doch auch für den Porzellanerfinder Böttger, obwohl er im thüringischen Ausland geboren worden war. Kam es nicht darauf an, daß jeder einfach so reden konnte, wie ihm der Schnabel gewachsen war?

Ist nicht auch ein Mann wie Arnold Schlaatz, treuester Freund unseres heutigen Ministerpräsidenten, ein Vogtländer. Hat aber dieser unser jetziger wichtigster Minister nicht das Dichten von großen sächsischen Poeten gelernt, die da heißen Friederike Kempner, Hedwig Courths-Mahler und Arthur Schramm? Haben sie nicht alle wie EinE MannIn das Grubenunglück im Zwickau-Oelsnitzer Revier beklagt: *Rumbldibumbl, weg war dor Gumbl*?

Sachsen reicht so weit, wie die sächsische Zunge reicht. Das sei unser Slogan. Schon Karl May traf in Gestalt von Old Shatterhand in den nordamerikanischen Prärien auf Burgstädter und Peniger, auf Chemnitzer und Dresdner. Voll tönte allzeit unser *Säggssch* zwischen Rothäuten und bleichen Squaws, zwischen Gaddafi-Arabern und wilden Kurdistanern. Wer je einen Sachsen irgendwo draußen in der Welt gehört hat, muß unser Volk einfach sympathisch finden. Ein Volk, das *eegah scheen Deebs* macht. Und wer unser Volk sympathisch findet, wird es auch als Volksvertreter gut repräsentieren können. Nicht deutsches Blut- oder französisches Staatsrecht solle gelten, sondern sächsische Denkungsweise und bodenständiger Sprachklang. Ein mit Genuß merseburgisch Sprechender ist viel eher Sachse als ein näselnder ARD-Korrespondent, der zufällig in Leipzig geboren wurde!

So etwa konzipierte ich meine Wahlrede im Ainitzscher Heimatbüro, wovon Ursels Pupillen wieder grün im klaren Augapfelweiß zu leuchten begannen.

Nur wenig später wurde so – vielleicht auch etwas anders – von allen Wahlkampftribünen herab gesprochen. Ich war wegweisend. Denn Leonhardt verbreitete meine

Ideen in Dresden und Konrad Graus in Berlins Festen Bündnissen. Durch den Einfluß Ursels hatte ein gewisser M. Abraham Böhme Bonner Sozialdemokraten begeistert, allerdings will ich seiner hier nicht weiter gedenken. Die Wäschemangel der Geschichte hat ihn trotz seiner vielen weißen Hemden plattgerollt. Ursel vermutet bis heute eine Intrige meinerseits, denn ich konnte und kann nicht umhin, es gesagtem Böhme übelzunehmen, daß er Ursels weiße Finger einst zum gewissenlosen Herumspielen in seinem Gelände nutzte, während ich mit Peter Bink auf außerordentlich gewissenhafte Weise *Reiber un Schambambl* üben mußte. Über meine Beziehungen zu einer Magdeburger Geschichtsbehörde, die wiederum mit einer neugegründeten Einrichtung, von einem Pfarrer geleitet, der ein guter Amtskollege von Leonhardt Schillers Vater ist, verzweigte Verbindungen hat, konnte M. Abraham Böhme in jenem Frühling der Freiheit als das entlarvt werden, was er war, seit ich ihn kannte: Ein Herumdrückeberger im Unterholz, ein Geländespieler ohne eigenes Gelände, einer, der die Urselpüppchen für sich tanzen ließ, ein Doppelgesicht, das durch fehlendes Doppelkinn alle Welt täuscht...man mag mir meine Erregung verzeihen! Über böhmische Schmalzlocken trample die Geschichte hinweg! Genug, genug! Berichtend stehe ich noch immer im ersten Wahlkampf auf sächsisch-demokratischem Boden.

Wir wußten damals, daß wir an christliche Wohlstandstraditionen des Westens anknüpfen mußten – aber auch sozial, demokratisch, liberal, umweltverträglich und vor allem heimatlich als grundlegende Erfolgswörter in die Wahl zu werfen hatten. Kämpferisch und solidarisch, diese Ausdrücke waren ebenfalls wichtig. Und alte Verwaltungsstrukturen sollten ein Gefühl für Heimat, Herkunft, für jenes wichtige Identitätsgeheimnis *Eswoar-*

nichallesschlechd geben. *Ausschuß* und *Büro* hatten dies zu bewirken. Also begaben sich das Heimatbüro und der *Ausschuß zur Bekämpfung Unsolidarischen Verhaltens* zusammen mit der *Allianz für Sachsen* in eine Wählergemeinschaft.

Ich rief sogleich Rita im fernen Frankenlande an und teilte ihr mit, daß sie mir das Umgangsrecht für unsere Töchter Mascha und Maria zeitweilig gestatten müßte. Rita grollte erst etwas – vielleicht war es auch der von ihr neu angenommene fränkische Dialekt, der mich dies vermuten ließ –, war dann aber einverstanden. Noch waren Mascha und Maria DDR-Bürger. Erwartungsfroh kamen sie bald darauf zu Besuch in ihr Oma-und-Opa-Städtchen.

Kleine Mädchen sind eine nicht immer angenehme Angelegenheit, doch des guten Zweckes wegen überstand ich ihre nicht enden wollenden Fragen nach Pionierleiter, Stasi, Ferienlager, Faschismus, Spee-Waschmittel, Foltermethoden, Kosmonauten, Astrologen, Ideologen und Gynäkologen.

Ich ging mit ihnen zum neuen Fotostudio BLITZVITAL und ließ uns dort mehrere Stunden lang auf-, um-, hoch- und zusammenstellen. Mascha und Maria fragten, ob sie jetzt Claudia Schiffer und Naomi Campbell seien, doch ich konnte ihnen diese Fragen nicht beantworten, da mir beide Namen damals noch unbekannt waren, denn man hatte uns jahrzehntelang einfachste Wahrheiten verschwiegen.

Die fertige Fotoserie übergab ich Ursel, und die organisierte alles Weitere. Vierzehn Tage vor dem Wahltermin schaute ich mit meinen Töchtern von allen Litfaßsäulen in Ainitzsch und Umgebung herab.

Doch farbiges Plakatpapier war uns nicht Wahl-Glanz genug. Kinder live – das war es! Amerikaner und Niedersachsen spannen zwar Ehepartner in den Wahlkampf ein; Obersachsen sind aber seit Winnetou allen anderen Völkerschaften voraus. Wir setzten auch Kinder und Omis als sächsische Stimmenfänger ein. Und so kümmerte ich mich denn auf fünf Kundgebungen eingehend um Mascha und Maria und trug eigens für ihre Fragen den Duden, das Kleine Politische Wörterbuch, das Handbuch des Bundestages und Schlag nach – Natur! bei mir.

Auf der letzten Wahlkundgebung vor dem entscheidenden Sonntag riefen sie plötzlich: Tante! und stürzten auf die Spitzenkandidatin unserer »Christlichen Regionalliste/Heimatbüro« zu. Es war in der Tat ihre Tante, von der ich seit Jahren nichts mehr gehört hatte, meine Nochimmerschwägerin, meine einstige Seminargruppensekretärin Maria Macheleidt. Vor Jahren hatte ich den Kontakt zu ihr einschlafen lassen, denn meine Frau, so schien mir, war eifersüchtig auf sie. Die aber hatte, offensichtlich hinter meinem Rücken, den Umgang mit ihrer Schwester weiter gepflogen.

Jetzt drückte Tante Maria meine Töchter an sich: Grüßgott, ihr Kinder. Dann ließ sie sich mit beiden fotografieren. Mir blickte sie kühl ins Auge und sprach: Ich habe schon gehört, daß du anfängst, deiner staatstragenden Vergangenheit abzuschwören. Aber glaube mir, zum wahren Christen ist es für dich noch ein weiter Weg. Nun lasset uns gemeinsam wahlkämpfen!

Damit schritt Maria Macheleidt mit ihrer nach wie vor überzeugenden Brustweite zum nächsten erreichbaren Mikrophon und klärte auf über die christliche Allianz für Sachsen, über Mütterlichkeit, Friedensbotschaft und blühende Kinderlandschaften. Mascha und Maria waren begeistert. Ebenso die übrigen Sachsen: Unsere Liste wurde zwei Tage später mit fast fünfzig Prozent gewählt.

Ja zu Sachsen. Ja zu Weißgrün. Ja zum Erzgebirge. Ja zu unserer Hauptstadt Dresden. Ja zu Leipzig und Leisnig, zu Görlitz und Göritzhain; von Ainitzsch bis Zwickau schlang sich das weißgrüne Band der Einheit. Ja zu allen Sachsen, gleich wo sie in der Welt leben. Ob Braune, Weiße, Indianer, Gelbe oder Vielfarbige – Sachsen grenzt niemanden aus, der unsere Lebensart beherrscht, der grüne Klöße mag und *ei vorbibbsch* in den entscheidenen Momenten Miesmachern und Defätisten an den Kopf zu werfen vermag.

Nach den für unser Volk gewonnenen Wahlen krempelten wir die Ärmel auf; nach Einführung der D-Mark als sächsische Leitwährung wich die Ainitzscher Bürobaracke einem Heimatbürocenter. Die Heimatbüro GmbH i. G. war der Träger und Rainer Schwarz sein Erster Geschäftsführer. Unter dem Stahl- und Glasdach des Centers fanden die Demokratischen Technologen genauso ihren Platz wie die Lessing-&-Karl-May-Gesellschaft Mittelsachsens, die Femininen Sächsinnen und der von mir repräsentierte *Ausschuß*. Was aber machte diesen blühenden Aufschwung erst möglich?

Die Ausrufung des Freistaates Sachsen

Fast vierzig Jahre hatten wir in engen Bezirksgrenzen gelebt. Nun hatte das Land Sachsen die Trennlinien im Innern hinweggefegt – doch schmachteten Ainitzschs Territorien noch immer zerrissen zwischen Reußnitzer und Frankenberger Landkreisen. Seit Hunderten von Jahren war die größte Stadt der Region ein Spielball mieser Duodezfürsten ...

Zunächst kam es darauf an, daß aus dem popligen Land ein schmucker Freistaat wurde. Wie 1848 zogen die patriotischsten der Ainitzscher Bürger nach Dresden. Es gab nämlich an den Ufern der Elbe Kräfte, die aus dem stolzen Sachsen ein schlichtes Land, gleich Brandenburg, gleich der Mißgeburt Sachsen-Anhalt oder gleich dem lächerlichen Zwerggebiet Saarland machen wollten. Dem galt es gegenzusteuern.

Im Heimatbürocenter wurden alle Kräfte mobilisiert. Jeder tat mit, beim Kampf um unser Recht auf einen Freistaat. Die Demokratischen Technologen produzierten mit den aus Franken gelieferten Computern Unterschriftenlisten. Jeder computerisierte Kugelschreiberzug ein Schlag gegen die, wie wir sie spöttisch nannten: Land-Arbeiter. Allein im Territorium Ainitzsch hatten sich über dreihundertviertausend Bürger gegen *Land*, für *Freistaat* ausgesprochen. Aufgrund dieser imponierenden Zahl korrigierten die Demokratischen Technologen ihre Mitgliederzahl und die Gesamtzahl aller Einwohner in Größenordnungen nach oben. Die Lessing-&-Karl-May-Gesellschaft suchte aus den Schriften ihrer Namensgeber jene Stellen, in denen das freistaatliche Element vorkam. Die Zitate wurden in Bayern, unserem Partner-Freistaat, auf T-Shirts – wir nannten sie noch immer Nickis – gedruckt und hundertfach im ganzen Lande – im Freistaat – verkauft.

Ich setzte mich mit meinen früheren Magdeburger Kollegen aus dem Geschichtskabinett in Verbindung und sagte, daß ich Seilschaften haßte. Nieder mit den Vertreuhändlern! rief ich ins große, damals noch immer schwarze Telefon. Damit hatte ich die Kollegen auf meiner Seite. Gemeinsam wollten wir nie wieder Seilschaften, darum lancierten die guten, alten Kollegen in jenem, für meine Heimat so wichtigen Falle Unterlagen an die Presse, in denen der große sächsische Patriot Friedhold Zentener die Ausrufung des Freistaates Sachsen im Jahre 1918 begrüßte. Bald brachte die FAZ ebenso wie die Berliner »Neue Zeit« Gedenkartikel an Friedhold Zentener, der, trotz Sympathien für linke Kräfte, trotz Abirrungen auf kommunistische Positionen, doch immer freistaatliches Denken gepflegt hatte.

Als Haupttrumpf unserer Volksaufklärung konnte ich Beutestücke aus der Erstürmung der Stasi-Dienststelle – leicht aufbereitet – vorweisen, in denen der Operative Vorgang »Freistaat«, gesammelt in den Bäcker-Weidenhammer-Akten, eine wichtige Rolle spielte. Wenn nämlich die Stasi-Sumpfdotterblumen, wie ich mich auszudrücken wußte, so vehement gegen den damals noch gar nicht existenten Freistaat Sachsen vorgingen, so war es unsere Pflicht und Schuldigkeit, den Freistaat Sachsen, endlich, ein für allemal vor der gesamten europäischen Geschichte laut und deutlich auszurufen.

Der »Spiegel« veröffentlichte damals eine Serie, die auch Observierungsprotokolle des Bäckers Weidenhammer enthielt, in denen die Quellenlage noch indifferent erschien. Geheimnisvolle Fünfpfennigbrötchen geisterten durch die Aktenbruchstücke. Doch ein mutiger Gemeinschaftskommentar der BürgerrechtlerInnen Bärbel Bohley (Berlin-Mitte) und Werner Schulz (Sächsische Bürgerliste) unter dem Titel »Was bedeuteten Bäcker

Weidenhammers Fünfpfennigbrötchen aus der Sicht der Stasi? – Fünf Thesen auf der Pfennigwaage, die wir dem künftigen Freistaat Sachsen ans Herz legen möchten« schaffte uns Entlastung. Die Landesfreunde und Freistaatsgegner begannen sich einzuigeln, während wir, die Landesfeinde und Freistaatsfreunde, die »Freie Presse«, die »Leipziger Volkszeitung« und die »Sächsische Zeitung« für uns gewinnen konnten. Organe für Millionen von Sachsen. Noch plädierten Blättchen wie die »Union« und die »Muldentalzeitung« vorsichtig und verklemmt für ein Sachsen wie Rheinland-Pfalz oder Mecklenburg-Vorpommern – als Land. Doch Stefan Schwartze gelang es mit einem Flugblatt, sogar die Aufmerksamkeit rheinländischer Medien zu erregen. »Wir sind kein Bindestrich-Land!« hatte er hektographiert. Mit Hilfe der in einem neuen Handstreich okkupierten Stasi-Faxgeräte gelang es dem Heimatbürocenter, via Treuhand unsere feste Meinung flugs allen noch immer knieweichen, öffentlich-rechtlichen Meinungs-Aussendern beizubiegen. Der Kampf um Jugendradio DT 64, in der Dresdner Neustadt organisiert, wurde von uns zu einem riesigen Freiland-Freistaat-Meeting umfunktioniert. Leonhardt Schiller, der demokratische Technologe, hatte eigens dazu sein altes FDJ-Hemd angezogen und quer über die gelbe Ärmelsonne ein grünes FREI-STAAT geschrieben. Das Fernsehen brachte ihn eindrucksvoll ins Bild.

Und dennoch wären diese Versuche samt und sonders vergeblich gewesen, denn ein gewisser Manni Schdollbe, an dessen klare brandenburgische Flaggenhissung ich mich immer erinnern werde, bekämpfte uns vehement. Auf ihn hörten Kanzlerkreise und Ministerpräsidentenadjutanten, wenn er »Steige hoch, du roter Adler«, seine uns verhaßte Preußenhymne, sang und dabei seine Augen leuchteten, als stiege eine Fahne am Mast empor.

Unser *Marsch auf Dresden* wendete das Blatt. Die Konkursmasse der drei sächsischen Bezirke samt angrenzender Gebiete wurde damals noch provisorisch verwaltet. Freund Arnold Schlaatz war bereits dabei, als zahlreiche Ländereien endlich heimkehrten in den werdenden Freistaat: die mittlere Lausitz, Elbe-Elster-Gebiete, das aus stolzen Platten errichtete Hoyerswerda, die legendäre Schwarze Pumpe, thüringische Vogtländereien und Schkeuditzer Flughafenstreifen. Nun aber galt es, die Losung zu verwirklichen: Der ganze Freistaat soll es sein!

Unser Ainitzscher Trüppchen versammelte sich vor dem Albertinum zu Dresden. Mitgeführte Plakate aus den unruhigen Weihnachtszeiten Ainitzschs sorgten für Stimmung. Ursel sang mit ihrer klaren Stimme die neue sächsische Hymne: »Freistaats Himmel breitet seine Sterne«, und das abschließende »Fraaaiii-Staattt« riefen alle sechzehn angereisten Ainitzscher begeistert mit. Leonhardt Schiller hatte derweil die Dresdner Basisgruppen der Demokratischen Technologen mobilisiert; ein weißgrünes Gewimmel brandete gegen die ehrwürdige Gemäldesammlung. Unser Marsch auf Dresden war ein Ringmarsch um das Albertinum. »Im Kreislauf voran!« klang es aus den Technologenkehlen.

Drinnen, unmittelbar vor dem weltberühmten Gemälde der Sixtinischen Madonna, sollte die Vorläufige Schlußabstimmung der Provisorischen Landesvertretung stattfinden. Einziger Tagesordnungspunkt: Land oder Freistaat.

Ich löste eine Eintrittskarte für das Museum und begab mich an den Ort der Abstimmung. Ich überholte russische Besuchergruppen, die ehrfürchtig in mitgeführten Materialien lasen. Vor dem Gemälde am Saalende, das mit einer schwarzrotgoldenen Kordel abgesperrt war, hatten sich die Provisorischen Volksvertreter aufgestellt;

rechts die umbenannten Einheitssozialisten, mehr zur Mitte hin M. Abraham Böhmes verbliebenes Sozialdemokratengrüppchen, dem folgten mit gelbblauen Schlipsen angetane Liberaldemokraten, in langen Gewändern Die GrünInnen und schließlich am breiten linken Rand die sächsischen Christen um Staatsminister Arnold Schlaatz und seinen Ministerpräsidenten in spe. Die Madonna leuchtete durch die Versammlung hindurch.

Ich trug meinen Fotoapparat samt Dreifuß bei mir, baute ihn so auf, daß ich das Gemälde und die versammelten Provisorler gut in der Linse hatte, und sprach: Bittel lächeln! Arnold und sein werdender Ministerpräsident zwinkerten, nein zwintzscherten mir herzlich zu, ein bitteres Lächeln kam von den GrünInnen; die umbenannten Einheitssozialisten spielten breites Mundwinkelgrinsen vor.

Hinter sich sehen Sie, sagte ich sodann, eines der wichtigsten Gemälde Sachsens. Gerade heute aber müssen wir wissen, wer es angefertigt hat. Wer das weiß, möge bitte die Hand heben.

Natürlich erhoben sich alle Hände. Ich machte weitere Fotos, klappte mein Dreibein zusammen, entnahm dem Apparat die Fertigfotos – die Dresdner Pentacontechnik war mittlerweile via Japan und USA weiterentwickelt worden –, ging damit auf den Balkon des Albertinums, unter dem der Ringmarsch der Freistaatsfreunde stattfand, und wies die Bilder vor. Wahrscheinlich sagte ich so etwas wie »Es ist vollbracht!«, habe aber keine Laken mit Fleck geschwenkt, wie eine Zeitung berichtete. Ich weiß hingegen genau, daß ich unseren werdenden Landesvater ankündigte und unseren designierten Landessohn und Zentralminister Arnold Schlaatz. Ihr freistaatlicher Geist sollte uns jetzt leuchten. Die Zeitungen schrieben später etwas vom freudigen Druck der Straße und von unbekannten Meinungsführern. Die »FAZ« behauptete, die Ausrufung des Freistaates sei von der Elbbrücke Blaues Wunder herab erfolgt. Ich aber hörte es mit eigenen Ohren, wie unser kommender Ministerpräsident seine historischen Worte gleich nach meinem Fotoschwenken vom Balkon sprach: Hiermit rufe ich ihn aus: den Freistaat Sachsen!

Unsere Dresdenmarschierer unten begannen jetzt erneut die neue Hymne zu singen: »Freistaats Himmel breitet seine Sterne«, und der Ministerpräsident fiel aus alter Gewohnheit ein und sang: »Heimat, deine Sterne.« Arnold sang: »Freistaat, deine Sterne.«

Mit einem fröhlichen Quodlibet klang der historische Abend aus. So jedenfalls schrieb einen Tag später gleichlautend die gesamte sächsische Presse.

Unsere unermüdliche Ursel Kriwacz hatte vorher bereits Korrespondentenberichte aus dem Ainitzscher Heimatbüro verschickt. So läßt sich möglicherweise die unverständliche Quellenangabe zu Beginn jener Meldungen erklären: (dpa/ntzsch-hmtbr-rsl-krwcz)

Beinah unerwähnt blieb bisher, daß während der tiefroten Nacht des Staatssozialismus meine Frau Rita mutig den freien Westen wählte. Ich selbst blieb zurück, um das Große Andersrum auf *fischeland* sächsische Weise zu bewerkstelligen.

Lenin, ein russischer Umbruchspezialist, begab sich während des spannendsten Teils seiner Revolution in einem Reichsbahnwagen, sächsische Regionen tangierend, an die Peripherie Rußlands. Ich hingegen blieb dort, wo der Umbruch am lautesten erfolgte, im sächsischen Zentrum, stürmte Stasi-Dienststellen und setzte den zivilen *Umgang mit Unsolidarischem Verhalten* durch. Mein zu diesem Zwecke gegründeter *Ausschuß* bekam ordnungsgemäße Briefköpfe und das korrekte Kleingedruckte. Daß meine Frau Rita mir in stürmischer Zeit nicht folgte, sehe ich heute als einen Verlust jener insgesamt großen, gewinnbringenden Epoche. Doch Schwägerin Maria Macheleidt hatte sich eindrucksvoll an die Spitze der Umgestaltung gesetzt. Die aber bestand nach Ausrufung des Freistaats in einer revolutionären Verwaltungsreform. Ainitzsch sollte künftig einen freien Landkreis im Freistaat führen. Und Maria war die einzige potente Frau auf der potentiellen Stelle einer Landrätin. Sie sprach öffentlich aus, daß das Jahr kühn und beflaggt sei, denn über allen Wipfeln sei Unruhe, dort, wo in aller Ruhe Gott wohne.

Ainitzsch unterm Himmel, blaufarben

Direkt am Markt, wo bisher spitzgieblige Weberhäuser vor sich hin bröckelten, hatte die Sparkasse Glas, Stahl, Beton und schnellfließende Bundesfördermittel eingesetzt. Breitschultrig stand nun das lichtdurchflutete Haus für Geld neben dem alten Amtsgericht , dem neuen Rathaus. Das wiederum wurde an seiner ehrwürdigen Rückfront – Napoleons historische Verschnaufbank auf der Flucht nach der Völkerschlacht bei Leipzig steht dort – vom Heimatbürocenter gestützt. Klammern hielten die geschichtsbeladene Rückfront aufrecht, und nichts mehr erinnerte an die alte Baracke im Kohlenhof, in der wir vor ein paar Monaten das Heimatbüro mit Stasi-Schreibtischen, Stasi-Schreibmaschinen und Stasi-Telefonen installiert hatten.

Auch an Ainitzschs Peripherie setzte sich der Aufschwung ungehindert fort. Grüne Wiesen an der Zschopau luden zu Niederlassungen ein. Beton floß über schrundige Böden und sorgte für Glätte und Ebenheit. Die ehemalige Parteischule Zentralsachsens, untergebracht in drei Plattenbauten, die in die anmutige Ainitzscher Landschaft geklotzt worden waren, wurde mit dunklen Fensterscheiben, mit drei blinkenden Eingangsbereichen und viel umliegender Autoparkfläche versehen. Das einstige Rote Kloster, früher vergleichbar einem sorgenzerfurchten Funktionär in schlechtsitzendem Anzug, schaute jetzt drein wie ein sonnengebräunter, sonnenbebrillter Macher mit mindestens drei Schlipsnadeln. Schon äußerlich wurde deutlich: Wo, wenn nicht hier, sollte das künftige Landratsamt sitzen?

Ein Ainitzsch, ein Großkreis, ein Landrat, so hieß es in internen Papieren.

Doch die feindlichen Nachbarstädte waren derweil nicht untätig, den Zentren der Altkreise Frankenberg und Reußnitz. Ainitzschs Glück war, daß sie sich gegenseitig bekämpften. »Wer für eine Kreisstadt Frankenberg ist, ist ein Verbrecher!« – so lauteten Aufkleber, die in Reußnitz verteilt wurden. »Nie wieder Reußnitz – Zentralismus von sowjetischen Gnaden!«, wehrten sich mit Plakaten und Sprechchören die Frankenberger. In beiden Städten wurden die Rathausuhren auf fünf vor zwölf gestellt und stillgelegt. »Wer uns Frankenbergern die Kreisstadtfunktion nimmt, nimmt uns die Identität!« titelte die Frankenberger Lokalseite der »Freien Presse«. »Die Reußnitzer Fürstenlinien sollen mit einem schandlichen Vergewaltigungsakt ein für allemal ausgelöscht werden!« So schrieb die »Reußnitzer Volkszeitung« und setzte hinzu: »Als Adam grub und Eva spann – wo war denn da der Frankenbergmann?«, womit sie auf die relativ späte Gründung Frankenbergs im Hochmittelalter als kursächsische Bergstadt anspielte.

Maria Macheleidt, in elegantes Schwarz gewandet – ein winziges Kreuz an silbernem Fädchen baumelte von ihrem Hals herab über jene Gegend, die noch immer zeigte, daß Sachsen auch unter sozialistischem Einfluß sein anmutiges Hügelland bewahrt hatte, seine sächsischen Weinberge nebst *frangzöhsischer* Lebensart –, Maria saß inmitten dieser Wirren fest auf einem Drehstuhl. Der stand in ebenjener ehemaligen Parteischule hinter einer Tür mit der Aufschrift: »Projektmanagement Großkreis – Landratsamt-Standortstelle.«

Während zwischen Frankenberg und Reußnitz quer

über alle Ainitzscher Fluren hinweg der erbitterte Großkrieg um den Großkreissitz anhielt, griff Maria zum Telefon, sprach mit dem Ministerpräsidenten und seinem Ersten Minister Arnold Schlaatz, redete mit unserem alten Studienkumpel Leonhardt Schiller und vertraute sich Alice Zündener von den sächsischen Feministinnen an; Maria verhandelte mit Lommatzsch-Dieter, ebenjenem, der den Schlüssel zur gewaltfreien Erstürmung der Ainitzscher Stasi-Dienststelle besorgt hatte, hörte vermutlich auch auf Dr. Hinz und Ministerialrat Konzinger – jedenfalls nehme ich dies an, kannte ich doch Marias starkes gesellschaftliches Engagement seit gemeinsamen Tagen an der Dresdner Technischen Universität. Schließlich telefonierte sie mit mir. Ich solle sofort zu ihr in die ehemalige Parteischule kommen, das Stasi-Material in Sachen Bäcker Weidenhammer u. a. mitbringen und mich ordentlich anziehen – es gehe ums Ganze.

Als ich ankam, dampfte der Kaffee, und das Telefon läutete. In fünfzehn Minuten ist Deadline, sprach sie schneidend in die Muschel, und zu mir sagte sie konspirativ: Eine Viertelstunde haben wir noch Zeit. Du weißt, was du zu tun hast?

Nein, stammelte ich, noch nicht so ganz genau...

Ganz genau wirst du beim folgenden Gespräch nur darauf achten, ob sich alles solidarisch verhält, klar. Wozu bist du Ausschußvorsitzender? *Kampf gegen Unsolidarisches Verhalten*, das ist deine Aufgabe. Und diese besteht im Beobachten. Kämm dich noch mal, und bitte, bitte, sag nichts. Damit dienst du unserer Sache am besten, wir haben in Demut, äh, dem christlichen Menschenbild ... also gut, trink jetzt Kaffee und erzähl was von deinen Töchtern.

Ich berichtete weisungsgemäß, und pünktlich fünfzehn Minuten später betrat ein gutes Dutzend Personen den

Raum. Ich winkte Schlaatz-Arnold vertraulich zu, schlug Leonhardt kameradschaftlich auf den wieder ein Stück breiter gewordenen Leib, gab Alice Zündener die Hand, blickte Lommatzsch-Dieter fest an, bis dieser beide Augen niederschlug – derweil wurden mir vier Westler vorgestellt –, grüßte die mir aus der »Freien Presse« vertrauten Köpfe Frankenbergs und Reußnitz', machte die Bekanntschaft eines Ministerialrats Konzinger und setzte schließlich das mir von Maria zugewiesene Gesicht auf: freundlich, wissend, höflich, prinzipienfest.

Maria hielt ein erstaunlich kurzes Einleitungsreferat; seit unseren gemeinsamen Dresdner Tagen hatte sie offensichtlich gelernt. Die Wendung von den Menschen draußen im Lande brachte sie gleich mehrfach an. Dann sprachen die Frankenberger und Reußnitzer. Es gab Begriffe wie: Sachdenken, Verständigung, freundschaftliche Ausgleichsbemühungen, althergebrachte Rechte, Bürgernähe, christlich-abendländische Verwaltungstradition, Spiel mit dem Einwohner, mit Gottes Hilfe, um Gottes Willen, gottgleich, göttliche Fügung. Zentralismus, sozialistische Mißwirtschaft, alte SED-Kader, Kolonialbeamte, realsozialistischer Kuddelmuddel, Niedertracht, katzbuckeln, unterbuttern, drüberbraten, draufhauen, einschlagen, zusammenschlagen, Stasi-Methoden, Stasi-Sauerei, Stasi-Schweinerei, Stasi-Schweine, Stasi-Sauen.

Das angeregte Gespräch war bis zu diesem Punkt gediehen, als Arnold Schlaatz, unser Staatsminister, ums Wort bat. Er wolle, zur Klärung der etwas erhitzten Lage, nun ein selbstverfaßtes Gedicht vortragen. Sprach's und tat's:

»Gestern war gelber Neid / Heute ist helle Selbstbestimmung / Gestern war verdorrtes Land / Heute sind blumenvolle Landschaften / Gestern war Mißtraurigkeit / Heute ist Gottverschönen / Ja / Ich liebe / Meine Hand /

Dein Sachsen / Unser Himmelgewimmel ist / Endlich blaufarben.«

Nach einer Weile räusperte sich Leonhardt Schiller: *Das middm blaufarbn iss guud. Himmlgewimml oo.*

Gut, sprach Maria, da wir jetzt schon soweit sind. Sie wissen, hier sitzt auch Mario Zwintzscher. Er hat den Auftrag, im Sinne seines *Ausschusses zur Bekämpfung* jedwedes unsolidarische Verhalten von Grund auf anzuprangern. Gerade beim verständlichen Streit um Zugewinne, Verwaltungskompetenzen und Amtssitzprobleme kann es hier und da zu Unsolidarität kommen. Doch es ist gut, daß wir jetzt in einem freien Land leben, in dem Ausschüsse nichts Exotisches mehr sind. Herr Zwintzscher hat übrigens in diesem unschönen Stasi-Zersetzungs-Fall Bäcker Weidenhammer, Sie werden davon gehört haben, eine ganz tolle, wirklich ganz, ganz tolle Aufklärungsarbeit geleistet. Wir wissen jetzt auch, daß gerade in Frankenberg und Reußnitz von der Stasi unglaubliche Sachen unternommen worden sind. Es gibt unappetitliche Aktenfunde, nicht wahr?

Weisungsgemäß blickte ich bejahend in die Runde. Einer blitzartigen Eingebung folgend, verharrte mein Blick lange auf den Reußnitzer und Frankenberger Vertretern.

Mit einem zwar nicht einhelligen, aber eindeutigen Abstimmungsergebnis, den Großkreis baldmöglichst vom Zentrum, also von Ainitzsch her, anzupacken, und einem weiteren Gedicht von Arnold Schlaatz endete unsere Zusammenkunft.

Einige Monate später wurde Maria Macheleidt übrigens zur Landrätin bestallt. Einziger weiblicher Landrat in ganz Sachsen. Natürlich gab es Neider, die in irgendwelchen aufgebauschten Vergangenheiten von Maria herumwühlen wollten. Doch da die Westquote bei Landräten in Sachsen inzwischen erschreckend hoch war, wurden solche Stimmen als das entlarvt, was sie darstellten: Zerstörung unserer Identität. Im Sinne einer hellen Selbstbestimmung votierte die Bevölkerung des neuen, schönen Großkreises Ainitzsch auch in der späteren regulären Abstimmung für eine blumenvolle Landwirtschaft, für lichtdurchflutete Geldinstitute und ein allgemeines Himmelgewimmel, das endlich wieder blaufarben sein konnte.

Es geht mir nicht schlecht, und das ist nicht schlecht so. Das Leben hat sich normalisiert, sagen manche Bürger, was aber ist normal? Ich kann so weit in den Westen fahren, wie ich will, doch selbst wenn ich gen Süden fahre, lande ich im Westen, in Bayern.

Als ich nach den stürmischen Zeiten von Freistaatskampf und Kreisstadtschlacht zu mir kam, beschloß ich: Du mußt verreisen. Eine Scheidung als Aufbruch zu neuen Ufern kam nicht mehr in Frage: Ich war geschieden.

Dauernd fürchtete ich damals, während politische Tageskämpfe zu bestehen waren und solidarisches Verhalten bewiesen werden mußte: Dir muß doch mal jemand in die Quere kommen. Von rechts oder meinetwegen auch von links. Ich wollte das nie parteigemäß verstanden haben. Stets bin ich, wen es erlaubt ist, wahlfreudig, mediengestählt, aber tolerant. Obwohl ich auf gesellschaftlich vogeschobenem Posten ausharre. Da der *Ausschuß zur Bekämpfung Unsolidarischen Verhaltens* schon zu jener Zeit aus dem sächsischen Einerlei herausragte, ereilten mich unablässig Einladungen zur Vorstellung meiner Konzeption im Westen. Mußte ich dies nicht wahrnehmen? Mußte ich nicht private Reiselust und gesellschaftlichen Reiseanlaß verbinden?

Mit Trabba *bei Juergen im Westen*

Inzwischen war ich in Westberlin gewesen, zum Gucken, in Südtirol, per Reisebus zum Erholen, in Hof, zur Entgegennahme von alten Faxgeräten zwecks Erneuerung unserer Infrastruktur, in der fränkischen Partnerstadt Obertupf, um Landrätin Macheleidt als amtierender persönlicher Assistent beizustehen – doch tief ins westdeutsche Kerngebiet hatte es mich noch nicht verschlagen, obwohl sich Einladungen just von dort im Heimatbürocenter stapelten. Die Solidarstiftung der Ludwig-Erhard-Gemeinschaft, die Gemeinnutzgesellschaft der Willy-Brandt-Freunde, der Unterstützerkreis der Theodor-Heuss-Stiftung – alle gedachten, im Sinne der deutschen Einheit mit mir zu diskutieren, mich zwecks Zusammenwachsen einzubeziehen, und wollten unbedingt von mir Vorstellungen zur Einheit von Freistaat und Westdeutschland hören.

Ich mußte, ob ich wollte oder nicht, den Ausschuß, Ainitzsch, den Vorerzgebirgskreis, Mittelsachsen und den ganzen Freistaat vertreten.

Rainer Schwarz, unser Heimatbürogeschäftsführer, richtete Abschiedsworte an mich und überließ mir leihweise sein Zweitfahrzeug der Marke Wartburg – schließlich konnte ich schlecht mit einem breiten Mercedes oder gar einem dicken Benz, womöglich noch einem Daimler das Land Sachsen offiziell im fernen Westen repräsentieren. Trabbis, jene ursächsischen Zwickauer Fahrschachteln, waren inzwischen bereits zu Kultobjekten befördert worden. Ein solches wäre mir wieder zu aufdringlich erschienen. Der Mitteldeutsche geht gern den Mittelweg – also nahm ich den Wartburg und trollte mich.

Nach meiner Ehescheidung war der bewegliche Hausrat, wozu unser Trabbi, das Fluchtfahrzeug via Ungarn, sowie meine Töchter Mascha und Maria zählten, Exfrau Rita überschrieben worden.

Ich gedachte, zunächst an diesen vier Punkten – Mascha, Maria, Rita, *Trabba* – meiner früheren Existenz Station zu machen. *Trabba* – ganz richtig. Unser altes Vehikel war unter jenen sechs Frauenhänden inzwischen absolut verweiblicht, schnurrte anschmiegsam, wie mir berichtet wurde, über westlich glatte Straßen und wurde von allen dreien gehegt und gepflegt, denn kein westdeutscher Automechaniker traute sich, unter dem Motorhäubchen von *Trabba* herumzufuhrwerken.

Auch meinem geborgten Wartburg winkten auf der Fahrt nach Fernwest gelegentlich kleine Kinder vom Straßenrand zu – es war noch die Zeit des Wohlgefühls deutscher Einheit, zumal im tiefen Westen.

Die erste Station meiner Expedition ins Westlerreich lag nahe Nürnberg, dem Aufenthaltsort von *Trabba*, Rita, Mascha und Maria Zwintzscher. Die Stadt N. ist eine schöne Stadt mit wichtigen Reichssportfeldfragmenten und vielen Erinnerungen an Albrecht Dürer. Ein gewisser Hans Sachs ist dort Ehrenbürger, so daß ich mich nicht wie in der Fremde fühlte. Denn wo ein Sachse ist, da ist die Sachsenpartei – so ähnlich stieg mir eine uralte Losung in den Sinn, mir ward wehmütig, so daß es balde am Wartburg aus der Kühlleitung tropfte.

Trabba, Mascha, Maria und Rita begrüßten mich durchaus freundlich. Fotos unserer sächsischen Wahlkampfserie, als Mascha und Maria der Freiheit zum Durchbruch und ihrer Tante zum Landratsposten verhalfen, zierten das Zwillingszimmer. Auch die Gespräche zwischen Rita verliefen im Sinne guter Nachbarschaft zwischen Sachsen und Franken. Es wurde an die ausgezeichneten Beziehungen vor 1989 erinnert, und viele Gemeinsamkeiten zwischen dem heutigen Nürnberg und dem wiedererstehenden Sachsen wurden gefunden. Meine Ausführungen von immerwährender Solidarität wurden aufmerksam zur Kenntnis genommen. Ich berichtete vom tränenden Wartburg, und Rita versprach, daß sie auch diesen unter ihren weiblichen Händen zur alten Friedfertigkeit bringen würde.

Mascha führte stolz vor, daß sie bereits fränkisch sprechen konnte, und Maria verfiel während meiner Anwesenheit ins Magdeburgische. *Trabba* knatterte gar fröhlich während einer Tour zum Supermarkt und wurde mir zur Weiterfahrt angeboten. Rita zeigte verschiedene hochwertige Westprodukte und deren tiefe Preise, und ich versicherte, daß wir solche Produkte und Preise nunmehr auch kannten. Später flocht Rita thüringische Sprachinseln in die zum wiederholten Male dargebrachten Details ihrer Flucht, und ich erläuterte, wie ich in den Fängen der damaligen Staatsmacht dennoch standhaft blieb. Am späten Abend kam es auch zu Handlungen erneuerter Zusammenarbeit, und nach Genuß eines vorzüglich weichgekochten Frühstückseies – für nur 19 Pfennig, wie Rita betonte – schied ich und versprach den Zwillingen, sobald die Faxverbindungen störungsfrei seien, ein original Ostfax aus Ainitzsch zu senden. Der immer jämmerlicher tropfende Wartburg sollte in Nürnberg trockengelegt werden, und so trug mich nun doch die sächsische Kultschachtel *Trabba* weit, weit in den Westen.

In Idar-Oberstein, dem deutschen Edelsteinstädtchen am silbernen Bande der Nahe, war ich von einer Sparkassenstiftung eingeladen worden. Man hatte das die Stadt teilende Flüßchen mit einer Straße überbaut, und ich ahnte, was meiner heimatlichen Zschopau demnächst an echter Zukunft blühen könnte.

Der oberste Sparkassenstifter Idar-Obersteins, Dr.

Juergen Schneider – er betonte den Umlaut im Juergen –, empfing mich in einem Glas-Stahl-Betonbau direkt im Zentrum, und ich war von der Ähnlichkeit mit jenem Neubau am Ainitzscher Markt freudig überrascht.

Im Festsaal der Edelstein- und Sparkassenstiftung sollte ich einen Vortrag halten. Gegenstand desselben: Wie Ainitzsch den Aufschwung Ost, stellvertretend für ganz Sachsen, mit vielen guten Fäusten packt. Dabei sollte ich um solidarische Investmittel werben.

Vierzehn Sparkassen-Aufsichtsräte Idar-Obersteins waren mit näherungsweise ebenso vielen Gattinnen erschienen. Dr. Juergen Schneider fragte mich zuvor vertraulich, wie ich die Chancen für fähige Manager im Osten beurteile und wie hoch deren Bezüge im – zum Beispiel Sparkassensektor – seien. Ich ermutigte ihn nachdrücklich zum Ostengagement und weiß heute natürlich, daß ich damit einen großen Fehler begangen habe.

Dann hielt ich meinen Vortrag. Zunächst sprach ich von der weltpolitischen Lage und der Lage Sachsens im Winkel zwischen Böhmen und Polen, zwischen Bayern und Preußen. Sparkassengelder müßten also gleichsam ungehemmt von Krone zu Zloty, von Berlinmark zu Bayernpfennig fließen können. Weltfinanzpolitik müsse sich wie die launische Forelle fühlen, wenn sie sich in Sachsen und Ainitzsch tummele. Die Aufsichtsräte verstanden nicht recht, murmelten etwas von Abschottung gegen die Habenichtse, davon, daß man einem nackten Mann *nich in de Toaschen* greifen dürfe, aber man sei natürlich solidarisch. Ich wurde deutlicher.

Das Sparkassenwesen, sagte ich, es entwickelt sich. Lichtdurchflutete Gebäude sind nötig. Alles wächst viele Stockwerke hoch. Braunes Fensterglas. Runde Vorsprünge. Metallglanz. Eingangsbereich. Grünpflanzen. Wo heute noch Nullgeld herumliegt, wird es morgen schon Millionen Zinsertragssteuer geben. Alles würde aufblühen. Gelder würden immer kräftiger in die Höhe schießen – wenn, ja wenn die Idar-Obersteiner den Ainitzschern unter die Arme griffen.

Wie das gehen solle, fragte eine Aufsichtsratsgattin: *Mer hon jo selber nix.* Doch sogleich wurde ihr von ihrem Aufsichtsrat der Mund verboten.

Nun, sagte ich, wir haben bereits ein großartiges Sparkassengebäude direkt am Ainitzscher Markt, das nur darauf wartet, mit den Mitteln aus Idar-Oberstein gefüllt zu werden. Von Ainitzsch aus würde jedwede Solidarzuschlagsmark hinaus nach ganz Sachsen gestreut werden. Fördermittel. Ankurbelgelder. Investsummen. Bargeldreserven. Wertpapiermengen. Aktienberge. Stillegungsprämien. Symbolische Kaufpreise. Jede pfälzische Idar-Oberstein-Mark würde ganz ohne Handumdrehen zu einer echten sächsischen Ainitzsch-Mark. Wir wüßten recht gut, Geld um- und um- und umzuschlagen. Ich baute das ganze lichtdurchflutete Finanzgewerbe Sachsens auf, vor vernehmlich schweigenden Aufsichtsräten; sprach schließlich vom Kampf Friedhold Zenteners im Jahre 1919 für eine sächsische Rentenmark. Ich redete beschwörend von Bäcker Weidenhammers Stasi-Akte und vom Heimatbürocenter, in das ebenfalls gewaltige Ströme von Geld fließen müßten. Man könne sich im sparsamen Pfalz-Mosel-Nahe-Land noch gar nicht vorstellen, wie hoch unser Geldbedarf sei. Sachsen habe schon früher die prächtigsten Pelzbörsen gehabt und einen florierenden Silberhandel. Selbst Edelsteine könnten demnächst in Sachsen gehandelt werden. Ainitzsch böte sich dafür an, als Edelstein im Zschopautal. Früher gab es schon Silberbergbau, und heute könne das Flüßchen Zschopau, ganz wie die Nahe, überbaut werden.

Auch Edelsteine? fragte wiederum die fragende Gattin.

Auch Edelsteine! rief ich aus. Selbst in vergleichsweise kleinen Städten wie Ainitzsch gäbe es endlich die Möglichkeit, Edelsteinchargen in Größenordnungen zu handeln.

Die Idar-Obersteiner sind – von drei löblichen Ausnahmen dieses Abends abgesehen – nicht direkt helle, oder, um es etwas deutlicher zu sagen: *Se sinn bleede Nischl*. Sie aßen die von Dr. Juergen Schneiders Sekretärin bereitgestellten Häppchen mit finsteren Mienen und trollten sich ohne Nachfragen.

Dr. Juergen Schneider aber und zwei der anwesenden Gattinnen luden mich noch auf einen Rotwein. Im »Rebenschlössele« zeigte ich, daß wir Sachsen etwas von Wein verstehen. Ich zeigte es so lange, bis der Wein auch mich verstand. Die Gattinnen begriffen mich dabei immer besser, und Dr. Juergen Schneider schnallte endlich, daß meine ehemalige Schwägerin aus der ehemaligen DDR meine ehemalige FDJ-Seminargruppensekretärin war. Überhaupt nicht begreifbar war ihm zu machen, warum ich in der ehemaligen DDR eine ehemalige Sekretärin gehabt hatte. Auf jeden Fall schien er zu verstehen, daß sie jetzt christliche Landrätin war, und deshalb wollte er all ihre Telefonnummern, Verbindungen und Lebensumstände wissen. Ich war aber mit den Gattinnen viel zu tief in doppelt zweisame Gespräche versunken, als daß ich seinen Wünschen nachkommen konnte.

Irgendwann mußte ich damals in mein Idar-Obersteiner Hotelbett und entledigte mich zuvor zahlreicher Telefonnummern, Notizbücher und Dienstanweisungen, denn man kann doch nicht in voller Kleidung schlafen. Daß ich mir bei dieser Entledigung gleich von beiden Gattinnen aufopferungsvoll helfen ließ, offenbart gewiß einen laxen Umgang mit datenschutzrechtlichen Vorschriften. Doch an späteren verhängnisvollen Entwicklungen trifft mich wohl eine nur geringe Schuld.

Vielleicht ahnen Sie, daß in gewissen weichen Verschleifungen der Mitlaute, in Häufungen von verschiedensten herrlich schlürfenden Zischlauten, im *Rausloofnlassn dor Schbrache* für die Menschen im allgemeinen und die Sachsen im besonderen ein Element der Wollust liegen kann. *De Weeschn besiehschn de Hardn* ist sächsische Philosophie – in unserer jetzigen Zeit nicht ganz ungefährlich!

Wollüsten sollte man nämlich nicht mehr nachgeben. Denn sind Wollüste nicht *madderjalisdsch*? Christlicher Askese jedenfalls entsprechen sie wenig.

Auf meiner PR-Tour mit der brav hoppelnden *Trabba* durch den weiten Westen begegnete mir *rausgeloofne Schbrache* in Konstruktionslinien. Der Wollust waren diese unverdächtig.

Vom besseren und vom besten Wissen

Ich war in Mannheim angekommen. Von den Problemen, geeignetes Benzin für *Trabba* zu bekommen, will ich nicht sprechen. Die Zweitaktfrage spaltete noch die Nation. Gemisch, also jenes durch Öl geschmeidig gemachte Benzin, ein Charakteristikum östlicher Lebensweise, mußte man sich mühsam selbst an rheinischen Tankstellen herstellen. Wenn ich gelegentlich Klagen hörte, wie schwierig alles im Osten sei, so kann ich nur kontern: Kein Westwagenfahrer mußte sich je im Osten geschmeidiges Benzin zusammenmischen. *Mischln*, wie wir sagen ... dennoch: Ich war in Mannheim eingetroffen.

Mitten in der Stadt besitzt Mannheim eines jener großen, braunglasigen Gebäude, die einfach dazu einladen, dort Konferenzen abzuhalten. Eine Leuchtschrift auf dem Dach zeigte, just als ich dort ankam, das Wort »Schmarre«. Es blinkte. Aus-an. Aus-an. Schmarre. Keine Schmarre. Schmarre. Keine Schmarre. Dann blinkte »Schmasche«. Aus-an. Aus-an. Zehn Sekunden später kam »Schmatz«, wieder zehn Sekunden darauf »Schmauch«; gefolgt von »Schmaus«.

Ich war planmäßig am »Haus des Deutschen Dudens« angelangt, einer kulturellen Einrichtung Mannheims von hohem Rang. Das gegenwärtige Grundwortschatzprogramm des Dudens wird kontinuierlich vom Dach per Leuchtschrift abgestrahlt. Der Fleiß deutscher Sprachwissenschaftler wird so alle zehn Sekunden neu verkündet.

Als ich *Trabba* in der Tiefgarage verstaut und den am Gebäude umlaufenden Freitreppenbalkon erreicht hatte, sendete das Haus mittlerweile »Schmerle«; ich wartete, bis »Schmerling« und dann »Schmetten« erschien. Aus-an. Aus-an. Als nächstes tippte ich auf »Schmetterling«. Richtig.

Auch in Mannheim kochte man also nur mit Schmetterlingen.

Die Konferenz, zu der ich geladen war, hatte man betitelt: »NNN – Die einigeN deutscheN SpracheN.« Am Eingang zum Konferenzraum standen zwei Sicherheitsexperten in schmucken Uniformen und tasteten mit gummiartigen Metallstäben alle Konferenzteilnehmer ab. Als ich an die Reihe kam, sprach der Mann *Gänsefleisch Armehochnämm!*, und die Frau assistierte ihm *Geenezuchdunnurdnungdewessis!*

Sie hatten mich nicht – aber ich hatte sie erkannt! Ins heimatliche Idiom verfallend, fragte ich, natürlich erstaunt, was denn der Peter und die Brigitte *nuh so machn dähdn*. Denn mit der Sprache hatten sie sich geoutet – kenntlich gemacht, wie man im »Haus des Deutschen Dudens« sagen müßte: Exoberstleutnant Bink, Peter, einst wilder Räuber-und-Schambambel-Spieler, später »Magazin«- und »Eulenspiegel«-Leser im Standort; neben ihm die Exmajorin und Politoffizierin Detscher, Brigitte, früher im Standort in der Straße der Jungen Pioniere wohnhaft gewesen, wo ich sie umzingeln und in der Tiefe bekämpfen mußte.

Ohne Umschweife wurde mir bedeutet, daß ich weiterzugehen habe, denn die nächsten Konferenzteilnehmer seien auch mit gummiartigen Metallstäben abzuklopfen, auf ihre Sicherheit hin. Man könne hier keine Privatsprechstunde abhalten. Selbst für sogenannte Landsleute nicht. Fraternisieren sei nicht gern gesehen.

»Fraternisieren!« Im »Haus des Deutschen Dudens«!

Intuitiv überprüfte ich, ob an den Brusttaschen meines Hemdes auch alle Knöpfe ordnungsgemäß geschlossen waren.

Die Konferenz war offensichtlich eine traditionelle Einrichtung. Aus jedem Bundesland war einE VertreterIn gekommen – großem I und dem großen Endungs-E begegnete ich bei der Gelegenheit erstmals, wußte aber nicht, wie beides auszusprechen sei. Ich übte leise: Vertreter-IInnn. Vertreter-IInnn. So lernten die anderen mich murmelnd kennen. Ich hieß dort sogleich: unser Vertreter

INN und AUS der DDR: der früher vormals ehemaligen Ex-DDR.

Dann erteilte mir der Programmleiter Dr. Gunther Bergmann-Pohl, ein echter Schwabe mit – wie er betonte – sächsischen Wurzeln, das Wort: UnserE MannIn aus der ehemals früheren Ex-DDR.

Ich bedankte mich für die Einladung, versuchte mitzuteilen, daß es im Osten, in der DDR, in der früher vormals ehemaligen Ex-DDR, mindestens vier weitere Sprachen gäbe, von denen ich keine große Ahnung hätte – in der Runde erscholl Verwunderung, wieso hier jemand angereist sei, der freiwillig mitteilte, keine Ahnung zu haben, na ja aus dem Osten –, denn auch wir hätten nie eine einheitliche Sprache gehabt. Ich sei nur der Vertreter des Freistaates Sachsen, weil ich eine Einladung erhalten hätte, gerichtet an den *Ausschuß zur Bekämpfung Unsolidarischen Verhaltens*. Wir würden uns natürlich auch mit unsolidarischem Sprachverhalten befassen. Ich wolle mich hier jedoch vor allen bedanken; den Freistaat Sachsen gebe es seit kurzem, er sei, nun ja relativ, wie man hier sagt, kommunistenfrei, doch, doch, aber natürlich mit verschiedenen sächsischen, die sächsische Sprache Sprechenden besetzt . . . Ich wurde von einem erregten Herrn mit sandfarbener Krawatte und langem gleichfarbigem Haar unterbrochen: Gerade darum gehe es hier doch: Gibt es überhaupt verschiedene deutsche Sprachen? Wir beraten erst seit vier Konferenzen, ob wir die großen N's an den Enden der Wörter überhaupt beibehalten können. Die verschiedeneN deutscheN SpracheN seien ganz anders aufzufassen als die verschiedene deutsche Sprache.

Aber Herr Doktor Bimsstein, fiel eine couragierte Dame in die Erklärung des langhaarigen Herrn ein, das »verschieden« sehen wir doch als »abgelebt« an. Sie reiten immer noch auf der Bedeutung im Sinne von »unterschiedlich« herum. Hatten wir das nicht bei unserer letzten Tagung ein für allemal . . .

Frau Professor Nurselaidt, hob der Getadelte an, deutsch oder deutsche oder die DeutscheNNN – das ist doch von säkularem Interesse. Diesmal gehe es zudem um die einige deutsche Sprache. Un mit dem N werden die Sprachen zu einigeN SpracheN. Ein unbestimmtes Zahlwort, verstehen Sie. Mehrere SpracheNN beinhaltend.

Gleichmäßig summte das Neonlicht, und im trauten Wechsel sprachen die VertreterInnen nun von einigeN SpracheN und einiger Sprache, von verschiedener Sprache und verschiedeneN SpracheN. Ich merkte, daß mich meine *Trabba* doch ziemlich müde gemacht hatte. Hätte ich die *Trabba* hier überhaupt erwähnen dürfen? Ein weibliches Auto? Meine *Trabba* hatte beim Fahren ein lautes, sehr differenziertes Innenleben verraten: Klappern, Brummen, Summen, Schnurren. Hier war das Außenleben laut, aber in einer Tonlage. Und hell war es. Das Licht summte. Die Sprachen brummten. Die Doktoren summten. Die Röhren summten. Ich *summulierte* ein waches Gesicht – und wurde daraufhin vom Programmleiter Doktor Gunther Bergmann-Pohl angesprochen.

Ob denn die sächsische Sprache im Verbund der deutschen Sprachen genug zu Worte komme? Wie ich das Sächsische heute sehe? Nachdem es doch im Kommunismus verboten war, sich sächsisch zu artikulieren?

Nun, sprach ich, meine Mutter hat mir manchmal verboten zu sächseln, und sagte dann sehr laut: *Du sollsd ni sou säggssch quaddorn*. Aber es war wohl doch die Mutterliebe, die da aus meiner Mutter Madeleine Zwintzscher, geborene Fleischer, wohnhaft zu Ainitzsch an der Zschopau, sprach, weniger die Angst vor staatlicher Repression . . .

Augenblick! fiel mir da jener langhaarige Herr ins Wort, der als Doktor Bimsstein schon einen Teil der Konferenz bestritten hatte. Sagen Sie das doch bitte noch einmal: Wie soll Ihre Frau Mutter gesagt haben?

Du sollsd ni sou quaddorn...

Daran sehen wir, sprach nun noch erregter Doktor Bimsstein und ließ seine sandfarbene Krawatte zittern, wie unter der Herrschaft des Kommunismus das wirklich Sächsische gelitten hat. Man kann *Sou* oder *So* sagen, aber natürlich sprechen wir *Sou* immer wie *ßuh* aus, wie die frühere französische Währungseinheit.

Mir hamm abor sou gequaddord...

Der zweite entscheidende Fehler, meinte Doktor Bimsstein. *Quaddorn* ist kein bodenständig sächsisches Verb. Proband aus der ehemaligen Exzone aber verwendet es hier in aller Unschuld. Wenn ich das »Sächsische Wörterbuch« zitieren darf, ein Werk übrigens, das im Einflußbereich des Leipzigers Walter Ulbricht erschien und schon aus diesem Grunde mit spitzen Fingern gelesen werden sollte, so ist dort zwar das Verb *quattern* vermerkt, aber erst auf Seite 159. Weit hinten. Und mit deutlichen T-Lauten geschrieben. Quattern. *Quaddorn* findet man nicht in diesem Werk, das zweifelsohne von der Zensur kastriert wurde.

Abor mir hamm sou gequaddord...

Lieber neuer Kollege, sprach nun auch Frau Professor Nurselaidt, wir bewundern Sie natürlich alle für ihren mutigen Aufstand unter den Fenstern der Kirche. Ich weiß nicht, wie wir uns... Doch bei Ihnen wurde im Laufe der Jahre so vieles verschüttet, daß Sie mit dem typisch mitteldeutschen wie auch dem thüringisch-obersächsischen Sprachgestus doch einige Probleme haben. Das muß einfach so sein. Wir wollen Sie deshalb ganz behutsam heranführen an unsere freie, demokratische Aussprache. Wenn wir dieses unschöne Wort *quattern* überhaupt aussprechen, so sagen wir *quatttern* oder am besten *quattttern*.

Ich kam nicht mehr zu Wort, denn in einer erregten Debatte wurde vor allem von Herrn Doktor Bimsstein, Frau Professor Nurselaidt und Herrn Doktor Bergmann-Pohl gefordert, unverzüglich Aufbauhelfer aus Schwaben und dem Rheinland, aus dem Allgäu und von der Waterkant nach Sachsen zu entsenden, um das ursprüngliche mitteldeutsche Wortgut und die traditionelle Lautierung dort wieder heimisch zu machen. Besonders jenem Ainitzsch an der Zschopau müsse geholfen werden. Der dortige Zustand sei hörbar erschreckend.

Als ich endlich dazu kam, mich für die uneigennützigen Hilfsangebote zu bedanken, war die Konferenz bereits beendet, alle hatten den Sitzungssaal verlassen, waren zu Mercedes und Bundesbahn geeilt. Peter Bink und Brigitte Detzscher stürmten in vollem Sicherheitsornat herbei, um den Raum nach versteckten Bomben abzusuchen. *Da habbdor widder zähn Minuudn längor gequaddord, als wie uffm Blane schdehn duhd. Noja, Wessis ehmde. Geene Tißzibblihn*, faßte Peter die Konferenz zusammen und scheuchte mich hinaus: *Mir genn geene Vorwandtn*. Als ich *Trabba* abgeholt hatte und am »Haus des Deutschen Dudens« im Stau stand, blinkte es vom Dach »Sippschaft.« Keine Sippschaft. »Sippschaft«. Keine Sippschaft. Ich dachte, daß nach zehn Sekunden »Sirup« kommen würde, es kam aber irgendwas mit »Siracusa« oder »Sirene«. Genau konnte ich es nicht mehr lesen, denn die Ampel zeigte Grün, und hinter mir hupten Autos. *Ohdr daadn se huubnd hubbm?*

Weiter trug mich die vom geschmeidigen Benzin-Öl-Gemisch getriebene *Trabba*, diesmal in den hohen Norden, der aber ebenfalls Westen war. Deutsche Einheitsfeiern rauschten in allen Gauen. Und überall wollte man einen Vertreter der Jubelländer begrüßen, wie die jungen Bundesländer von einem Randsachsen namens Dr. Günther Krause liebevoll-scharfzüngig genannt wurden. Doch erst in urwüchsiger Landschaft voller Bäume hielt meine brave *Trabba* schnaufend an:

Im Sachsenwald

Von Schwarzenbek und Rotenbek gleichermaßen achtunggebietend entfernt, sich nur mäßig an Reinbek anlehnend, wächst eine kräftige Wurzel meines Volkes. Ihr konnte ich mich endlich nähern. Der Hamburger Sachsenwaldverein richtete in diesem Jahr am Fuße eines gewaltigen Mausoleums die Einheitsfeier aus. Und zum ersten Mal in der vierzigjährigen neueren Geschichte des Vereins hatte man Sachsen geladen. Darunter auch sieben Sachsen aus den sieben wichtigsten Städten meiner Heimat. Aus Leipzig war dessen zu Hannover gebürtiger Oberbürgermeister herbeigeeilt. Aus Dresden kam Frau

Ingrid, eine echte Präsidentengattin, leider nicht direkt in Dresden geboren, dafür aber den Verein für autochthones Sachsentum leitend. Chemnitz hatte seinen Finanzdezernenten geschickt, Dr. Beislinger, einen hilfsbereiten Schwaben. Zwickau war mit dem Theaterintendanten Johann Wolfgang Peymann, zuvor Stadttheater Coburg, vertreten. Görlitz hatte die Vizevorsitzende der Mittelschlesischen Landsmannschaft, Annamaria Korcsekrescekowiatowski, die lange Jahre die sudetendeutsche Landsmannschaft in Niederbayern geführt hatte, entsandt. Aus Bautzen kam der Korrespondent von Antenne Sachsen, DJ Charly, der das allseits aufgeweckte Radio Charivari in München mit einigen Finanzproblemen konfrontiert hatte und nun mitten in der Lausitz für bayerische Gerichte relativ unerreichbar blieb. Plauen war durch deren Spitzenkönigin, Gattin des niederrheinischen Textilmanagers Klaus von Halbersshaussen, die anmutige Dorle von Halbersshaussen-Zwintzscher vertreten. Wir in Ainitzsch hatten leider keinen Altbundesbürger zur Verfügung. In Frage kommende Aufbauhelfer mußten heim zu Haus, Weib und Kind. So hatten Rainer Schwarz und Stefan Schwartze schweren Herzens mich mit der Aufgabe betraut, beim Festumzug durch den Sachsenwald Ainitzsch zu repräsentieren. *Wennde ehma im Wesdn bisd, guggsde beim Saggsnwaldummzuch ooch noch vorbei*, hatte Rainer vertraulich am Telefon gesagt und war zum sächsischen Staatsempfang ins Schloß Bellevue abgerauscht.

Der dritte Oktober, seit 1990 traditioneller *Tag der deutschen Einheit mit sächsischer Beteiligung*, wurde also diesmal von Hamburg ausgerichtet – das sich dazu allerdings aus symbolischen Gründen Amtshilfe von Schleswig-Holstein erbeten hatte. Denn die Festregion, der aus deutsch-sächsischen Eichen, deutsch-sächsischen

Buchen und deutsch-sächsischen Linden bestehende Sachsenwald, lag schon immer außerhalb der Hamburger Grenzen, direkt im Zugriff solcher verdienstvoller Persönlichkeiten wie Björn Bürschel und Uwe Angstholm, den Organisatoren des diesjährigen Sachsenwaldumzugs.

Je näher ich der Weihestätte kam, desto dichter wurde der Autoverkehr. Doch rings um den Sachsenwald hatte man großartig plane Betonflächen geschaffen, auf denen sich Auto an Auto schmiegte. Mit freiem Wagen auf freiem Grund zu stehn; ich war dem vorläufigen Endziel meiner Expedition ins Westreich nahegekommen. Überall hatte man Schilder aufgestellt: »Zum Mausoleum der deutschen Einheit besteht Pendelverkehr.«

Ich pendelte in einem großen Bus, der mit Sachsen aller deutschen Länder angefüllt war. Sogar einen Freistaatsachsen hörte ich heraus, nämlich den Busfahrer, der mit den kernigen Rufen, zu denen mein Volk fähig ist, die Bürger zu noch engerer Einigkeit aufrief: *Riggd emma zamm, ihr Rummblrussn!*

Am Mausoleum, das großen Sachsen der Weltgeschichte gewidmet ist, vor allem einem gewissen Fürst von Bismarck, hielten nette Hostessen Schilder mit Ordnungsprinzipien hoch. Ich gesellte mich zu den »Sieben Sachsen (Freistaat)«. Ingrid aus Dresden und Frau Dorle, die Spitzenkönigin aus Plauen, waren schon in angeregte Gespräche vertieft. Der Chemnitzer Finanzdezernent und der Zwickauer Theaterintendant kannten sich aus früheren Rechtshändeln und führten sie hier weiter. Die Görlitzer Schlesierin aus dem sudetendeutschen Bayern hatte mit Leipzigs OB ein vertrauliches Gespräch in hannoverschem Tonfall, und DJ Charly aus Bautzen sprach sich ganz allein warm, um seiner Antenne Sachsen, einen exklusiven Leif-Bericht zu liefern: *Wir von Andtenne*

Zackssen zind keschbannddt, wie zich unnzere zäckzischen Verdreddter hier schlaaken werddten. Es kann nur krooßarddtick werddten! Jeäah!

So kam es, daß einer der Zeremonienmeister, Björn Bürschel, sich mich zwecks Glücksbringung – Scherben! – herauspickte. Ich bekam ein Tablett voll sächsisches Porzellan (Meißen), das ich am Mausoleum ausstreuen sollte. Aber, schärfte er mir ein, erst wenn der Höhepunkt erreicht ist. Nach dem Vorbeimarsch aller Bilder am Mausoleum. Ihr bildet als »Sieben Freistaatsachsen« die Nachhut, und Sie sind die Vorhut der Nachhut, gebot er mir.

Dann formierte sich der Zug, und wir sahen zunächst dem Aufbau der Bilder zu. Voran die Friedrichsruher Sachsenwaldgarde, die ihre Uniformen vor hundert Jahren von den sächsischen Ulanen in einem Raufhandel erobert hatten. Bunt gemischt folgte eine gewaltige farbige Koalition aus Schwarzen- und Rotenbeker Haufe. Dem schloß sich der Schwertspießverein an, Bürger, die die Tradition des »sachsa«, des germanischen Kurzschwertes, pflegten. Es folgten Bilder aus der deutschen Geschichte: Niederwerfung der Sachsen unter Herzog Widukind und Schleifung ihrer heidnischen Kultsäule; Markgraf Gero, der die wendischen Fürsten durch nordische Giftlist beim Gastmahl besiegte; August der Starke, unablässig Hufeisen biegend – zur Darstellung dieser Figur hatte man den sächsischen Boxweltmeister Henry Maaske aus Frankfurt an der Oder gewonnen –; eine Abordnung polnischer Bauarbeiter zu kundenfreundlichen Anbieterpreisen verkörperte sodann den Verbund der sächsischen mit der polnischen Königskrone. Hamburger Fischhändler sponserten eine gewaltige Darstellung der Völkerschlacht bei Leipzig, weshalb die französischen Kämpfer als Fische kostümiert, die siegreichen

Preußen, Russen und Österreicher aber mit Angeln, Haken und Netzen ausgestattet worden waren. Große Friedfische, zur industriellen Verarbeitung ungeeignet, symbolisierten die königs- und napoleontreuen Sachsen.
Die Erfolge des sächsischen Sports wurden unter fünf olympischen Ringen versammelt, hier allerdings nur in grün und weiß gehalten. Fotos von Karin Janz, Heike Drechsler, Waldemar Cierpinksi, Roland Matthes und Jens Weißflog schwankten über den Körpern weißgrün gekleideter Turngardler. Die Lessing-&-Karl-May-Gesellschaften Sachsens trugen Silberbüchsen, Hamburgische Dramaturgenflinten und Winnetous Kopfschmuck. Die Richard-Wagner-Disko hatte auf Motorrädern großartige Laserlichtspiele aufgebaut. Ein kulturvolles *Zickezackezickezacke hoihoihoi* erfüllte die Luft.
Bild auf Bild folgte und wurde vom riesigen Tor des gewaltigen Mausoleums geschluckt.
Die Reihe kam an uns ... Die sieben Freistaatsachsen wurden auf ein Schild gehoben und führten symbolisch ihre Tätigkeiten zum Wohle des Freistaates aus: Der Oberbürgermeister Leipzigs füllte in einem fort Förderanträge aus. Frau Ingrid deutete durch zierliche Trippelschritte bodenständige sächsische Tanzkunst an. Der Finanzdezernent nahm Solidarbeiträge mit zwei großen Beuteln, so den Beuteldeutschen vorstellend, entgegen. Spitzenkönigin Dorle klöppelte, daß es eine Lust hatte. Johann Wolfgang Peymann sprach wie der originale Theaterdirektor Striese *Dor Rauhb dor Sabinjerünnen*. Anna Korcsekrescsekowiatowski schwelgte mit bloßen Armen in einem Schlesischen Himmelreich, und DJ Charly strahlte als Antenne Sachsen wie ein Leuchtturm vor der sächsischen Küste.
Ich schritt bedächtig vor dem riesigen Schild mit den sieben sächsischen Tugenden einher und streute das

Meißner Porzellan wie angewiesen auf den Weg, den die sächsische Symbolik nahm.

Wir durchschritten nun das große Tor des Mausoleums. Elektronische Fackeln erleuchteten das Innere nur schwach. Ein gewaltiger Granitkopf verlor sich im Halbdunkel der Decke, über dem ich zu entziffern glaubte: »Den sächsischen Völkern Deutschlands – Wladimir I. Fürst Bismarck.« Die Richard-Wagner-Disko jubilierte, und ich warf die meißnischen Porzellantassen dem gewaltigen Kopf vors markige, gekerbelte Kinn. Knirschend schritten die Symbolträger darüber hinweg, und es wurde wieder hell. Wir hatten das Mausoleum verlassen. Björn Bürschel und Uwe Angstholm sammelten die Festelemente ein, und wir begaben uns zum traditionellen Quarkkeulchenessen des Sachsenwaldvereins.

Anderntags kaufte ich mir die »Hamburger Morgenpost«. In einem großen Eigenbericht stand mein Beitrag wie folgt beschrieben: »Besonders eindrucksvoll anzusehen der Marsch der sieben Freistaatsachsen über schwungvoll zerschlagenes Porzellan mit Rosenmotiven. Sächsische Anmut und sächsische Traditionsverbundenheit gelangten, hier gleichsam von einem Sämann mit kräftigen Armen der Erde anvertraut, zu harmonischer Symbiose. Über Rosen und Scherben, durch Glück und Hoch-Zeit, zu neuen und blühenden Ufern – so soll und wird und muß die Zukunft aussehen.«

Oft meint das Leben es gut mit mir, doch gelegentlich muß ich einen Verlust anzeigen.

Von meiner Seite gerissen wurde *Trabba*. Mit vollem Tank. Ein großes, gelbes Auto mit Rundumleuchte transportierte sie ab. Doch da sah sie bereits sehr verändert aus.

Es war auf dem Autobahndreieck Nürnberg-Feucht. Ich wollte nach Begegnungen in Idar-Oberstein, Mannheim und Friedrichsruh/Sachsenwald die geliehene *Trabba* jenen Frauen und Mädchen, die auch den Namen Zwintzscher tragen, zurückgeben, doch eine Stockung im Verkehrsfluß . . .

Trabba stand dazwischen. Weibliche Wesen werden im Leben zu oft zerrieben. Vor mir hielt ein russisches Robustauto, ein Lada, verkehrsbedingt. Hinter mir bremste ein BMW. Zu spät. Zunächst wurde *Trabba* hinten ein Stück zusammengepreßt. Dann wurde sie nach vorn geschoben und somit auch an der Front heftig verkürzt. Ich stieg unverletzt aus jener hochkantigen Scheibe, die einst *Trabba* geheißen hatte.

Es gab Versicherungsgeld. Tausendfünfhundert. Doch was nützt das Geld, wenn Erinnerungen zwischen russischem Rabaukentum und bayerischer Hochtechnologie plattgedrückt werden?

Statt einer funktionierenden *Trabba* übergab ich meiner Exfrau Rita Geld. Eine Ex-Trabba in Scheinen. Aus einer dreidimensionalen, sinnlichen Angelegenheit war eine zweidimensionale, pekuniäre geworden. War dies das unwiderrufliche Ende? Ich nahm den Ainitzscher »Wartburg« im Empfang und verbrachte ihn ohne weiteren Aufenthalt in die Heimat. Hier aber erwartete mich noch Aufregenderes:

Räuber und Schambambel mit Dr. Schneider

Das Ainitzscher Landratsamt war mit Leben erfüllt. Das lichtdurchflutete Sparkassengebäude am Markt war von Geschäftigkeit durchdrungen. Mit Leben erfüllte und geschäftig durchdrang ich sogleich den *Ausschuß zur Bekämpfung Unsolidarischen Verhaltens* und verschickte an Graus, Konrad, Schußter-Schneider, Dr., Schiller, Leonhardt, Zündener, Alice, Macheleidt, Maria, und die übrigen Mitglieder meines Ausschusses eine Ausarbeitung, betitelt: »Leben zwischen Mahlsteinen – Solidarität gegen zweiseitigen Druck.«

Wer aber begegnete mir auf dem Wege zur Post? Exakt am lichtdurchfluteten Sparkassenhauptgebäude Ainitzschs? Dr. Juergen Schneider, jener Aufsichtsrat aus Idar-Oberstein, dem Edelsteinstädtchen am silbernen Band der Nahe. Knapp teilte er mit, daß er hier zum Sparkassendirektor berufen worden sei, denn, nicht wahr, fähige Geldmanager, das sei es, was der Osten jetzt brauche. Sachsen, ein Edelstein, den es zu schleifen gelte. Würde ich dies nicht auch meinen? Sprach's und eilte weiter. Hinter ihm aber schritten unauffällig zwei Herren in unauffällig hellen Mänteln.

Die Zeiten liefen weiter und mit ihnen die Zinsen.

Landrätin Macheleidt führte einen unerbittlichen Kampf um die Zusammenlegung aller Sparkassen im Großkreis. »Ein Großkreis – eine Sparkasse – ein Direktor«, so ließ sie von ihrem Pressesprecher ausführen. Inoffiziell fügte der Sprecher die offizielle Meinung der Landrätin hinzu, daß Ainitzscher Einrichtungen von Ainitzscher Bürgern geleitet werden müßten. Manche Leute von außerhalb kämen arrogant und anmaßend daher: außen Edelstein und innen faules Holz. So des Pressesprechers populistischer Vergleich.

Damit Sie die Dramatik der kommenden Ereignisse verstehen, will ich noch betonen, daß ein uralter Ainitzscher Zeitvertreib das Räuber-und-Schambambel-Spiel ist. Ich hatte es mit Christel Ahnert, Peter Bink, Brigitte Detzscher, Klaus Ehlert ... Sie wissen schon. Die Räuber sind immer die Guten und Gesetzlosen, die Schambambel die Bösen, die Vertreter der Staatsmacht.

Hatte sich jetzt aber nicht alles, alles gewendet?

Als ich in Sachen Ausschußsitzung an einem milden Frühlingstag den Weg zum Landratsamt nahm – ich ging fürbaß und pfiff das Lied von den Ainitzscher Räbchen, in welchem es nach einem Pfeiftriller heißt, daß nicht jeder Hanswurst ein Ainitzscher Räbchen sein könne –, sah ich erstaunlich viele mir unbekannte Menschen in gleicher Richtung gehen. Schreiten. Marschieren. Der Parkplatz vor dem Landratsamt war mit grünen, stabil aussehenden Fahrzeugen blockiert, und ich vermutete eine Automobilausstellung mit Cross- und Landrover-Fahrzeugen. Unsere pfiffige Landrätin gebar doch immer neue Ideen, die Attraktiviät des Großkreises Ainitzsch zu erhöhen ...

Kaum aber hatte ich das Amt betreten, rasselten plötzlich Scherengitter herab. Rote Warnleuchten blinkten, Getrappel auf allen Gängen. Eine Lautsprecherstimme verkündete: *Vorlassn Se de Gänge, gehn Se inde Zimmor, warden Se weidore Anweisungen ab! Einsaddsgrubbe dor Deudschen Volgs- äh Säggsschen Schdaadsbollezei!*

Ich klopfte beim nächsten Zimmer an. Da kein »Herein« erscholl, blieb ich wartend stehen. Eine Gruppe von Menschen, schwarze Kapuzen überm Kopf und Maschinenpistolen vorm Bauch, fegte über den Gang. Einer packte mich und schob mich ins Zimmer. Hier aber saß ein Truppe ebenso vermummter Gestalten, von denen mir eine befahl, mich auf den Boden zu legen. Die übrigen hockten vor elektronischen Kästen; große Bandmaschinen drehten sich; über Lautsprecher wurde soeben eine Telefonstimme verstärkt: Die Landrätin ist in Gewalt der SKZ – SparKassenZellen. Wir fordern: Keine Zusammenlegung. Keine Zusammenlegung von Sparkassen im Großkreis. Anschubfinanzierung jetzt! Die Landrätin ist in Gewalt der SKZ. Die Spar-Kassen-Zellen. Achtung, an alle Kleinsparer! Die Landrätin muß ihre zentralistischen Beschlüsse zurücknehmen!

Die Stimme kam mir bekannt vor ... Unter den Vermummten begann wildes Spekulieren: Ob die Landrätin überhaupt noch lebt? Wir sollten ein Lebenszeichen fordern. Vielleicht ein Ohr?

Quatsch, ein Ohr kann man auch von einer Toten abschneiden.

Sollen Sie uns erst mal einen Ohrring schicken.

Trägt die Landrätin überhaupt Ohrringe?

Ja, mischte ich mich ein. Lapislazuli in 333er Gold. Oder Freiberger Glimmerquarzit. Manchmal auch Johanngeorgenstädter Feldspat, in Silber gefaßt.

Wohärdn wissn Se souwas? Der Vernehmer legte einen vertraulichen Ton in seine Stimme.

Ich erklärte ihm unsere Verwandschaftsbeziehungen, meine langjährige Schulung unter Frau Macheleidts Leitung und wies darauf hin, daß ich die Stimme des Entführers vielleicht sogar kenne.

Wissmor selbor. Der Gerl iss uns doch uffgefalln, schonn wo der hierhergomm daad. Ä Abzogger. Ä Ehdlschdeinschiebor ausm Wesdn.

Ich fragte, ob sie etwa Dr. Juergen Schneider, ehemaliger Aufsichtsrat der Idar-Obersteiner Sparkassen und jetziger Ainitzscher Sparkassendirektor ...

Mir hamm alles uff Dounband. Der will unnsre Landrädin als lähmdn Ehdlschdeindransbord benuddsn. Abor mir fordern zur Sischerheed erschd ä Ohr. Sunnsd bewäschd sich hier nischde!

Ich gab zu bedenken, daß eine einohrige Landrätin nur dem politischen Gegner Munition liefern würde. Ob man nicht doch das Ohr inklusive Landrätin retten solle? Ich böte mich als Vermittler an, da ich sowohl Frau Macheleidt als auch Dr. Juergen Schneider gut kenne.

Halbe Sachn machn mir sowiesou nich. Endweder beede Ohrn oder geens! ließ sich der Chefvermummte vernehmen, gab dennoch sein O. K. zu meiner Vermittlerrolle und flüsterte mir den bisherigen Tathergang zu, wie ich ihn Dr. Juergen Schneider darlegen sollte. Ich bewahrte seine Worte in meinem Herzen und schritt ins Ungewisse.

Vor dem Dienstzimmer der Landrätin hatte man aus Sandsäcken eine Barrikade aufgebaut, von Vermummten bewacht. Ich wurde hindurchgeleitet und klopfte ans Zimmer, hörte Marias Stimme: Herein, wenn's kein Schneider ist!

Die Tür wurde aufgerissen, ich hineingeschoben; die Tür geschlossen. Im Zimmer saßen Maria und Dr. Juergen Schneider sowie zwei unauffällige Herren in unauffällig hellen Mänteln. Maria trug an beiden Ohren Johanngeorgenstädter Feldspat, in Silber gefaßt.

Herr Zwintzscher! rief Dr. Juergen Schneider erfreut: Endlich jemand, der mir vertrauen wird! Sie müssen doch wissen, daß ich nur aus besten und freien Stücken hergekommen bin. Erinnern Sie sich nicht an unser warmherziges Beisammensein im »Rebenschlössele«? Man hätte ja im Westen bleiben können. Nun wird mir hier so eine unappetitliche Geschichte untergeschoben. Mit einem Ohr der gnädigen Frau Landrätin. Obwohl ich natürlich beide Öhrchen der gnädigen Frau Landrätin entzückend finde. Doch ansonsten ist das eine völlig rechtsstaatswidrige Unterstellung. Wie soll ich da denn jetzt herauskommen?

Nur mit erhobenen Händen, zischte Maria: Sie Edelsteinschieber! Niemals wieder darf eine Sparkasse in meinem Landkreis von Ihnen ausgesaugt werden!

Aber ich will doch überhaupt keine Gewalt anwenden, sprach Dr. Schneider. Ich hebe meine Hände, sehen Sie, ich bin waffenlos, während Sie – galant lächelte er Maria an – mit den Waffen einer Frau kämpfen. Dabei klirrte er in zarter Verzweiflung mit edelsteingeschmückten Armbändern.

Empört fragte er mich: Wie kommt man überhaupt auf solche Ideen? Ich bin heute vormittag, nur von meinen beiden Geschäftsfreunden begleitet, hierher geeilt, um die Sparkassenfrage zu erörtern. Frau Macheleidt hat so aggressive Pressemeldungen ausgestreut, die wollte ich gern einvernehmlich ausräumen. Von Mann zu Mensch. Da beginnt hier plötzlich der militärische Terror. Das Zimmer wird mit Sandsäcken verbarrikadiert, so daß man nicht mehr rauskommt – gott sei Dank sind Sie jetzt da. Sie werden mir alles erklären.

Ich gab meine Erklärung ab: Die sächsische Staatspolizei hat alles abgehört. Leugnen ist zwecklos. Sie, Dr. Juergen Schneider, sollen geplant haben, Frau Macheleidt zu entführen. Als Entführungsbeweis sollte ein Ohr an die Behörde geschickt werden. Sie sollen weiterhin geplant haben, die Landrätin als lebenden Edelsteinsafe zu nutzen. Sie wollten die Macht über alle Sparkassen des Kreises. So haben Sie es am Telefon gesagt. Die Polizei hat alles auf Bändern und ist nun leider nicht mehr von Ihrer Friedfertigkeit zu überzeugen. Außerdem habe ich vorhin selbst gehört, wie Ihre Stimme über Lautsprecher kam. Sie haben etwa folgendes gesagt: Die Landrätin . . .

In diesem Augenblick kam aus der Gegensprechanlage auf dem Schreibtisch die mir schon bekannte Meldung mit der Stimme Dr. Juergen Schneiders: Die Landrätin ist in Gewalt der SKZ – SparKassenZellen. Wir fordern: Keine Zusammenlegung. Keine Zusammenlegung von Sparkassen im Großkreis. Anschubfinanzierung jetzt! Die Landrätin ist in Gewalt der SKZ. Die SparKassenZellen. Achtung, an alle Kleinsparer! Die Landrätin muß ihre zentralistischen Beschlüsse zurücknehmen!

Dann knackte es. Stille. Dr. Juergen Schneider schaute ganz verdattert: Aber ich habe doch gar nichts gesagt, jetzt. Wieso habe ich jetzt hier drin – er wies verzweifelt auf die Gegensprechanlage – was gesagt . . .

Ich verzichtete darauf, ihm zu erklären, daß dank moderner Elektronik jede Stimme täuschend echt nachzubilden war. Er würde in U-Haft genügend Zeit haben, darüber zu sinnieren. Ich hatte meine Arbeit getan. Ich war rechtschaffen müde. Ich ging mit schwer herabhängenden Armen nach draußen und sprach: *Schungs, gönnd neigomm.*

Der Sturm war unblutig, nur Marias Kaffeetasse ging zu Bruch.

Dr. Juergen Schneider wartet nun auf seinen Prozeß. Bevor alle Tonbänder gerichtsbestätigte Beweismittel sind, werden die Sparkassen viele Zinsen auszahlen müssen. Es werden Tonbandgutachten und Gegentonbandgutachten verlesen werden müssen. Ewiggestrige werden die Richtigkeit sächsischer Polizeibeweise überhaupt anzweifeln ...

Die Sparkassendirektoratsfrage ist mittlerweile geklärt. Sagt den Leuten, 's ist ein Ainitzscher, ließ die Landrätin verbreiten.

Übrigens bemerkte Maria am Abend nach dem Sturm, ich hätte meine Sache gut gemacht. Jetzt aber müßte sie unbedingt probieren, ob sie noch rote Ohren bekommen könnte. Möchte ich nicht wieder mal privat bei ihr vorbeischauen?

Die offiziellen Sitzungen meines *Ausschusses zur Bekämpfung Unsolidarischen Verhaltens* fanden meist in Berlin, gelegentlich auch in Dresden statt. Arbeitstagungen aber berief ich nach Ainitzsch ein. Hier, am Strande der Zschopau, zwischen den mir vertrauten Fichten und dem historischen Monarchenhügel war das Klima einer intensiven Aufarbeitung dienlich. Im Heimatbürocenter hatten wir ergonomisch einstellbare graue Sessel und eine sanft summende Klimaanlage. Kein neugieriger Pressemensch störte, sondern nur ein einzelner gewogener Korrespondent berichtete objektiv über Fälle, mit denen wir uns beschäftigten. Wir konnten ohne Eile das Negative an unsolidarischen Verhaltensweisen herausarbeiten und das Positive an unserer Methode der Bekämpfung darstellen.

Wenn bis heute der Ausschuß nicht ins Gerede gekommen ist, so hat das viel mit unserer sachlich-sächsischen Arbeitsweise zu tun. Andernorts verzerrten Schuldzuweisungen die Wahrheit. Mein ehemaliger Flaggenhisser Manni Schdollbe mag als Beispiel dafür herhalten, falls Sie die Presse verfolgt haben. M. Abraham Böhme, von dem sich endlich auch Ursel Kriwacz abgewandt hat, ist ein anderer bemitleidenswerter Fall. Er schickt uns noch immer handschriftliche Briefe, in denen er seine Unschuld beteuert. Er habe niemals beim Räuber-und-Schambambel-Spiel in den Ainitzscher Fichten einen gewissen Peter Bink überredet, Mauerschütze zu werden.

Noch immer möchte Ursel ihm so gern glauben ...

Unsere Aufarbeitung der Bäcker-Weidenhammer-Akten hingegen zeigt, wie prinzipienfest, aber ausgewogen, es im *Ausschuß zur Bekämpfung Unsolidarischen Verhaltens* zuging.

Kurzer Beweis von Freudenspenden und Trauerarbeit

Die inoffiziellen Sitzungen nannten wir auch Täter-Opfer-Gespräche. Ursel bereitete sie immer liebevoll vor. Zur Beruhigung wurden indische Räucherstäbchen gezündet. Es gab RONDO-Kaffee, das beliebteste Getränk aus jener Zeit als Sachsen zur DDR gehörte. Dazu brachte Ursel selbstgemachten ROTPLOMBE-NÄHRMITTEL-WERKE-Pudding mit. Konrad Graus, jetzt Sekretär der Filmvorführungsriege, nebenberuflich in einer Berliner Behörde Forschungsarbeit leistend, kam, wie er betonte, extra diesen Puddings wegen nach Ainitzsch. Jedesmal trug er außerdem neue, aufsehen- und gelegentlich grauenerregende Aktenfunde bei sich.

Dr. Schneider-Schußter sprach in unseren Sitzungen am längsten, denn er mußte sich rechtfertigen, daß ihm, als hessischem Bürger, die Stasi sämtliche Akten verwehrt oder sie vernichtet oder solche gar nicht erst angelegt hatte. Leonhardt Schiller wurde während der Sitzungen oft mit dem Operativen Vorgang »Walter Ulbricht« konfrontiert – vor zwanzig Jahren war der damalige Ehrenvorsitzende der SED mit Hilfe digital verborgener Wege und Winkel in ein vorzeitiges Ende gesteuert worden. Leonhardt Schiller hatte das, ähnlich wie übrigens auch ich, der ich meine Verwicklungen darein andeutete, bereits während der Weltfestspiele geahnt und zeigte deshalb immer wieder neu Einsicht. Er kam getreulich in unseren Ausschuß, trotz vorher und nachher auftretender Alpträume, um reifes Schuldbewußtsein zu demonstrieren.

»Der Dresdner demokratische Basistechnologe Schiller«, schrieb unser Ausschußkorrespondent einmal, »beweist mit seiner ganzen Gestalt, daß auch selbstquälerische Täter zu sinnenfrohen Opfern werden können, wenn sie bei RONDO-Kaffee endlich einmal wirklich bekennen, daß sich das Gute in sie nie konsequent zu Ende zu denken wagten.«

Doch nicht alle wurden von Ursels RONDO-Kaffee und ihren indischen Räucherstäbchen zu Ruhe und Einkehr gebracht. Alice Zündener, ein äußerst aktives Ausschußmitglied, brachte zu unseren Sitzungen jeweils druckfrische Kopien von Papieren der ehemaligen Frauenkontrollkommission mit, die bewiesen, daß Inge Lange, heimliche Feministin der DDR, rund um die Uhr von ihrem Ehemann (IM »Tolstoi«) und ihren Kindern (IM »Koschka« und IM »Jatja«) überwacht worden war. Uns anderen ging dieser weibliche Eifer etwas auf die Nerven, aber wir zeigten uns statutengemäß auch mit Alice Zündener und Inge Lange solidarisch.

Mein Bruder Diddi mitsamt seiner Frau Verena, die zunächst viele Sitzungen ignoriert hatten, kamen eines Tages doch. Frau Verena betonte zunächst, daß sie nur einfache Lehrerin wäre. Sie konnte folglich eigentlich irgendwie nichts Direktes gewußt haben. Ich konfrontierte Diddi, ungeachtet unserer verwandtschaftlichen Bindung, mit jenen Funden aus der Bäcker-Weidenhammer-Akte, in denen es um Diddis Mitgliedschaft in der den damaligen Staat ablehnenden Jungen Gemeinde Ainitzsch (JGA) ging:

»Der Dietrich Gustav Z. (Rufname unterstrichen), der bezeichnenderweise bei Bäcker Weidenhammer Brötchen zum Preise von fünf Pfennigen kauft, hält hartnäckig an seiner Kernmitgliedschaft in der kirchenterroristischen Diversionsgruppe ›Junge Gemeinde Ainitzsch‹ fest. (Inoffiziell wurde bekannt, daß die JGA von RIAS, Ostbüro und Stimme Amerikas gesteuert, finanziert und ausgewertet wird.)

Es ist bisher nicht gelungen, die verfestigten sozialismusfeindlichen Positionen des Z. aufzubrechen.

Quelle: IME ›Pastor Breithaupt‹.

Information erhalten: Major Rohrbach/Oltn. Schrodetzki. 12. 10. 1966.«

Das stimmt nicht! rief Diddi erregt. Zu jener Zeit hatte ich schon einen Aufnahmeantrag in die SED gestellt!

Da wir solches Nichtwahrhabenwollen schon häufiger erlebt hatten, blieben wir ruhig, schenkten RONDO nach und entzündeten ein weiteres indisches Stäbchen.

Diddi aber hatte sich vorbereitet: Hier – er winkte heftig mit einem verblichenen, gelben Durchschlagpapier – hier ist der Beweis, da steht: »In Vorbereitung des 17. Jahrestages unserer Republik stelle ich den Antrag auf Aufnahme als Kandidat in die Sozialistische Einheitspartei Deutschlands.

BEGRÜNDUNG: Die bisherige stürmische Entwicklung unserer Republik und mein eigenes Studium der schöpferischen Ideen von ...« – bitte, lest die Begründung. Abgegeben am 26. September 1966. Da bin ich schon über ein Jahr nicht mehr in diese Junge Gemeinde gerannt!

Konrad Graus, eiskalter Logiker, stellt sachlich-ruhig fest, ein solcher Durchschlag beweise zunächst nichts. Die Stasi-Akten seien gestempelt, damals wie heute durchnumeriert worden und erst unlängst mit dem Kopievermerk der Behörde versehen. Auch seien sie nur solchen Forscherkollektiven, Verzeihung Teams, wie der weithin bekannten Literarischen Untersuchungs-Gesellschaft (LUG) »Udo Jürgen Scheer« zugänglich. Irgendwelche SED-Akten könne jeder hervorkramen, zumal auf gelbem Durchschlagpapier. Offensichtlich wolle der Herr Zwintzscher nicht einsehen, daß auch fast dreißig Jahre alte Akten durchaus die heute notwendige Wahrheit zeigen könnten.

Dr. Schneider-Schußter hob zu einem längeren Exkurs an, daß, wenn es die Aktenlage so darstelle, Herr Zwintzscher als Parteigänger der Jungen Gemeinde gelten müsse. Ja, daß man nach den offensichtlich gründlichen Recherchen von Major Rohrbach/Oltn. Schrodetzki davon ausgehen müsse, daß er zu RIAS, Ostbüro und Stimme Amerikas Verbindungen gehabt haben müsse. Möglicherweise seien ihm dieselben damals nicht bewußt geworden. Das mache ihn aber objektiv nicht schuldfrei. Ein Grundsatzurteil des Obersten Gerichts habe zweifelsfrei festgestellt, daß die fehlende Bewußtmachung der Strafbarkeit einer Handlung dieselbe nicht in den Rang unabdingbarer Straffreiheit höbe. Diesem Rechtsgrundsatz entspräche auch der Volksmund durch seine bündige Formulierung: »Dummheit schützt vor Strafe nicht.« Mildernd müsse man jedoch in Betracht ziehen, daß die frühere Strafbarkeit von Kontakten zu RIAS, Ostbüro und Stimme Amerikas heute eher als unsträflich, wenn nicht gar als vorbildlich gelten müsse, so daß bei Heranziehung aller Beweisumstände ein typischer Fall von ausgewogener Strafabsehung infolge historischer Unvergleichbarkeit vorläge – volkstümlich und in der Sprache des hiesigen Volkes ausgedrückt: *Ä weng Obbfer unn ä gleenes bissl oo ä Dähdor.*

An dieser Stelle sparte der gesamte Ausschuß nicht mit spontanem Beifall für den tapferen Versuch Dr. Schneider-Schußters, sich in die hiesige Ausdrucksweise hineinzudenken.

Dr. Schneider-Schußter führte aber weiter aus: Daß der in Rede stehende Herr Zwintzscher, Dietrich Gustav (Rufname unterstrichen), gleichzeitig privat einen Aufnahmeantrag in die SED gestellt hat, sei rechtsstaatlich ohne Belang für die Beurteilung seiner Tätigkeit durch die Stasi in den Aktenfunden. Es muß als glaubhaft gelten, daß die Schriften einer Geheimbehörde ein höheres Rechtsgut darstellen als die jedermann zugänglichen Papiere aus welcher historischen Epoche auch immer.

Aber ich bin damals schon lange nicht mehr in die Junge Gemeinde gegangen, beharrte Diddi, mit einem Anflug von *Gniedschichgeed*. Zu der Zeit hatte ich schon Verena kennengelernt. Gell Verena? Dein Vater war doch in der CDU. Sogar Abgeordneter. Der sah das gar nicht gerne, was wir da in der Jungen Gemeinde trieben. Das sei, hatte er damals gesagt, gegnerisch. Ich solle lieber öfter zum Gottesdienst gehen. Das wäre unverfänglich. Er als CDU-Gemeindevertreter würde zum Beispiel die Beatmusik und die langen westlichen Haare in der Jungen Gemeinde ganz klar ablehnen.

Ich bin dann einfach weder zum Gottesdienst noch in die Junge Gemeinde gegangen, sondern habe aufgrund der bisherigen stürmischen Entwicklung unserer Republik und meinem eigenen Studium auf Grundlage der Ideen von . . . ja . . .

Verena, die bisher still in der Ecke gesessen hatte und den Vortrag Dr. Schneider-Schußters besorgt verfolgt hatte, warf ein, daß sie als Lehrerin das alles ja überhaupt nicht gewußt habe. Sie sei doch absichtlich dumm gehalten worden. *Beloochn unn bedroochn, die Schwaine, die*, brach es aus ihr heraus.

Sie schluchzte klar und eindeutig, und Diddi versuchte

ein eheliches, kumpelhaftes Mitschluchzen. Ursel fiel solidarisch ein, und auch Alice Zündener wollte bei der Trauerarbeit nicht zurückstehen.

Leonhardt Schiller verlautbarte verlegen, daß die Akten manchmal ganz gräßliche Abgründe offenbarten. Dem hätten wir uns aber zu stellen. Auch wenn unser Blick tränenverschleiert sei, müsse er doch klar bleiben.

Dr. Schneider-Schußter merkte an, daß psychische Belastungen aus objektiven, ferner rechtsstaatlich unbedenklichen Gründen in allen Urteilsfindungen berücksichtigt werden könnten und müßten.

Wir gingen nach Genuß einer neuen Portion RONDO-Kaffee und einer letzten des köstlichen ROTPLOMBE-NÄHRMITTELWERKE-Puddings zur Aufbereitung des nächsten Falles über. Davon aber werden Sie mittlerweile ohnehin in der Presse gelesen haben. Demzufolge muß ich diesen jetzt nicht mehr, wie wir sagen: *breedlaadschn*.

Durch meine Auftritte zwischen Idar-Oberstein, Sachsenwald und Mannheim, durch die erfolgreiche Vermittlung im Entführungsfall unserer Landrätin und die Arbeit im *Ausschuß zur Bekämpfung Unsolidarischen Verhaltens* mit den Bäcker-Weidenhammer-Akten war ich ganz zwangsläufig in die Auswahl für Talk-Shows gekommen.

Deutsche Talk-Shows müssen mit einem festen Stamm von etwa fünfzig Prominenz-Gästen disponieren. Hinzu kommen ungefähr hundert flexible Darsteller, die wahlweise Alkoholiker, Huren, Geisterbeschwörer oder unkenntlich gemachte IM's, Peitschenledersammler und Anurophile vorzuführen haben. Somit wird jedes neue Gesicht von den Programmverantwortlichen begeistert begrüßt. Doch auch bei Talk-Shows ist die technische Entwicklung unaufhaltsam, wie ich feststellen konnte:

Im Innern der Talk-Show

Den Ärger mit den Talk-Show-Anforderungen hatte Ursel Kriwacz. Sie legte einlaufende Einladungen normalerweise immer zu je zehn Stück aufeinander, lochte sie und heftete sie bündelweise ab. Hatte sie gute Laune, meist am Montag, wenn sie einem nerventötenden Wochenende mit grausamen Fernsehprogrammen entronnen war, überflog sie die Einladungen. Fand sie Reizwörter, wie »Charme und Überzeugungskraft«, »sächsische Reputation« oder »zahlen wir weit mehr als den üblichen Honorarsatz«, so rief sie bei den Einladenden an, um freundlich abzusagen.

Nicht immer gelang ihr dies. Da die Organisationen oft ebenfalls talkshowgeschult waren, kam Ursel am Telefon selten zu Wort, und somit mußte ich gelegentlich dann doch wieder weit in den Westen reisen, denn die Gesprächsrunden fanden am Rhein, am Main oder in München statt. Ausnahme war ein gewisser Gesprächsmeister Böhme, offensichtlich nicht verwandt und verschwägert mit dem sächsischstämmigen M. Abraham Böhme, den ich übrigens in einer der Talk-Shows wiedertraf. Er sprach seltsamerweise russisch, behauptete, er hieße Hermann Kant und sei aus Königsberg, jetzt Kaliningrad, vor der Zwangskollektivierung geflüchtet.

Der andere Böhme, der Gesprächsmeister, residierte in Berlin, in einem Hotel. Ihm mußte ich übrigens in einer Runde gemeinsam mit allesamt gebürtigen sächsischen Bürgern, die Regina Thoss, Hildegard Knef, Angela Krauß, Stefan Heym, Arndt Bause, Gerhard Zwerenz, Erich Loest und Stephan Hermlin hießen, erläutern, wie der sächsische Wohlklang zustande kommt. Am besten schaffte dessen Demonstration jener ältere Herr names Heym, ein Bibelübersetzer, der den Unterkiefer vorschob, *unn de Schbraache rausloofn* ließ. Hermlins verzweifelte Versuche, zu sächseln, wurden hingegen mit Rücksicht auf die Gesundheit des indigniert dreinblickenden Mannes von Herrn Böhme mitleidig abgebrochen.

Bei den rheinisch-bayerischen Talk-Shows saß meist

ein festes Rednerkollektiv beisammen, dem ich zugesellt wurde. »Ganz besonders herzlich begrüßen wir heute auch Herrn – äh Zwintzscher aus Sachsen«, hieß es dort jeweils. Manchmal war ich auch der Herr – äh – Zwintzscher aus Thüringen, aus – äh – Anhalt, aus der jetzigen deutschen – äh – Lausitz oder den ehemals polnischen, seit dem – äh – Münchner Einigungsvertrag wieder zurückgegebenen Oder-Neiße-Gebieten.

Nach der jeweiligen Ankündigung mußte ich sodann lächeln bzw. einen lächelnden Beitrag leisten. Das wurde vor der Sendung geprobt. Auf der Videowand erschienen, während ich lächelte, Aufnahmen vom Paarungsverhalten sächsischer Zwerghühner, oder es wurde die Zubereitung von Thüringer Klößen vorgeführt.

Sehr angenehm aber verlief eine Talk-Show mit zwei charmanten Damen namens Margarethe Schreinemakers und Bärbel Schäfer sowie zwei Herren namens Thomas Gottschalk und Hans Meisenheimer. Die Sendung hieß »Das launische Forellenquintett«, und der Redakteur sagte uns, daß es ganz und gar launisch zugehen würde und sehr originelle Sprüche, quick wie Forellen, gemacht würden. Wir hätten uns um überhaupt nichts zu kümmern. Alles sei bereits getextet, und für mich hätte man einen echten niedersächsischen Mundartsprecher engagiert. Ich wand ein, daß ich das Niedersächsische leider fast gar nicht beherrschen würde, was dem Redakteur seinerseits ganz ganz heftig leid tat, aber man könne jetzt nicht mehr ändern. Mediengerechtigkeit heiße eben auch, Niedersachsen und Obersachsen zu einem Großen und Ganzen zu verschmelzen. Hauptsache Sachsen, schmunzelte er, es würde mir gewiß gefallen, man werde schon sehen, wir alle würden begeistert sein.

Wir wurden in ein sogenanntes Kon-Zimmer gebeten; man brauche immer nur einen von uns. In der Zwischenzeit könnten die übrigen vier Doppelkopf spielen oder auch Rommé; das sei uns ganz allein überlassen.

Wir taten wie geheißen. Während ich gewann, mußte Bärbel Schäfer ins Nebenzimmer. Als sie wiederkam und ich weiter gewann, meinte sie, es sei nicht weiter schlimm. Ähnlich sprach auch Margarethe Schreinemakers, übrigens eine ganz ganz zauberhafte Frau, die mich manchmal an unsere Landrätin erinnerte, als sie noch meine FDJ-Sekretärin war. Ich blinzelte ihr unser geheimes Kommandowort »Freundschaft« zu, und sie schüttelte mir sogleich die Hand, genauso heftig und von Herzen kommend, wie es damals Maria Macheleidt tat. Bevor ich weiter gewinnen und noch tiefer in wunderbare Erinnerungen versinken konnte, kam ich an die Reihe, denn auch Thomas Gottschalk war inzwischen zurückgekehrt und nickte mir aufmunternd zu, mit lausbübischem Charme, wie er seine Gestik und Mimik selbst auf verschmitzte Weise bezeichnete.

Ich wurde in einen angrenzenden, sogenannten Blauen Salon, geführt, der nichts enthielt als einen Drehstuhl voller Kontakte und salzlaugegetränkter Lederbänder. Die Wände waren mit Metallstangen, Weg- und Winkelrichtern, Scheinwerfern und sonstigem elektronischem Gerät ausgestattet. Ich wurde gefragt, ob wir in der DDR das Röntgen gekannt hätten, und nach meiner empörten Bemerkung, daß nicht alles bei uns schlecht gewesen sei, wurde mir beschwichtigend gesagt, daß ich jetzt auf dem Stuhl festgeschnallt würde und dann genauso wie bei einer Röntgenaufnahme handeln müsse. Luft anhalten, dieselbe in alle Gesichts- und Körperfalten fließen lassen – anhalten, anhalten – und dann ausatmen.

Ich tat, wie geheißen. Kaum hatte ich die Luft angehalten, blitzte, surrte und klickte es rings um mich los. Ströme durchpulsten mich auf nie gespürte Weise. Nachdem ich wieder ausgeatmet hatte, schnallte man mich los, sagte, es sei wunderbar gewesen, man habe alles im Kasten, ich könne wieder Rommé spielen gehen und solle Hans Meisenheimer hereinschicken.

Im Kon-Zimmer aber erlebte ich einen wütenden Hans Meisenheimer. Hatte ich zu hoch gegen ihn gewonnen? Er habe noch drei Sendungen heute aufzuzeichnen, schrie er, und er müsse sofort gehen. Wieso ausgerechnet er so lange warten solle? Sei er hier *dor Saggse* oder wären das vielleicht ganz andere? Sprach's und stürmte davon. Der Redakteur meinte, das sei nicht weiter schlimm, Hans sei ein prima Kerl, aber leider ein schlechter Verlierer. Man könne Meisenheimer auch aus uns vieren zusammenbauen. Die virtuelle Weg- und Winkelsteuerung nach dem Blue-Boxing-Principe mache es möglich.

Ich ging mit Thommy, Greta und Babs, wie wir uns jetzt nannten, noch in eine Bar, und wir haben uns ganz ganz wunderbar verstanden. Alle haben wir gemeint, daß es doch menschlich überhaupt keine Grenzen mehr gebe, denn wenn man gut drauf sei, seien Menschengrenzen vom humanen Standpunkt aus in direktem Sinne gar nicht mehr vertretbar.

In der Ecke der Bar hing ein Fernseher. Kaum hatten wir uns wirklich prima gefunden, wurde der Kanal mit unserer Talk-Show herangezappt. Dort fanden wir uns noch besser. Wir sahen voller Begeisterung an, was wir sagten, wie wir uns schlagfertig die Beine, rein sprachlich, wegsäbelten und Leberhaken austeilten und volle Fäuste fingen und in den Mann, also Babs und Greta, reingingen, und mit Links-Rechts-Kombinationen die politischen Verhältnisse auf den Kopf stellten, übers Herz durch die Brust ins Zentrum schossen, natürlich immer rein verbal gesehen. Ich war mit dem niedersächsischen Sprachlaboratorium, das mich synchronisierte, voll einverstanden, weil ich einfach gut drauf war und die Argumente mit viel Humor rüberbrachte, so von Mensch zu Babs und rein thommymäßig immer eine Handvoll Sand in Gretas Schuhen unterm Kiel bis in die Magengrube spürte.

Unsere Sendung wird bis heute wiederholt. Natürlich tauschen die Techniker gelegentlich die Sprachmuster aus, und die Bewegungsraster sind auch etwas modernisiert worden, und natürlich heißen wir auch nicht immer Babs und Thommy und Zwinnschy und Greta und Hans, der olle Meisenheimer, aber im Blue-Boxing-Principe ist alles geblieben.

Es brauste aber ein Ruf wie *Dunnorweddor* durch die Lande, von Niedersachsen bis zum Freistaat Sachsen, von der Sächsischen Schweiz bis zum Sachsenwald: Die Einheit muß deutlich werden!

Ein Symbol der Einheit sollte an die Spitze des Staates gesetzt werden. Nun hatten wir in Sachsen kein Problem damit. Der Freistaat wurde präsidial und ministeriell gut geführt. In aller Dreifältigkeit saßen der Gute Vater Kurt, rheinischer Sachse mit Merseburger Schulbildung und Leipziger Professur, neben seinem Zögling und jugendlichen Freunde Arnold Schlaatz, sächselnder Widerstandskämpfer mit vielen poetischen Adern aus dem Vogtland, beide umschlungen vom heiligen freistaatumfassenden Kampfgeist gegen Unsolidarisches Verhalten.

Die Deutschen aber hatten natürlich Probleme. Der Graben wird tiefer, die Mauer in den Köpfen wächst, hieß es. Ost und West mißtrauen und übervorteilen und vernichten einander. Drum brauchen wir einen gemeinsamen Überkaiser oder doch wenigstens einen König, zumindest einen Präsidenten, der die Einheit verdeutlicht. Und weil in Sachsen das einheitliche Herz schon immer am heftigsten *bubberde*, brach sich zunächst in der Führung der SPD – endlich dem unheilvollen Einfluß eines M. Abraham Böhme entronnen, obwohl ein gewisser Manni

Schdollbe bis heute eine große Rolle spielt – die Überlegung Bahn: Ein Präsident der deutschen Einheit kann nur aus Sachsen kommen.

Die Liberalen waren dieser Haltung etwas später zugeneigt, die Grünen meinten, sie könnten dafür sein, wenn eine vegetarische Präsidentin aus der Stadt des Widerstands, Leipzig, sich zur Wahl stellte. Schließlich hatte sich auch die Führende Christliche Partei zur Meinung durchgerungen: Ein Sachse muß die deutschen Stämme führen. Die *weesche säggssche Schbrache*, welche Versöhnung so *glasssch un glubbschisch nauswurschdln duhn gann*, könnte östlich-slawische Völkerschaften von unserem guten Willen überzeugen. Was König Otto, der Sachse, vor tausend Jahren begonnen hatte, könnte nun ein sächsischer *Oddo* vollenden: die Einheit deutscher Stämme im *guudn Sinne Saggsns*.

Die Präsidentenwahl

Wer aber sollte *dor Oddo* sein? Ein weltmännischer Sachse bot sich an, Konrad geheißen. Er stammte aus jener Gegend, wo Umgebindehäuser dem Fachwerkspezialisten das Herz höher schlagen lassen, wo man slawische Sorben und böhmische Tschechen gutnachbarlich vor der Haustür sitzen hat und wo man selbst ein guttural rollendes R tief in sich trägt, das gelegentlich hervorbricht und aus der Sprache das *wunndrrvullsde Wrrrwrrr* macht. Konrad aus der Oberlausitz. Er war einstens ins Schwäbische übergesiedelt, dort zum Künstler gereift, war in die hellen Lichter der Medien gerückt, bis ein Medium namens »Stern« seine Laufbahn grell überstrahlte. Finstere Machenschaften hatten ihm lange Jahre Haft beschert; er wußte, was es heißt, seinen Widerstandskampf abzusitzen; sein Nachname war übrigens Kujau.

Dieser Konrad Kujau hatte sich, gleich nachdem sein geliebtes Sachsen ihm wieder erlaubte, in der Heimat politisch tätig zu werden, im Vereinigten hinteren Ober- und vorderen Mittellausitzkreis um ein Landratsamt beworben. Doch die Bevölkerung war damals noch nicht reif für einen Konrad Kujau. Nun aber, da der Ruf nach einem neuen Präsidenten möglichst sächsischer Abkunft laut wurde, rief Konrad Kujau: *Immmrr berrreid!* Er kenne sächsisches Tüftlertum und schwäbische Sparsamkeit und verkörpere den Witz beider mental verwandter Völkerschaften.

Derweil war aber ein zweiter Kandidat aufgetaucht. Ein schmaler Mensch mit schmalem Kopfe, ein leiser Sachse, der gern hinter zugezogenen Gardinen das Treiben auf der Straße beobachtete. Ein gewisser Herr Heitermann aus Dresden. Er konnte überaus höflich den Diener machen. Diese Fähigkeit war vielen Bonner Christen aufgefallen. Sie sprachen immer wieder: Herr Heitermann, machen Sie doch noch mal einen Diener. Nur für uns. *Büttäh!* Und Herr Heitermann machte gern den Diener, und erstaunt riefen die Bonner Christen: Das sind Fähigkeiten, die bei uns längst als verschüttet gelten! Dort, im sächsischen Freistaat, aber haben sie sich erhalten! Ein solcher Mann wird der Welt zeigen, daß man in Deutschland zivilisiert, still, leise und vor allem höflich ist. Der Deutsche – Ihr Diener! Diener, Diener, Diener. Der Deutsche, kein Brüllkopp mehr, der sich vordrängelt, sondern ein Wesen, das still hinter den Gardinen abwartet, bis die Reihe an ihn kommt. Das wäre ein völlig neues, ein dienendes Deutschenbild!

Daß dieses Deutschenbild schon immer ein Sachsenbild war, konnten die Bonner Christen natürlich nicht wissen. Für das pralle Charisma des Konrad Kujau, des draufgängerischen Widerstandskämpfers, dennoch sparsam und tüftlerisch, würde es schwer werden.

Nun wurde nach Berlin ein Nominierungskonvent einberufen, zeitlich unmittelbar vor der Bundesversammlung gelegen, auf welcher der Präsident dann endgültig akklamiert werden sollte, eine Formsache, wie man's aus der Geschichte kennt. Auf dem Nominierungskonvent aber sollte der Hammer in diese oder jene Richtung fallen; Kampfabstimmung hieß es, Rededuell, absolute Durchleuchtung der Kandidaten.

Der Konvent wurde übrigens vom *Ausschuß zur Bekämpfung Unsolidarischen Verhaltens* ausgerichtet. Ursel Kriwacz organisierte blaue Hortensien und rote Anthurien für das Präsidium und besorgte eine große Anzahl indischer Räucherstäbchen, deren Rauch die glückliche Wahl anzeigen sollte. Konrad Graus wollte einleitend einen Film vorführen, Arnold Schlaatz Gedichte sprechen ...

Und alle, alle kamen: Dr. Schneider-Schußter mit den Gesetzesbüchern, Leonhardt Schiller mit einer anschmiegsamen Basis-Technologin. Lommatzsch-Dieter kam; Manni Schdollbe hielt sich im Hintergrund. Rainer Schwarz und Stefan Schwartze unterbreiteten Pläne für eine Heimatbürocenterkette in den Ländern des deutschen Ostens. Auch die Luxusfahrgastschiffe auf den Routen der Ostsee sollten Heimatbürocenterfilialen bekommen. Bis Helsinki, Stadt der Rettungskörbe, meinte Rainer Schwarz und lächelte nostalgisch, müßte der Arm der Heimatbüros reichen.

Die Presse, in üblicher Schlampigkeit, verwechselte seine Vorschläge natürlich. Man glaubte, er habe dem Ausbau von Goethe-Instituten das Wort geredet. So stand es dann in den Agenturmeldungen. Und schon ein paar Tage später flammte eine heftige Diskussion darüber auf, ob die Bringer Beethovens und Künder Goethes zugunsten, weltweit agierender Lessing-&-Karl-May-Gesellschaften zurückstecken müßten. Doch auf unserem Nominierungskonvent spielte das keine Rolle.

Zunächst stellten sich die Kandidaten vor. Der Ausschuß unterzog sie einem Kreuzverhör, und dabei brillierte natürlich Konrad Kujau. Er zeigte, wie mühelos er sämtliche Unterschriften aller deutschen Staatslenker aus dem Handgelenk beherrschte: Bismarck zauberte er auf eine Schreibtafel und Friedrich Ebert, Hindenburg und Hitler, Adenauer und Wilhelm Pieck. Als nächstes führte er vor, wie gut er die Diktion ebenjener Männer wiedergeben konnte, wobei er deren markigen Reden einen duftigen Teppich seines Heimatsounds unterlegte: Bismarck, der ostelbische Junker, sprach eine Spur verbindlicher als damals im Reichstag, *vlei ä bissl weeschor*, Hindenburgs Aufruf zum Gemeinsinn hatte etwas Geschmeidiges an sich, Hitlers rollendes r im *vorrsehenden Kämpferrrtum* kam dem *Wrrrwrrr* der Oberlausitz nahe, und Adenauer und Pieck hatten in Kujaus Darstellung viel mehr Gemeinsamkeiten, als der verdutzte Ausschuß glauben mochte. Es gab nach jedem Kabinettstückchen donnernden Applaus, und Kujau bat die Ausschußmitglieder schließlich, ihm geschichtliche Persönlichkeiten zuzurufen. *Augusd dor Schdarge*, schallte es ihm sofort entgegen, später dann Fürst Blücher, Friedhold Zentener, Richard Wagner, Walter Ulbricht. Alle gelangen ihm mit Bravour. Als Alice Zündener ihn aufs Glatteis führen wollte und darum bat, daß er doch die Feministin Inge Lange bewerten möge, so schickte er seine Stimme eine ganze Oktave höher und sprach sogleich von der Rolle der berufstätigen Frauen und der Vergewaltigungsversicherung, die vor Eheschließungen zu unterzeichnen sei. Die Herzen der Frauen im Ausschuß flogen ihm zu.

Herr Heitermann mit seiner eher schmal geratenen Glaubhaftmachung, daß er dem Volke ein guter Diener zu sein gedenke, hatte es natürlich schwerer. Doch dann kamen die Befrager auf die Stasi-Akten der Kandidaten zu sprechen. Konrad Kujaus Unterlagen, von denen sich übrigens Kopien in der Bäcker-Weidenhammer-Akte gefunden hatten, waren zweifelsohne von ihm selbst geschrieben, sieben Geheimkladden von Führungsoffizieren. Herr Heitermann aber konnte Bilddokumente vorweisen, wie er, schweigend hinter der Gardine mit Infrarotkameras fotografiert worden war. Die Stimmung kippte, kippte wieder, schwankte ...

Wir zogen die Sache schließlich durch. Versuchten verschiedenste Abstimmungsarten: Hammelsprung, Schäferrochade, verdeckte Handzeichen, offene Zettelwirtschaft – alle aber erbrachten ein Patt. Ein paar Mal hatte Ursel schon Räucherstäbchen gezündet, um den glücklichen Ausgang zu verkünden, mußte sie aber immer wieder löschen. Keiner der Kandidaten konnte die absolute Mehrheit auf sich vereinigen.

Als Ausschußvorsitzender zog ich mich daraufhin mit beiden in die Küche zurück, in der Ursel Kriwacz mittlerweile beim Kaffeekochen war. Ich beschwor die Kandidaten eindringlich, sich zu einigen. Doch der dröhnend sächselnde Kujau und der zartgliedrig flüsternde Herr Heitermann wollten nicht. Ich öffnete den Cottbuser Meldekorn, einen scharfen Geist für bestimmte Anlässe; Kujau griff sofort zu, Herr Heitermann mochte zunächst nicht, bis ich ihm sagte, daß dies auf Ausschußspesen ginge. Da begannen sie beide zu trinken und tranken immer noch eins; es wurde spät. Ursel hatte längst allen Kaffee ausgeschenkt, Konrad Graus mußte anderswo

Filme vorführen, Leonhardt Schiller verzog sich mit der eng an ihn geschmiegten Basis-Technologin. Manni Schdollbe hatte Termine; der Nominierungskonvent löste sich irgendwann gänzlich auf. Und noch immer tranken Herr Heitermann und Konrad Kujau Meldekorn, einen um den anderen ...

Sie wissen ja, wie die Sache schließlich ausging. Keinem der beiden gelang es, nüchtern der Bundesversammlung gegenüberzutreten, so daß schließlich ein bayerischer Präsident gewählt wurde. Er hatte, kleiner Wahltrick, sowohl seine sächsischen Wurzeln stolz bekanntgegeben als auch die enge Verbindung zwischen den beiden Freistaaten beschworen. Herzen und Wahlmännerstimmen flogen ihm zu. Konrad Kujan nahm seine Niederlage wie ein stolzer Sachse hin; Herr Heitermann schied mit einem unfrohen Diener. Ich werde beide, denke ich, dennoch irgendwann an eine wichtige Stelle lancieren, der Fehler mit dem Meldekorn aus Cottbus muß wieder gutgemacht werden.

Er schwoll an, der Strom der Einladungen. Ursel bestritt ihren Arbeitstag mit Lochen, Abheften, Ablegen. Unser *Ausschuß zur Bekämpfung Unsolidarischen Verhaltens* wurde zu Rückschau und Ausblick für Trauerarbeit und blühende Zukunftsvisionen benötigt. Doch das Erreichte mußte auch gefeiert werden.

Das angesehene Land, in dem ich lebe, ruft Bürger wie mich, denen es verdammt gut geht, gelegentlich ins Rampenlicht. Denn mein Land ist gefüllt bis zum Rand. Mit Festlichkeiten und Gedenkstunden, mit Würdigungen und Empfängen, mit großen und ganz großen Anlässen. Wer aus einer grausligen Diktatur kommt, wie ich, ist abgehärtet; im Unrechtsstaat mußten wir uns in Parteitagsempfänge dreinschicken, mußten gegen unseren Willen unglaubliche Leistungen versprechen. Es ging so weit, daß man uns Zwillinge in den Bauch redete, nur um geplante Geburtenzuwächse zu erreichen! Was haben wir für Frauentagsfeiern schmeißen müssen, egal, ob für Männer oder Frauen! Wie mußten wir bei weltlichen Festspielen die Tassen hoch hoch hoch! heben.

Heute gehen wir, wie mein sächsisches Volk es ausformuliert, *gern zu unsorm Ferschd, wennde nur gerufn werschd*. Und so kam es denn auch, daß mitten in mein erfülltes Arbeitsleben im Glas-Stahl-Palast des Heimatbürocenters jene Einladung *blauzde.*

Irgendwas mußte mir ja mal in die Quere kommen, wo ich mich grad tief in Tätigkeit gestürzt hatte. Es war wie ein unerbittliches Telefonklingeln, das in die Zahlenkolonnen einer privaten Steuererklärung schrillt.

»Menschen, die wir feiern wollen – Festliche Soiree für Bürger Sachsens und anderer deutscher Gebiete – Mit einem Trompetensolo Ludwig Güttlers« – eine dreifach klappbare Einladung legte mir Ursel auf den Schreibtisch.

Mir solln alle hingomm, sprach sie und setzte bewundernd hinzu: *Abor du sollsd unsor zendrahler Ausgezeischnedor sinn. So schdehds im Gleengedruggdn glei hindorm Feierbroddsdogoll.*

Das Große Dankeschön mit Rede und ...

Vielleicht können Sie sich einen Saal vorstellen, der Fürsten, Preisträgern und Staatsbegräbnissen den würdigen Rahmen bietet? Mit Kronleuchtern und schwarzbefrackten Bediensteten, mit Meißner Porzellan, Bananen aus Freundesland, Champagnerschalen, Plauener Spitzenklöppeldecken, Vorspeisendefilees, Salatensembles, Filetsinfonien und silbern glänzenden Edelstahlbestecken? Eine Umgebung, gedacht für die wirklichen Juwelen dieser Welt?

Heute aber sollten wir – einfache herausragende Einzelkämpfer, Bürger wie du und ich, verdienstvolle Werktätige, die wir jetzt *Menschen der Arbeitswelt* und *Belegschaftsangehörige* heißen, Sachsen von echtem Schrot und Korn, Frauen und Männer, die den Sozialismus auf- und abgebaut hatten, die den Kapitalismus bis auf die Wurzeln ausgerottet und schöner denn je wiedererrichtet haben – wir, treue Töchter und Söhne der Heimat, sollten diesen Saal füllen.

Und wie wir den Saal füllten: Alte Bekannte und neue Landsleute, Menschen von gestern, vorgestern und übermorgen. Ich sah Chefminister Arnold Schlaatz, ein kluges Gedicht auf den Lippen, und meinen Ministerpräsidenten, über autochthones Sachsentum plaudernd. Neben beiden erging sich meine Landrätin, in dezentes Schwarz gehüllt, mit silbern blinkendem Kreuz an vorderster Front ihrer Bluse.

Brigitte Detzscher, die noch immer schmuck aussehende einstige Politoffizierin, erledigte die Einlaßkontrolle gemeinsam mit Peter Bink, dem fast ein kraftvolles *Raddaddadd* anzuhören war. Und wie beide ihre Aufgaben meisterten! Mit Schneid und Akribie ließen sie Metallsuchstäbe zwischen Einlaßbegehrenden tanzen. Schmissig bedeuteten sie, Tascheninhalte vorzuzeigen, und korrekt entließen sie die Durchsuchten, Durchleuchteten und Abgeklopften mit exaktem *Weidorgehn, bidde zaagg-zaagg*.

Ach! Alle hatte man geladen: den gesamten *Ausschuß zur Bekämpfung Unsolidarischen Verhaltens* mit Ursel und Stefan und Rainer. Konrad Graus erläuterte Leonhardt Schiller letzte Forschungsergebnisse der LUG »Udo Jürgen Scheer« bei der Aktenlage ehemaliger Filmvorführer. Manni Schdollbe sah ich; Herr Heitermann und Konrad Kujau standen gemeinsam in einer der vielen hübsch eingerichteten Thekenecken und sprachen kurzen Gläsern mit klarem deutschem Inhalt zu.

Der neugewählte Bundespräsident klatschte in die Hände und rief: *Buam unn Moadls, nun setzts eich doch amoal, mer möchtens oafang*. Und alle Lommatzschens und Nitzsches und Gruschwitzens und natürlich Zwintzschers setzten sich nieder ans Meißner Porzellan. Alle wirklichen Juwelen dieser Welt, die ich kannte, rückten mit ihren Stühlen. Nur zwei ehemalige Schüler meines Vaters, des Taubstummenlehrers, verstanden erst nicht, bis Zwintzscher-Helmut etwas zitternd, aber noch immer mit großen und schönen Gesten, ganz und gar *allabonnöhr*, ihnen die bundespräsidiale Bitte erst ins Deutsche und dann in die Taubstummensprache übersetzte.

Schließlich saßen alle. Aufgereiht an langen Tafeln. Vorn jubilierte Ludwig Güttlers Trompete, und am Tisch prunkte Dr. Schneider-Schußter mit hessischem Frack und neuerworbener Sächsin. Alice Zündener hatte sich stolz neben der Tochter Inge Langes plaziert. Arnold Schlaatz saß unweit seines Dichterkollegen Arthur Schramm, und als mein Blick weiterrückte, so schweifte er über die großartigste Landschaft heller Köpfe, die ich mir vorzustellen vermochte.

Diese Landschaft von Köpfen dehnte sich im Schloß »Schöne Aussicht«, das sich hinwiederum ziemlich genau dort erhob, wo einst fiese Räuber einen Schutzwall zwischen Ost und West errichtet hatten, den sachsentreue Schambambel hinwegfegten. Die »Schöne Aussicht« stand nämlich inmitten jener Stadt Berlin, deren sächsischer Bevölkerungsanteil irgendwann dazu führen wird, daß diese Metropole dem Lande aller Sachsen und Lutizen, aller Obodriten und Wendriner, dem Freistaat für treue Erzgebirgler, redliche Vogtländer sowie autochthone Nord-, Ost-, West- und Südsachsen angegliedert werden wird. Derzeit würde ein Volksentscheid dazu noch nicht eindeutig genug ausgehen.

Zurück in unsern Saal, ins Stimmengemurmel gleich nach dem offiziellen Auszeichnungsakt. Hier, müssen Sie wissen, sitzen sie alle, die Lommatzschens und Nitzsches und Gruschwitzens und natürlich wie gehabt die Zwintzschers; sie sitzen mittlerweile längst bei der Nachspeise, den Eiskreationen und Fruchtschäumen.

Ja, meine Freunde, Sie alle, die Sie einfache herausragende Menschen, Bürger wie du und ich, sind, verdienstvolle Werktätige, die jetzt *Menschen der Arbeitswelt* und *Belegschaftsangehörige* genannt werden sollten; wir Sachsen von echtem Schrot und Meldekorn, Frauen und Männer, die wir den Sozialismus aus- und abgebaut, die wir den Kapitalismus bis auf die Wurzeln vernichtet und schöner denn je wiedererrichtet haben; wir treue Töchter und Söhne der Heimat dürfen diesen Saal füllen, und also erfüllt sich mit Stolz mir die Brust.

Ich bin mit meiner Dankesrede für jene schöne Auszeichnung, die Sie, verehrter Herr Bundespräsident, mir vorhin überreichten, nun bald am guten Ende angelangt, und ich bitte Sie, verehrter Herr Bundespräsident, liebe Freunde und Zwintzschers, zu verzeihen, daß ich etwas weiter ausgeholt habe, daß ich mein Schicksal mit dem meines Landes verknüpft habe, daß ich bei meiner Geburt im Zeichen von Fragebögen und Lehmseife begonnen habe, die schwierige Zeit bei *Dande Madda* und *Dande Maddia* ebensowenig aussparte wie das Geländespiel mit Peter Bink und jenem Herrn M. Abraham Böhme, den ich leider auch in diesem Saal erkennen muß. Doch was ficht uns ein einzelner Bösewicht unter lauter fleißigen Wichteln an? Wenn ich denn das Märchenbild von guten Heinzelweibchen und Heinzelmännchen strapazieren darf, die unerkannt Gutes tun, *Ausschüsse zur Bekämpfung* gründen und unser Land schöner denn je aufbauen, mit Meißner Porzellan und Bananen aus Freundesland, mit Plauener Spitzenklöppeldeckchen und Vorspeisendefilees, mit Salatensembles, Filetsinfonien und silbern glänzenden Edelstahlbestecken und natürlich Champagnerschalen, die ich jetzt bitte, zu erheben und zu trinken auf . . . oder war der Toast also irgendwie vielleicht sozusagen an dieser Stelle möglicherweise doch noch nicht ganz direkt vorgesehen . . .?

. . . *und Diskussionsbeiträgen*

An dieser Stelle, verehrte Genießerin, liebwerter Leser, geschätzte Hörerschaft, greift der Bundespräsident höchstpersönlich mit seiner sympathischen bayerischen Art in die großartige Rede, die wir bisher in voller Länge vernehmen durften, ein und bittet Mario Claudius Zwintzscher, einen Man in der Blüte seiner Jahre, grauhaarig und treuäugig, südsächsisch-brünetter Teint, den heute und hier rechtmäßig Geehrten, sich noch etwas zu gedulden mit dem Schluck Champagner, der alles hinunterspülen soll, denn es seien nach guter alter Tradition zunächst Diskussionsredner zu seinem Grundsatzreferat angesagt.

Es steht nun ein Herr auf, gekleidet in einen eleganten Frack, klopft mit dem Löffelchen an die Champagnerschale, drückt der neben ihm sitzenden mandeläugigschwarzlockigen Schönheit leicht die Hand und sagt:

Ich möchte allem, was der uns so lieb gewordene Diplomingenieur Zwintzscher ausführte, zustimmen. Gestatten Sie, daß ich mich vorstelle: Doktor Schneider-Schußter. Ich habe verschiedene verantwortliche Bereiche in Hessen auszufüllen, was mich aber nicht davon abhält, dem von Diplomingenieur Zwintzscher so vortrefflich geleiteten *Ausschuß zur Bekämpfung Unsolidarischen Verhaltens* mit Rat und Tat beizustehen, wann immer ich gebraucht werde. Ich will an die Gründung dieser wahrhaft wohltätigen Vereinigung erinnern, die in strengster Konspiration stattfinden mußte, an einem Geburtstag übrigens, nach gemeinsamem heimlichem Kirchgang.

Wie die Teilnehmer dieser Gründung, man darf durchaus an Urchristen erinnert sein, hernach Verhöre, Verhaftungen, Unrechtsurteile, Abschiebungen erdulden mußten, wie sie aber aller damaligen Unbill zum Trotz mutig jeden Anflug von Unsolidarität bekämpften, das hatte Größe. Historische Größe. Ich weiß, daß demokratische Gedanken schon längst in unserem guten Freund Mario Zwintzscher reiften, als er noch im ehemaligen Magdeburg im Schwermaschinenkombinat tätig war. Allein »Schwermaschinenkombinat« mag uns, die wir der Gnade der westlichen Geburt teilhaftig wurden, heute arg auf den Seelen lasten; unser Freund Mario aber kämpfte mutig unter diesem dräuenden Gewicht um das Lebenswerk des sächsischen Patrioten Friedhold Zentener. Mit List gelang es ihm, das, was damals Exportstatistik genannt wurde, so umzugestalten, daß wir im freien Westen spürten: Hier wohnt unbändiger Freiheitswille. Er muß sich über kurz oder lang Bahn brechen. Ja, Mario hat den Knechten des untergegangenen Staates von einem Pult herab, mitten auf einem sogenannten Parteitag, zugerufen, daß mit ihm zu rechnen sei; er hat mit kraftvoller Verweigerung schon zu Studentenzeiten dem Einmarsch der Truppen des Warschauer Paktes in Prag nicht zugestimmt, damals 1968, als zwischen Leuthausen/Rhein und Schnarrenberg/Donau ein paar Wildgewordene »Ho! Ho! Ho-Chi-Minh!« brüllten und sich dabei wunder wie revolutionär dünkten.

Marjoh, wie ich ihn am liebsten nenne, hat immer Zivilcourage gezeigt, selbst in den schweren Stunden, als er in die Armee gepreßt wurde. Ich kann all seinen Darlegungen samt Kleingedrucktem nur zustimmen.

Der Rest meiner Rede ist in den offiziellen Materialien

unseres heutigen Beisammenseins nachzulesen, auf Wunsch auch auf Diskette lieferbar. Danke schön.

Es gibt beifälliges Löffelklappern, worauf sich eine in elegantes Schwarz gehüllte Dame erhebt. Sie trägt an hervorragender Stelle ein silbernes Kreuz und spricht mit viel Wärme:

Wie schon jene Schrift, die wir gerade jetzt unablässig studieren müssen, die Bibel, verkündet, wird dem das Tor aufgetan werden, der sich bückt. Ja, unser Mario Claudius Zwintzscher, Vorsitzender des *Ausschusses zur Bekämpfung Unsolidarischen Verhaltens*, mein guter Freund Mario – ich darf dich doch so nennen, gell? – hat sich oft bücken müssen. Doch er tat dies aufrecht; eine Kunst, die gerade im Landstrich Sachsen zur Blüte gelangte. Hat Mario nicht durch persönlichen Einsatz den Anschlag jenes Dr. Juergen Schneider, der sich wegen mangelnder Wachsamkeit in eine sächsische Kreissparkasse einschleichen konnte, vereitelt? Wie Mario trotz eines möglichen Kugelhagels der Schneiderschen Gorillas eingriff, wie er jenen ohrabschneiderischen Emporkömmling mit bloßen Fäusten unschädlich zu machen verstand, das hatte Format. Und auch als er sich völlig uneigennützig stark machte, um der großartigen Stadt Ainitzsch an der Zschopau, von der vielleicht noch nicht alle hier gehört haben, die längst verdiente Kreisstadtwürde zu erkämpfen, das wird ihm dereinst als gute Tat angerechnet werden. Er hat die Bäcker-Weidenhammer-Akten feinfühlig ausgewertet, gegen Reußnitzer und Frankenberger Machtgelüste, die in unserem demokratischen Gemeinwesen ein für allemal ausgespielt haben sollten. Auch ich war dabei, als er sich bereits 1968 mutig zur Krankheit seines Bruders Gerdi Zwintzscher bekannte und jegliche Unterschrift verweigerte, mit denen christliche Traditionen im benachbarten Tschechien ausgelöscht werden sollten. Ich erinnere mich, wie er die Versuche eines gewissen, Jüngeren kaum noch bekannten, Honecker, bezeichnenderweise Saarländer, aus unserem schönen Land eine »Deukratschnik« zu machen, schonungslos der Lächerlichkeit preisgab. Ja, unser Mario hat christlich gehandelt und christlich gefühlt; er hat diese Welt voll Demut betrachtet und doch immer der Stimme seines Herzens vertraut. Er hat sächsischer Weinberge schon auf eine neuartige Weise gedacht, als andere dieses unser Kulturgut verlachten. Er hatte eine starke Witterung für Ungerechtigkeit und war doch immer einsatzbereit, das darf ich – *gell, Marjoh?* – verraten. Als deine Landrätin weiß ich, es gibt keinen, der die Auszeichnung mehr verdient hätte. Danke, Mario, weiter so, vorwärts im Namen Gottes und unseres teuren, hier anwesenden Ministerpräsidenten. Ihr alle drei möget den Menschen weiterhin zum Wohlgefallen dienen, mit aller Kraft und Fähigkeit. In Einmütigkeit. Ich danke.

Nach dem Beifall springen zwei halbwüchsige Mädchen in knackengen Jeans auf, die eine erstaunliche Ähnlichkeit aufweisen – Jeans wie Mädchen. Im Duett sprechen sie mit festen und klaren Stimmen:

Du bist unser Vati / Wir haben dich gern / Auch wenn du jetzt weilst von uns oft so fern / Erinn'rung an unser Kinderglück / Bringt dich uns zurück, Stück um Stück / Als du den Machthabern hier hast getrotzt / Waren wir in Ungarn geborgen, haben aber von der langen Fahrt im Trabbi gekotzt / Später kamen wir gerne nach Sachsen / Als hier die Demokratie schon gewachsen / Wir waren im Studio ganz BLITZVITAL / Die Fotos von dir und uns hängen in unserem Zimmer / Für immer / Nun wimmern / Wir nicht mehr wie im Tal / Der Tränen / Doch wenn wir dich lange nicht sehen / Ist das eine Qual / Wir wünschen dir weiter viel Demokratie / deine Töchter Mascha und Marie.

Der Beifall ist groß, besonders als die Mädchen ihrem Vati je einen Kuß geben. Es erhebt sich jetzt ein weiterer Herr, wirft sein langes braunes Haar zurück, ebenso die breiten Schultern und spricht:

Lieber Mario, als dein langjähriger Freund und Mitstreiter beim Kampf um basisdemokratische Technologie, die wir schon auf der Uni in Dresden – du erinnerst dich? – nächtelang diskutierten, will ich zu deiner großartigen Rede einfach Ja sagen. Ja und Jawoll. Volle Zustimmung. Alles paletti. Alles Roger. Ich weiß noch, wie du den Freistaat Sachsen von der Brücke Blaues Wunder direkt über tosender Elbe und begeisterter Menge ausgerufen hast. Wir von den Dresdner Basisgruppen haben einen Bootskorso auf dem Fluß veranstaltet. Fackeln haben die Nacht erleuchtet. Unser jetziger Ministerpräsident, der heute auch hier weilt – ich will ihm symbolisch die Hand schütteln –, hat beim Bildnis der sächsischen Madonna geschworen, daß wir niemals mehr ein popliges Land sein müssen. Trotz schlesisch-lausitzischer Ansprüche werden wir keinen Bindestrich in unserer Freistaatsbezeichnung dulden. Denn, lieber Mario, unser Sachsen ist auch deswegen so paletti, weil du schon Jahre vorher voll drauf abgefahren bist. War es nicht so, daß wir auf den uns verhaßten Weltfestspielen jede Gelegenheit nutzten, mit Landsleuten aus dem besseren Deutschland zu diskutieren? Wir haben deren Argumente zu unseren gemacht. Voll Roger. So war es doch. Kaum einer hier weiß, daß es auch dein Verdienst ist, dem Möchtegernsachsen Walter Ulbricht die Macht entrissen zu haben. Lieber Mario, dafür laß dir danken. Machs weiter paletti. Alles Roger. Dein Schilli.

Brausendes Löffelklappern folgt, und nun steht eine

tief sächsische Erscheinung auf. Eine Frau von Format, mit klaren grünen Augen, der, würde es nicht im Protokoll dieser Veranstaltung vermerkt sein, niemand ihre fast fünfzig Jahre abnähme. Ihre schönen, weißen, schlanken Finger unterstreichen ihren Diskussionsbeitrag, der allerdings von Protokollanten ins Schriftdeutsch gebracht wurde und wie folgt lautet:

Frau Kriwacz, Ursel, gab ihrer Überzeugung Ausdruck, daß die jetzige Entwicklung in Helsinki beispielhaft eingeleitet worden sei. Sie habe hübsche Helsinki-Körbe für zwanzig Finnmark auf dem finnischen Markt gekauft; Herr Zwintzscher habe sich derweil mutig vor die bundesdeutsche Botschaft gestellt und Freiheit für alle Rechtgläubigen gefordert. Unser Freund Rainer Schwarz habe sich selbst als Geisel in die Botschaft begeben. Herr Zwintzscher aber habe gleich im Anschluß mitten auf der Ostsee ein kompliziertes Wendemanöver eingeleitet, das zum endgültigen Ausverkauf des maroden deutschen Staates führte. Auch seinen Kampf um Friedhold Zentener habe sie hautnah miterleben können, im feindlich-sozialistischen Magdeburg, im Weinkeller Buttergasse. Andere hätten kapituliert, Mario Zwintzscher hingegen habe sich immer voll eingebracht. Viel entscheidender aber sei der Beitrag von Herrn Zwintzscher, den er im schicksalhaften August 1961 als sehr junger Mann, als sehr, sehr junger Mann, leistete. Damals wollten gesteuerte Rowdies die entstandene komplizierte Weltlage ausnutzen. Mario brachte sie mit handfesten, aber auch geschmeidigen Argumenten zur Besonnenheit. Daß schon damals erste sozialdemokratische Triebe sich regten, sei der historischen Wahrheit wegen angefügt. Einfache Menschen hätten feste Hand (Originalton: *Wixgriffl* d. Protokollant) angelegt, um diese Triebe groß werden zu lassen, welche heute zu einer wahrhaft demokratischen Sozialdemokratie geführt hätten.

Der Beifall ist besonders groß in jener Ecke, wo Manni Schdollbe und Gesinnungsgenossen sitzen. Es erhebt sich jetzt ein Herr, der – mit schwarzem Schnauzbart, graumeliertem Haar und bräunlichem Teint, die südsächsische Herkunft nicht verleugnend – seinen Diskussionsbeitrag abliest:

Ich darf meine Zustimmung zur großen Ehre, die den Zwintzschers widerfahren ist, ausdrücken. Es enstpricht den Tatsachen, daß mein Bruder Mario schon lesen und schreiben konnte, bevor er in die Schule kam. Zurückweisen möchte ich aber die in einigen Medien kursierende Darstellung, daß die Junge Gemeinde Ainitzsch ein Hort der Konterrevolution gewesen sei. Bereits 1966 war der positive Kern dieser Gruppierung davon überzeugt, daß nur der – sicherlich heute als Fehler zu betrachtende – Eintritt in die Sozialistische Einheitspartei der Kirche Sachsens ein festes Fundament geben könne. Gegenwärtig muß das gewiß revidiert werden, aber es war doch nicht alles schlecht. So bin ich stolz darauf, daß ich den Beruf eines Rinderzüchters erlernen durfte. Ich hätte dies auch meinem Bruder Mario gegönnt, aber der mußte zur Strafe, weil er sich dem elften Plenum, das sich heute immer mehr als schrecklicher kulturgeschichtlicher Kahlschlag erweist, widersetzte, Zerspanungsfacharbeiter werden. Ich weiß, daß mein Bruder aus Bescheidenheit dies heute hier verschwiegen hat. Er hat klaglos große Eisenstücke zu Spänen verarbeitet. Auch das war ein Beitrag dazu, daß wir heute als freie Sachsen existieren dürfen. Doch das Schlimme, welches nicht alles schlecht war, sollte niemals vergessen werden. Wie auch der fortschrittliche Kern der Jungen Gemeinde Ainitzsch.

Der Beifall ist geteilt. Konrad Graus ruft: Geschichtsfälscherwerkstatt! Ein Fall für die LUG! Im Tumult stellt sich eine resolute ältere Dame, die ein frischgestärktes weißes Vorkleid trägt, an die Stirnseite des Saals und läßt ihre laute Stimme erschallen:

So, mir härn jeddse alle mah zu. Da werdd ni geschwaddsd, da hindn. Dor Marjoh war ä liebes Gind, noch bevor er Erschdebähbl wurde. Isch bin nämlisch seine Gindorgordndande, de Dande Maddia, wie mich de Werschls immer dahdn rufn. Er war schonn damals ä besonndres Gind. Isch weeß noch, wie er dänn Wasserhahn abrubbn dahd. Hadd das geschbriddsd! Warn mir erschd beese, nee, warn mir beese uffn! Abors war ja guhd, so gabs bei uns geene Doodn, dazemah, wo die in Berlin de Normn ruffgeseddsd hamm unn de russschn Banzor raddordn. Nee, bei uns in Ainiddsch wars ruhsch, unn der Marjoh war werglisch ä liebes Gind. Mach weider soh, mei Marjoh!

Bewegung im Saal, während ein junger Mann mit Baseballmütze und einem Packen Zeitungen unter dem Arm auf einen Stuhl steigt und ruft: Die neue »Sachsenpost«! Heute mit Exklusivinterview der Mutter unseres tapferen Patrioten Mario Zwintzscher! Hören Sie selbst: »Madeleine Zwintzscher (71), die Mutter von Mario Claudius Zwintzscher (44), eine Fleischermeisterstochter vom Nixenweg, geborene Tischler« – an dieser Stelle gibt es eine Irritation von einer weißhaarigen Dame, die an exponierter Stelle der Tafel sitzt – »gab unserem Blatt tiefe Einblicke ins frühkindliche Leben des Mario. Es lag ja alles in Trümmern, meint sie, aber die Messingleitungen waren intakt. Sächsische Wertarbeit. Deshalb haben wir auch zur Geburt meines Sohnes die weißgrüne Fahne gehißt. Mein Mann wurde sofort ins WISMUT-Zuchthaus gesperrt, aber Mario hat nie etwas entbehren müssen. Die gute Lehmseife aus jener Zeit half uns über die schwersten Stunden hinweg, und bei Bäcker Weidenhammer haben die Brötchen auf Marken bloß fünf Pfennige das Stück gekostet. Mario hat besonders schön laut und sauber in unserem Familienchor gesungen. Mit der Textkenntnis hat es aber immer gehapert. »Ja, ein ganzes Kriegesheer, möcht ich gerne hahahahaben« – da hat er stets gestottert. Das weiß ich noch wie heute. Er hat ja dann drahtlose Nachrichtentechnik gelernt zu einer Zeit, wo alles noch drahtgebunden war. So modern ging es damals schon in Sachsen zu. Aber das will ja keiner mehr wahrhaben.«

Der Zeitungsverkäufer springt vom Stuhl und verteilt seine Blätter. Die weißhaarige alte Dame (71) schüttelt den Kopf und der neben ihr sitzende alte Herr macht große Gesten, als wolle er sich mit Taubstummen verständigen.

Inzwischen sind die Fruchtschäume und Eiskreationen längst abgeräumt, und auf der Saalbühne an der Stirnseite ist allerlei Musikgerät aufgebaut worden; erste Tanzmusikklänge durchrauschen den Saal. Ein kugelrunder Herr mit kugelrundem Glatzkopf und listigen braunen Äuglein hüpft behende auf die Bühne, schnappt sich das Mikrofon und plappert laut los: Bevor wir alle froh das Tanzbein mit Muttern schwingen, darf ich den offiziellen Teil ausklingen lassen mit Frohsinn, Freude, Heitermannkeit, mit ein bißchen Biographiespiel und Handschriftenkunde.

Über unseren guten Mario habt ihr nun allerlei gehört, aber wißt ihr auch, warum er Mario heißt? Wißt ihr, wie der Mauerbau wirklich geplant wurde? Könnt ihr euch denken, daß Prag 68 und Biermann 76 vom Kartenglück abhingen? Soll ich euch erzählen, was 1989 auf der Ostsee abging und warum Mario Zwintzscher Verwandte in Idar-Oberstein hat? Wenn ich nur will, sage ich euch, warum der Sozialismus in der Oberlausitz zu Hause ist, warum auf den Herrn Heitermann Großes wartet, wieso die Nationale Volksarmee lebt, August der Starke eigentlich Claudius der Starke hieß und der Bismarck den Karl May mitten im Sechstagekrieg gegen Frankreich gelesen hat. Bis heute glauben alle, Dr. Thomas Mann habe gesagt, tief sei der Brunnen der Vergangenheit; ich konnte und kann nicht umhin, es so zu sehen. In Sachsen hieß das aber immer: *Wer in de Wasserpblummbe bingld, der bald ausm Hindorn schdingld* . . .

Leider setzt jetzt die Musik zur Feier des Tages, zur Würdigung von Mario Claudius Zwintzscher und zur Ehre ganz Sachsens so laut ein, daß nimmer gehört werden kann, was auf jeden Fall noch gesagt werden müßte.

Doch konnte ein noch so gewaltiges Geräusch irgendwann in der Geschichte das Reden braver Sachsen unterbrechen? Hat es je einen Sachsen gestört, daß er nicht mehr gehört werden konnte?

O nein! Der Sachse redet immer und überall ungestört und notfalls ungehört weiter, denn er muß *eegah dischdsch quaddorn*, über alles, über alles in der Welt.

Anhang

Danksagung

Am Zustandekommen dieses Buches sind viele Sächsischlehrerinnen und Sächsischlehrer, LektorInnen und Vorschußgeber beteiligt, insbesondere Der Kulturfonds Berlin, der dem Verfasser für ein halbes Jahr relativ sorgenfreies Schreiben sicherte.

Dank gilt aber auch zwei *fischelanden Schambambeln* vom Leipziger Polizeirevier Mitte. Sie bargen das fast fertige Manuskript aus einem düsteren Winkel zwischen Sachsenplatz und Nikolaistraße. Dort hatten es ruchlose Autoknacker während einer offensichtlich heillosen Flucht fallen lassen, und die sächsische Polizeimeisterin Blaum-Richter und ihr wackerer Kollege Hauboldt ermittelten den Verfasser als Besitzer, noch bevor er selbst den Verlust bemerkt hatte.

Wer die ganze dramatische Aktion ungeschminkt mit allen Aktenzeichen erfahren will, muß wohl oder übel des Verfassers nächste Bücher intensiv studieren.

Sicherungsvermerk

Personen und Handlung dieses Buches sind frei erfunden. Jede Ähnlichkeit mit lebenden Menschen und tatsächlichen Vorgängen wäre zufällig. Insbesondere gilt das für Namensgleichheit von Personen der Zeitgeschichte mit in diesem Buch auftretenden Figuren. Allein der geringen Phantasie des Autors sowie der Endlichkeit sächsischer Vor- und Zunamen sind solche zufälligen Übereinstimmungen geschuldet. Der Phantasie der Leserschaft muß es demnach angelastet werden, wenn sie Zusammenhänge zwischen einer von ihr erlebten oder einer in Dokumenten geschilderten Realität mit Vorgängen in diesem Buch zu finden glaubt. Auch sind nicht die Damen Hedwig Courths-Mahler, Inge Lange oder Dr. Elisabeth Müller-Meier sowie die Herren Karl May, Michail Sostchenko oder Dr. h. c. Walter Ulbricht zur Verantwortung zu ziehen, wenn der Leserin oder dem Leser diese oder jene Episode bekannt vorkommen sollte. Allein des Autors unscharfe Trennung von Angelesenem und Selbsterlebtem hat schuld an peinlichen Plagiaten. Denn alles war so, so wahr, wie mir Gott helfen wird.

Zur Aussprache fremdsprachiger Stellen

Der ruhige Fluß des Erzählten wird in diesem Buch gelegentlich durch fremdsprachige Stellen unterbrochen, die nicht allen Lesern auf Anhieb verständlich sein dürften. Im Interesse der angestrebten Wahrhaftigkeit konnten diese Worte und Sätze aber der deutschen Sprache nur unvollkommen angegeglichen werden.

Ein Lautlesen der betreffenden Stellen kann zum Verständnis beitragen. Wo solches unschicklich erscheint, zum Beispiel an öffentlichen Orten, muß versucht werden, sich mit tonlosem Mitmurmeln zu behelfen. (Vgl. Kapitel »Familienbande. Familienbande. Und alle gemeinsam im Chor: Familienbande!«)

Der Verfasser hat Aussprachefomen in eine ihm am wahrhaftigsten erscheinende Schriftform gebracht. So bedeutet s oder ss vor einem Zischlaut, daß auf dem s eine Weile zu verharren ist, bevor zum abschließenden Zischlaut hinübergehuscht wird. Beispiel: »glassch« (klassisch) sprich: »glas-sss-schsch.« Kompliziert ist auch die Aussprache von Endungen auf -er, wie in »Schneider«, »lauter«, »geht er«. Man hätte diese Laute als »Schneidr«, »lautr«, »gehtr« bilden können, dem in Ainitzsch aber üblichen dumpf nach oben rollenden Auslaut hätte das kaum genügt, so daß relativ durchgängig »Schneidor« »laudor« »gehdor« im Buche steht. Das -or ist immer unbetont aber nachdrücklich zu sprechen, gerade weil dies als Widerspruch erscheint. Im Nord- und Näseldeutschen gibt es diesen Widerspruch nicht, denn dort lauteten die Wörter also: »Sneidää«, bzw. »Sniedää«, »lautää«, »gehtäää«. Sächsische Redeweise hingegen ist immer der tongewordene Widerspruch.

Bei Unklarheiten zur Aussprache hilft im übrigen ein kleiner Lehrgang bei Dr. Gunther Bergmann-Pohl am »Haus des Deutschen Dudens« zu Mannheim (vgl. Kapitel: »Vom besseren und vom besten Wissen«).

Liste fremdsprachiger Ausdrücke
(wenn nicht anders vermerkt, sächsischen Ursprungs)

Abzogger – fischelander (siehe dort) Geschäftsmann
ä äschdor – autochthon
ä weng – ein wenig

Ahleggs – Alexanderplatz in Berlin
allabonnöhr – (frz.-sächs.) ganz ausgezeichnet
Andtenne Zackssen – (hess.-fränk.-westdt.) Antenne Sachsen
Anton leschit na Tamarje i djelajet djeti – (russ.) unschickliche Tätigkeit
Arweedr – Werktätiger
a viszontlátásra – (ung.) Auf Wiedersehen

Bardong – Verzeihung, Entschuldigung
Bassdor – Geistlicher
bähbln – zwischen »piepeln« und »popeln« liegende Tätigkeit
Beemaagn unn Bollaggn - Ausländer, insbesondere Tschechen und Polen
beglobbd - siehe behämmord
behämmord – beschränkte Auffassungsgabe besitzend
beloochn unn bedroochn – untrennbare Einheit
Berlongreggschn unn Berlonghemdn – Oberbekleidung aus Kunststoff
bewähschn – vorwärtskommen
biddschebadennaß – überdurchschnittlich feucht
binglnschdingln – zum Klingen gebrachte Ausscheidungen
blauzn – plötzlich eintreten
Bollezei, Bollizei – Ordnungshüter, Manuskripttreter, siehe Danksagung des Verfassers
Bollidschulung – Form kollektiver Agitation in der DDR
Boodnlos – ungeheuer, mächtig gewaltig
Braggdigumdiehm – kleine Lerneinheit
breedlaadschn – unter die Massen streuen
Briedorschn – Verwandter männlichen Geschlechts
Broddsdogoll – Zusammenziehung von »protzen«, »angeben« und »Schriftstück«

Brohdugdsschjon – Gesamtheit wertschaffender Tätigkeit
bubbern, bubborn – schlagen, klopfen in Zus. m. »Herz«
Büttäh – inständige Bittstellung

daderzu, daderdraus, desdorwäschn – typisch sächsische Umstandsworte
Dähder, Dähdor – Verursacher eines Schadens
dahdn, dähdn – wichtiges Verb in Sachsen, wird zur Umschreibung jedweder anderer Verben benutzt, vgl. engl. »to do«
dangnä – gebrülltes »danken« aus offiziellem sächs. Munde
Dannzabbm – unter Fichten liegende phallusartige Zapfen
Dawollmerdochmahsähn – Ausdruck von Zuversicht
dazemah – in vergangenen Zeiten
Deebs – Lärm, fröhliches Beisammensein
derres Hemde – schmaler Mensch
Dibblohmer – Bürger mit Hochschulabgangszeugnis
diggehadde – in Unlust verfallen sein
dischdisch, dischdsch – tüchtig
drambln – unruhig von einem Bein aufs andere treten
dreffsch – gebeugte Form eines Zusammentreffens
Dunnorweddor – Donnerwetter von Sachsen bis Thüringen und Franken

eegah, eegal, ehga – bei Betonung auf der ersten Silbe für »sich ständig wiederholend«, »andauernd«; auf der zweiten Silbe betont ergibt dieses Wort die Bedeutung von »Es ist mir gleich«. Eine schöne Anwendung bietet dieser Satz: »Is mir eegah egaah.«
EhGa – (milit.-sächs.) Entlassungskandidat
ei vorbibbsch – unübersetzbarer Ausdruck des Erstaunens

EmmGehs – Maschinengewehre
erre – wenig zurechnungsfähig, aber auch besonders großartig
Erschdebähbl – Schüler einer ersten Klasse
eschoffierd – (frz.-sächs.) aufgeregt

Faggsn digge hamm – Ausdruck einer gewissen Verdrossenheit
Feddbemme – bestrichenes Brot, Schmalzstulle
ferdsch – abgespannt
ferdschmachn – zu einer Endgültigkeit gelangen
Ferschd – jede Art eines höheren Würdenträgers
fischeland – durchtrieben
frangzöhsisch – deutlicher Ausdruck feiner Lebensart

Gänsefleisch – (militär.) Ausdruck für »Würden Sie bitte . . .?«
Gäsebemme – belegte Schnitte
Gaffeeganne – sächsisches Ursymbol
gaggfresch – wenig kooperativ
Gaggsch – kollektiver Spaßgenuß
Gamfgrubbe – halbmilitärische Einheit
Geenezuchdunnurdnungdewessis – Ausruf des Erstaunes ob der zu geringen Disziplin westdeutscher Bürger
Genssuffzier – übliche Form für »Genosse Unteroffizier«
geschdollbord – hingefallen
glassch un glubbschich nauswurschdln – Zischlautverband, dem Sinne nach unübersetzbar
gleene Mäddsschn – unbedeutende Streitigkeiten
gliddschisch un wurschdisch – siehe »glassch un glubbschich«
gloar, gloaar – zustimmender Ausdruck, welcher bayerischen Bürgern gegenüber angewandt wird
Glubbschoochn – Basedow-Augen

Gluchscheißor – Intellektueller
Gnarre – Schießgewehr
gniedschn – sich larmoyant verhalten
Gommenisdn – Verantwortliche in der DDR
grabbschn – anfassen
griene Gleeße – Nationalgericht aus Kartoffeln
Grießgodd – Begrüßung, gegenüber Kolonialbeamten üblich geworden
Grubbenseggs – kollektive Befriedigungspraktiken
grundordentlich – schweinesauber
gugge, da guggsde – spöttischer Verweis auf Überraschendes
Gusche – Mund
guudor Debbsch – jeder textile Bodenbelag
Gwaddsch – Wirrnis
gwaddorn – siehe »quaddorn«
Gwarggeilschn, Bornsche – Nationalgericht aus Kartoffeln und Quark aus der sächs. Kreisstadt Borna

Herdsglabbnergäldung – militär. Hinweis auf Krankheit
Higgenieh – Gesundheitserziehung
Himmlgewimml – unübersetzbare Onomatopoesie von Arnold Schlaatz
hubbm – springen
huubm – Laut geben

iewerall – absolut umfassend, weltumspannend
Indorgind – unterernährter Knabe

kedrunkn – Lautierung sächsischer Diplomaten für »getrunken«; siehe auch »peschdümmd«

Mährfaß – langsamer Mensch
menja sowut – (russ.) mein Name ist

mischln – geschickt vermischen, was an dem im Wort unauffällig versteckten »l« deutlich wird
Momang – (frz.) Augenblick

nausquäsdorn – unbedacht aussprechen
neimodsche Reehre – zeitgemäße Abwasserverrohrung
nervig – (westdt.) nervend
nischemah – nicht einmal
Nischl – Kopf
nu budjet – (russ.) es wird schon werden
nugloar – Ausdruck tiefster Zustimmung

Oarmej – spezieller Ausdruck für »Bund«
Oberschieler – Angehöriger der Erweiterten Oberschule
öjn – (magdeb.) unbestimmtes Zahlwort
olle Gnagger – ältere Bürger
oo, ooch – Verknüpfungswort, auch Füllwort

peschdümmd – Lautierung sächs. Diplomaten für »bestimmt«, siehe auch »kedrunkn«
Pblummbe – Wasserpumpe, eines der wenigen sächsischen Worte, das mit p anlautet

quaddorn – siehe quattern
quattern – siehe quaddorn

Raddn – gewaltige Nagetiere
rausgeloofne Schbrahche – ausgesprochenes Sächsisch
Reiber unn Schambambl – Kinderspiel »Autonomer und Ordnungshüter«
Remfdl – Ranft, Brotkanten, Reststück
Resi – (milit.) Reservist
riggn, zammriggn – sich ins Gegebene schicken
rischdschor Lährling – Azubi

roboddn – (russ.-sächs.) arbeiten
rubbn – hervorzerren, herumreißen
Rumbldibumbl, weg war dor Gumbl – berühmtes Poem des Dichters Arthur Schramm zum Thema »Grubenunglück«
rumdrambln – unruhig ausharren
Rummblrussn – kameradschaftlich für »Mitmenschen«

Sabinjerünnen – Titelgestalten eines Bühnenstücks
säggssch – Bezeichnung der Sachsen für ihre eigene Mentalität, in der Literatur auch als »säckssch«, »sägg'sch« oder »säggsisch« üblich
Sau-Oarschloch – Ausdruck größter Verachtung
Schambambl – siehe »Bollezei«
Schbieß – (militär.-sächs.) Hauptfeldwebel
Schdoosi – das Schlechte schlechthin (seit 13. 11. 1989)
Scheff – Vorgesetzter
Schlammbe – liederlicher Mensch beiderlei Geschlechts
Schlawiner, Schlawienor – (österr.-sächs.) friedfertiger Nichtsnutz
schloore – (magdeburgisch) prügeln
Schlübbor – Unterhose für beide Geschlechter
Schneebaddsn – winterliches Wurfgeschoß
schto tui dumajesch? – (russ.) was denkst du?
schung, schunge Bioniere – jugendlich, besonders in einer Kinderorganisation der DDR
Schungs – Kids
Seeschn gähm – zustimmen, abnicken, beipflichten
setzts eich – (bayer.) Aufforderung zum Beginn
Socksön – (magdeburgisch) Sachsen
Söxante Nööf – (frz.-germ.-treudt.) weltoffene Stellung
sou, Sou – nachdrückliche Bekräftigung, frz. Währungseinheit
souwas – Ausdruck der Verwunderung

Spassss – (westdt.) Form höchsten Sichselbstvergnügens
Südlichkeitsverbrechen – sexuelle Handlungen
sunnsd – sonst

Tißzibblihn – korrektes Einhalten der Ordnung

uffmachn, zumachn, neiwerschn, nausbähbln – typische Tätigkeiten der Sachsen
Ummzuch – Demo
Unfellweel – (milit.) Unterfeldwebel
unvorleddslisch – die Integrität des anderen wahrend

vlei – sehr weit verbreitetes Möglichkeitswort
vordeidschn, verdeidschn – angreifen
vorgammeldes Dahmscheißhaus – unsauberes Frauen-WC
vorglamiesorn – erklären
vorgriemln – sich absetzen, unsichtbar machen, abdukken
vorsaubeidln – verlieren, absichtlich unauffindbar machen
vorschbonn – versponnen

Wadderdlodded – (kindl.) WC
walls – Umstandswort vor längeren Erklärungen
weesch – easy
Weesdenoch – Beschwörungsformel zur Vergangenheitsbewältigung
werglisch – real, tatsächlich
Werschl – kleines Kind
widder, widdor – erneut, ständig
Wixgriffl – Hände, die den Eindruck des Onanierens erzeugen
Wrrrwrrr – (oberlausitzisch) Durcheinander

Wubbdich, Dobblwubbdich – Spezialstöße beim Billard

Zaagg-zaagg – Kommandowort
zamm – sehr schnelle Zusammenfassung
zerwerschde Gehschnd – ungeordnete Landschaft
Zickezackezickezacke hoihoihoi – (germ.-dt.-preuß.) Schlachtruf
Zischeiner – Sinti und Roma
Zwunsch – wahlweise »sangesfreudiger Vogel« oder »Kümmerling«

Matthias Biskupek
Schloß Zockendorf

Eine Mordsgeschichte

---

144 Seiten. Gebunden
ISBN 3-378-00613-7

Das Künstlerhaus Schloß Zockendorf, abgeschieden gelegen in der stillen Natur, ist alles andere als ein schöpferisches Idyll. Anstatt zu bildhauern, zu komponieren oder zu dichten, verausgaben sich die kreativen Köpfe im intellektuellen Streit. Doch endlich passiert wirklich etwas in dieser illustren Gesellschaft von übersensiblen Künstlern, gärtnernden Hausmeistern und wenig kunstsinnigen Direktorinnen: ein Mord.

In komischen Dialogen und lakonischen Beschreibungen führt Matthias Biskupek den Kunstbetrieb und die aktuellen Ostwestdebatten vor: Ein skurriles Kriminalspektakel und ein literarisches Kabarettstück, bitterböse wie schon „Der Quotensachse".

Gustav Kiepenheuer
VERLAG